U0090191

民國文化與文學^{研究}文叢

二 編

李 怡 主編

第 9 冊

「啓蒙」民國的「暴力」叫喊
——「暴力敘事」與中國現代文學的審美特徵（上）

黎 保 榮 著

國家圖書館出版品預行編目資料

「啓蒙」民國的「暴力」叫喊——「暴力敘事」與中國現代文
學的審美特徵（上）／黎保榮 著 — 初版 — 新北市：花木蘭
文化出版社，2013〔民 102〕
序 6+ 目 2+184 面；19×26 公分
（民國文化與文學研究文叢 二編；第 9 冊）
ISBN：978-986-322-312-2（精裝）
1. 中國文學史　2. 現代文學　3. 文學評論
541.26208　　　　　　　　　　　　　　　　102012322

特邀編委（以姓氏筆畫為序）：

丁　帆	王德威	宋如珊
岩佐昌暲	奚　密	張中良
張堂錡	張福貴	須文蔚
馮　鐵	劉秀美	

民國文化與文學研究文叢
二 編　第九 冊　　　　　ISBN：978-986-322-312-2

「啓蒙」民國的「暴力」叫喊
——「暴力敘事」與中國現代文學的審美特徵（上）

作　　者	黎保榮
主　　編	李　怡
企　　劃	四川大學現代中國文化與文學研究中心
	民國文學與海外漢學研究中心（籌）
	北京師範大學民國歷史文化與文學研究中心
總 編 輯	杜潔祥
印　　刷	普羅文化出版廣告事業
出　　版	花木蘭文化出版社
發 行 人	高小娟
聯絡地址	235 新北市中和區中安街七二號十三樓
	電話：02-2923-1455／傳眞：02-2923-1452
網　　址	http://www.huamulan.tw 信箱 sut81518@gmail.com
初　　版	2013 年 9 月
定　　價	二編 22 冊（精裝）新台幣 38,000 元

版權所有・請勿翻印

本書為廣東省哲學社會科學十一五規劃項目「暴力與啟蒙：晚清至 20 世紀 40 年代文學『暴力敘事』現象研究」（09GJ － 08）的最終成果。

「啓蒙」民國的「暴力」叫喊
——「暴力敘事」與中國現代文學的審美特徵（上）

黎保榮　著

作者簡介

黎保榮，男，漢族，廣東肇慶人，2009 年博士畢業於暨南大學文學院文藝學專業中國現當代文學思潮與文論方向，現為廣東肇慶學院文學院副教授，四川大學文學與新聞學院中國語言文學流動站博士後，主攻中國現當代文學。在《文學評論》《中國現代文學研究叢刊》《新華文摘》《中國社會科學文摘》《人大複印報刊資料中國現代當代文學研究》等等刊物發表論文 50 餘篇。

提　　要

　　「暴力敘事」這一基本概念主要是指中國現代文學史上，以推崇「暴力」手段和精神去進行思想啟蒙的一種文學創作傾向。「暴力敘事」不僅是中國現代文學的一種審美現象，同時也是中國現代思想啟蒙的一種文化現象。其精神資源主要包括歐美、蘇俄、日本和中國傳統的尚武與入世精神，其中日本居於外來資源的中心，它善於別擇歐美和蘇俄，大批留日學人造成了中國現代文學的基礎。但中國現代文學不是西方或者日本現代文學，它的重心是「中國」，尤其在暴力敘事方面，中國傳統的積極入世、殺身成仁、除暴安良的俠與士精神因子，與中國特有的民族、階級鬥爭歷史背景結合，衝破了西化假象與日本表象，使得中國傳統精神逐漸奔湧與回歸。而無論是梁啟超、魯迅、郭沫若還是巴金、老舍、沈從文等等，他們作品中所表現出的暴力抗爭與「尚武」傾向，以極其強烈的民族自強情緒，深刻地表達了現代精英知識分子在「棄醫從文」理想幻滅之後，進而追求「棄文尚武」（輕文重武）的政治啟蒙理想和功利主義心態。尤其是隨著民族矛盾的日益加深，「暴力敘事」更被賦予了全民族思想、政治啟蒙的合理價值，最終獲得了現代文學審美形態的合法地位。簡言之，本文在以往的人文啟蒙之外，對暴力啟蒙及其思想根源、審美特徵進行深入探討。

　　本文不僅有利於更新啟蒙話語的內容，對中國現代文學史、思想史研究具有參考啟發價值，也為當下中國文化建設所提倡的激活傳統，彰顯現代提供充分的例證。

就「民國機制」與民國文學答問
——《民國文化與文學研究文叢》第二輯引言

李　怡

文學的「民國機制」是什麼

周維東：我注意到，最近有一些學者提出了「民國文學史」研究的問題，例如張福貴先生、丁帆先生、湯溢澤先生等等。而在這些「文學史」重新書寫的呼聲中，您似乎更專注於一個新的概念的闡述和運用，這就是文學的「民國機制」，您能否說明一下，究竟什麼是文學的「民國機制」呢？

李怡：「民國機制」是近年來我在中國現代文學史研究中逐漸感受到並努力提煉出來的一個概念。形成這一概念大約是在 2009 年，為了參加北京大學召開的紀念五四新文化運動 90 周年研討會，我重新考察了「五四文化圈」的問題，我感到，五四文化圈之所以有力量，有創造性，根本原因就在於當時形成了一個砥礪切磋、在差異中相互包容又彼此促進的場域，而這樣的場域所以能夠形成，又與「民國」的出現關係甚大，中國現代文學之有後來的發展壯大，在很大程度上得力於當時能夠形成這個場域。在那時，我嘗試著用「民國機制」來概括這一場域所表現出來的影響文學發展的特點。〔註 1〕我將五四時期視作文學的「民國機制」的初步形成期，因為，就是從這個時期開始，推動中國現代文化與文學健康穩定發展的基本因素已經出現並構成了較為穩定的「結構」。〔註 2〕

〔註 1〕 李怡：《誰的五四：論五四文化圈》，見《中國現代文學研究叢刊》2009 年 3 期。

〔註 2〕 李怡：《「五四」與現代文學「民國機制」的形成》，《鄭州大學學報》2009 年

　　2010 年，在進一步的研究中，我對文學的「民國機制」做出了初步的總結。我提出：「民國機制」就是從清王朝覆滅開始在新的社會體制下逐步形成的推動社會文化與文學發展的諸種社會力量的綜合，這裏有社會政治的結構性因素，有民國經濟方式的保證與限制，也有民國社會的文化環境的圍合，甚至還包括與民國社會所形成的獨特的精神導向，它們共同作用，彼此配合，決定了中國現代文學的特徵，包括它的優長，也牽連著它的局限和問題。爲什麼叫做「民國機制」呢？就是因爲形成這些生長因素的力量醞釀於民國時期，後來又隨著 1949 年的政權更迭而告改變或者結束。新中國成立以後，眾所周知的事實是，政治制度、經濟形態及社會文化氛圍及人的精神風貌都發生了重大改變，「民國」作爲一個被終結的歷史從大陸中國消失了，以「民國」爲資源的機制自然也就不復存在了，新中國文學在新的「機制」中轉換發展，雖然我們不能斷言這些新「機制」完全與舊機制無關，或許其中依然包含著數十年新文化新文學發展無法割斷的因素，但是從總體上看，這些因素即便存在，也無法形成固有的「結構」，對於文化和文學的發展而言，往往就是這些不同的「結構」在發生著關鍵性的作用，所以我主張將所謂的「百年中國文學」、「二十世紀中國文學」分段處理，不要籠統觀察和描述，它們實在大不相同，二十世紀下半葉的中國文學應該在新的「機制」中加以認識。〔註3〕

　　周維東：「民國機制」與同時期出現的「民國文學史」、「民國史視角」有什麼差別？

　　李怡：「民國文學史」提出來自當代學人對諸多「現代文學」概念的不滿，據我的統計，最早提出以「民國文學史」取代「現代文學史」設想的是上海的陳福康先生，陳福康先生長期致力於現代文獻史料的發掘勘定工作，他所接觸和處理的歷史如此具體，實在與抽象的「現代」有距離，所以更願意認同「民國」這一稱謂，其實這裏有一個值得注意的現象：眞正投入歷史的現場，你就很容易發現文學的歷史更多的是一些具體的「故事」，抽象的「現代」之辨並不都那麼激動人心，所以在近現代史學界，以「民國史」定位自己工作者先前就存在，遠比我們觀念性強的「文學史」界爲早。繼陳福康先生之後，又先後有張福貴、魏朝勇、趙步陽、楊丹丹、湯溢澤、丁帆等人繼續闡

　　　4 期。
〔註 3〕 李怡：《民國機制：中國現代文學的一種闡釋框架》，《廣東社會科學》2010
　　　年 6 期。

述和運用了「民國文學史」的概念，尤其是張福貴和丁帆先生，更以「國務院學位委員」特有的學科視野為我們論述和規劃了這一新概念的重要意義與現實可能，我覺得他們的論述十分重要，需要引起國內現代文學同行的高度重視和認真討論。在一開始，我也樂意在「民國文學史」的框架中討論現代文學的問題，因為這一框架顯然能夠把我們帶入更為具體更為寬闊的歷史場景，而不必陷入糾纏不清的概念圈套之中，例如借助「民國文學史」的框架，我們就能夠更好地解釋「大後方文學」的複雜格局，包括它與延安文學的互動關係。〔註4〕

不過，「民國文學史」主要還是一個歷史敘述的框架，而不是具體的認知視角和研究範式，或者說他更像是一個宏闊的學科命名，而不是「進入」問題的角度，我們也不僅僅為了「寫史」，在書寫整體的歷史進程之外，我們大量的工作還在對一個一個具體文學現象的理解和闡釋，而這就需要有更具體的解讀歷史的角度和方法，我們不僅要告訴人們這一段歷史「叫做」什麼，而且要回答它「為什麼」是這樣，其中都有哪些值得注意的東西，對後者的深入挖掘可以為我們的文學研究打開新的空間，「機制」的問題提出就來源於此。

周維東：我也意識到這一問題。「民國文學史」提出的學理依據和理論價值，在於它一時間化解了「中國現代文學史」框架中許多難以解決的難題，譬如中國現代文學的「起點」問題，中國現代文學的「包容度」問題，中國現代文學史寫作的價值立場問題等等。但「化解」並不等同於「解決」，當我們以「民國」的歷史來界分中國現代文學時，我們依舊需要追問「現代」的起源問題；當我們不在為中國現代文學的包容度而爭議時，如何將民國文學錯綜複雜的文學現象統攝在同一個學術平臺上，又成了新的問題；我們可以不為「現代」的本質而煩擾，但一代代中國現代知識份子的文化追求還是會引發我們思考：他們為什麼要這樣而不是那樣？

李怡：還有一個概念也很有意思，這就是秦弓先生提出的「民國史視角」，〔註5〕「視角」的思路與我們對其中「機制」的關注和考察有彼此溝通之處，

〔註4〕 李怡：《「民國文學史」框架與「大後方文學」》，《重慶師範大學學報》2009 年 1 期。

〔註5〕 秦弓先後發表《從民國史的角度看魯迅》（《廣東社會科學》2006 年 4 期）、《現代文學的歷史還原與民國史視角》（《湖南社會科學》2010 年 1 期）。

我們都傾向於通過對特定歷史文化的具體分析為文學現象的解釋找到根據。在我們的研究中，有時也使用「視角」一詞，只是，我更願意用「機制」，因為，它指涉的歷史意義可能更豐富，研究文學現象不僅需要「觀察點」，需要「角度」，更需要有對文化和文學的內在「結構性」因素的總結，最終，讓二十世紀中國文學上下半葉各自區分的也不是「角度」而是一系列實在內涵。

周維東：「民國機制」的研究許多都涉及社會文化的制度問題，這與前些年出現的「中國現當代文學制度研究」有什麼差別呢？

李怡：最近一些年出現的「中國現當代文學制度研究」為中國文學的發生發展尋找到了豐富的來自社會體制的解釋，這對過去機械唯物主義的「社會反映論」研究具有根本的差異，我們今天對「民國機制」的思考，當然也包含著對這些成果的肯定，不過，我認為，在兩個大的方面上，我們的「機制」論與之有著不同。首先，這些「制度研究」的理論資源依然主要來自西方學術界，這固然不必指責，但顯然他們更願意將現代中國的各種「制度現象」納入到更普遍的「制度理論」中予以認識，「民國」歷史的特殊性和諸多細節還沒有成為更主動的和主要的關注對象，「民國視角」也不夠清晰和明確，而這恰恰是我們所要格外強調的；其次，我們所謂的「機制」並不僅是外在的社會體制，它同時也包括現代知識份子對各種體制包圍下的生存選擇與精神狀態。例如民國時期知識份子所具有的某種推動文學創造的個性、氣質與精神追求，這些人的精神特徵與國家社會的特定環境相關，與社會氛圍相關，但也不是來自後者的簡單「決定」與「反映」，有時它恰恰表現出對當時國家政治、社會制度、生存習俗的突破與抗擊，只是突破與抗擊本身也是源於這個國家社會文化的另外一些因素。特別是較之於後來極左年代的「殘酷鬥爭、無情打擊」，較之於「知識份子靈魂改造」後的精神扭曲，或者較之於中國式市場經濟時代的信仰淪喪與虛無主義，作為傳統文化式微、新興文明待建過程中的民國知識份子，的確是相對穩健地行走在這條歷史的過渡年代，其中的姿態值得我們認真總結。

周維東：經過您的闡述，我可不可以這樣理解：「民國機制」包含了一種全新的文學理解方式，「民國」是靜態的歷史時空，而「機制」則是文化參與者與歷史時空動態互動中形成的秩序，兩者結合在一起，強調的是在文學活動中「人」與「歷史時空」的豐富的聯繫，這種聯繫可以形成一種類似「場域」的空間，它既是外在的又是內在的。通過對「文學機制」的發現，文學

研究可以獲得更大的彈性空間，從而減少了因爲理論機械性而造成的文學阻隔。單純使用「民國」或「制度」等概念，往往會將文學置於「被決定」的地位，它值得警惕的地方在於，我們既無法窮盡對「民國」或「制度」全部內容的描述，也無法確定在一定的歷史時空下就必然出現一定的文學現象。

李怡：可以這樣理解。

爲什麼是「民國機制」

周維東：應該說，目前中國現代文學研究已經相當成熟了，各種研究模式、方法、框架都取得了引人注目的成就，在這個時候，爲什麼還要提出這個新的闡述方式呢？

李怡：很簡單，就是因爲目前的種種既有研究框架存在一些明顯的問題，對進一步的研究形成了相當的阻力。我們最早是有「新文學」的概念，這源於晚清「新學」，「新文學」也是「新」之一種，顯然這一術語感性色彩過強，我們必須追問：「新」旗幟的如何永遠打下去而內涵不變？「現代」一詞從移入中國之日起就內涵駁雜，有歐洲文明的「現代觀」，也有前蘇聯的十月革命「現代觀」，後者影響了中國，而中國又獨出心裁地劃出一「當代」，與前蘇聯有所區別，到了新時期，所謂「與世界接軌」也就是與歐美學術看齊，但是我們的「現代」概念卻與人家接不了軌！到 1990 年代，「現代性」知識登陸中國，一陣恍然大悟之後，我們「奮起直追」，「現代性」概念漫天飛舞，但是新的問題也來了：如何證明中國文學的「現代」就是歐美的「現代」？如果證明不了，那麼這個概念就是有問題的，如果眞的證明了，那麼中國文學的獨立性與獨創性還有沒有？我們的現代文學研究眞的很尷尬！提出「民國機制」其實就是努力返回到我們自己的歷史語境之中，發現中國人在特定歷史中的自主選擇，這才是中國文學在現代最值得闡述的內容，也是中國文學之所以成爲中國文學的理由，或者說是中國自己的眞正的「現代」。

周維東：我在想一個問題，「民國機制」的提出在很大程度上來自對目前「現代」概念的質疑和反思，這是不是意味著，我們從此就確立了與「現代」無關的概念，或者說應該把「現代」之說驅除出去呢？

李怡：當然不是。「現代」概念既然可以從其知識的來源上加以追問，借助「知識考古」的手段釐清其中的歐美意義，但是，在另外一方面，「現代」

從日本移入中國語彙的那一天起，就已經自然構成了中國人想像、調遣和自我感性表達的有機組成部分，也就是說，中國人已經逐步習慣於在自己理解的「現代」概念中完成自己和發展自己，今天，我們依然需要對這方面的經驗加以梳理和追蹤，我們需要重新摸索中國自己的「現代經驗」與「現代思想」，而這一切並不是 1990 年代以後自西方輸入的「現代性知識體系」能夠解釋的，怎麼解釋呢？我覺得還是需要我們的民國框架，在我們「民國機制」的格局中加以分析。

周維東：也就是說，只有在「民國機制」中，我們才可以真正發現什麼是自己的「現代」。

李怡：就是這個意思，「現代」並不是已經被我們闡述清楚了，恰恰相反，我覺得很多東西才剛剛開始。

周維東：「民國」一詞是中性的，這是不是更方便納入那些豐富的文學現象呢？例如舊體詩詞、通俗小說等等。提出「民國機制」是否更有利於現代文學史的「擴軍」？也就是說將民國時期的一切文化文學現象統統包括進去？

李怡：從字面上看似乎有這樣的可能，實際上已經有學者提出了這個問題。但是，對於這個問題，我卻有些不同的看法，實際上，一部文學史絕對不會不斷「擴容」的，不然，數千年歷史的中國古典文學今天就無法閱讀了，不斷「減縮」是文學史寫作的常態，文學經典化的過程就在減縮中完成。這就為我們提出了一個問題：一種新的文學闡釋模式的出現從根本上講是為了「照亮」他人所遮蔽的部分而不是簡單的範圍擴大，「民國」概念的強調是為了突出這一特定歷史情景下被人遺忘或扭曲的文學現象，舊體詩詞、通俗小說等等直到今天也依然存在，不能說是民國文學的獨有現象，而且能夠進入文學史研究的一定是那些在歷史上產生了獨立作用和創造性貢獻的現象，舊體詩詞與通俗小說等等能不能成為這樣的現象大可質疑，與唐宋詩詞比較，我們現代的舊體詩詞成就幾何？與新文學對現代人生的揭示和追求比較，通俗小說的深度怎樣？這都是可以探討的。實際上，一直都由學者提出舊體詩詞與通俗小說進入「現代文學史」，與新文學並駕齊驅的問題，呼籲了很多年，文學史著作也越出越多，但仍然沒有發現有這麼一種新舊雜糅、並駕齊驅的著作問世，為什麼呢？因為兩者實在很難放在同一個平臺上討論，基礎不一樣，判斷標準不一樣。我認為，提出文學的「民國機制」還是為了更好地解

釋那些富有獨創性的文學現象，而不是爲了擴大我們的敘述範圍。

周維東：文學史研究從根本上講，就不可能是「中性」的。

李怡：當然，任何一種闡述本身就包含了判斷。

「民國機制」何爲

周維東：在文學的「民國機制」論述中，有哪些內容可以加以考察？或者說，我們可以爲現代中國文學研究開拓哪些新空間呢？

李怡：大體上可以區分爲兩大類：一是對「民國」各種社會文化制度、生存方式之於文學的「結構性力量」的考察、分析，二是對現代作家之於種種社會格局的精神互動現象的挖掘。前者可以展開的論題相當豐富，例如民國經濟形態所造就的文學機制。從 1913 年張謇擔任農商務部總長起，在大多數情形下，鼓勵民營經濟的發展已經成了民國的基本國策，中國近現代的出版傳播業就是在這樣的格局中發展起來的，這賦予了文學發展較大的空間；至少在法制的表面形態上，民國政府表現出了一系列「法治」的努力，以「三民主義」和西方法治思想爲基礎民國法律同樣也建構著保障民權的最後一道防線，雖然它本身充滿動搖和脆弱。這表層的「法治」形式無疑給了知識份子莫大的鼓勵，鼓勵他們以法律爲武器，對抗獨裁、捍衛言論自由；多種形態的教育模式營造了較大的精神空間，對國民黨試圖推進的「黨化」教育形成抵制。後者則可以深入挖掘現代知識份子如何通過自己的努力、抗爭調整社會文化格局，使之有利於自己的精神創造。

周維東：這些研究表面上看屬於社會體制的考察，其實卻是「體制考察與人的精神剖析」相互結合，最終是爲了闡發現代文學的創造機能而展開的研究。

李怡：對，尋找外在的社會文化體制與人的內部精神追求的歷史作用，就是我所謂的「機制」的研究。

周維東：這樣看來，民國機制的研究也就帶有鮮明的立場：爲中國現代文學的創造力尋求解釋，深入展示我們文學曾經有過的歷史貢獻，當然，也爲未來中國文學的發展挖掘出某些啓示。所以說，「民國機制」不是重新劃範圍的研究，不是「標籤」與「牌照」的更迭，更不是貌似客觀中性的研究，它無比明確地承擔著回答現代文學創造性奧秘的使命。

李怡：這樣的研究一開始就建立在「提問」的基礎上，是未來回答現代文學的諸多問題我們才引入了「民國機制」這樣的概念，因為「提問」，我想我們的研究無論是在文學思潮運動還是在具體的作家作品現象方面都會有一系列新的思維、新的結論。例如一般認為 1930 年代左翼作家的現實揭弊都來源於他們生活的困窘，其實認真的民國生活史考察可以告訴我們，但凡在上海等地略有名氣的作家（包括左翼作家）都逐步走上了較為穩定的生活，他們之所以堅持抗爭在很大程度上還是來自理想與信念。再如目前的文學史認為茅盾的《子夜》揭示了民族資產階級在現代中國沒有前途，但問題是民國的制度設計並非如此，其實民營經濟是有自己的生存空間的，尤其 1927～1937 被稱作民國經濟的黃金時代，這怎麼理解？顯然，在這個時候，茅盾作為左翼作家的批判性佔據了主導地位，而引導他如此寫作的也不是什麼「按照生活本來面目加以反映」的 19 世紀歐洲的「現實主義」原則，而是新進引入的馬克思主義的階級觀念。民國體制與作家實際追求的兩相對照，我們看到的恰恰是民國文學的獨特景象：這裏不是什麼遵循現實主義原則的問題，而是作家努力尋找精神資源，完成對社會的反抗和拒斥的問題，在這裏，文學創作本身的「思潮屬性」是次要的，構建更大的精神反抗的要求是第一位的。在這方面，是不是存在一種「民國氣質」呢？

周維東：根據您的闡述，我理解到「民國機制」所要研究的問題。過去我們研究文學史，也注重了歷史語境的問題，但從某個單一視角出發，就可能出現「臆斷」和「失度」的現象，這也就是俗話中的「只知其一不知其二」。「民國機制」研究民國「社會文化制度、生存方式之於文學的『結構性力量』」，實際還強調了歷史現場的全景考察。其次，「現代作家之於種種社會格局的精神互動現象」在過去常常被認為作家的個體想像，您在這裏特別強調這種互動的集體性和有序性，並試圖將之作為結構文學史的重要基礎。

李怡：是這樣的。過去我們都習慣用階級對抗在解釋民國時代的「左」、「中」、「右」，好像現代文學就是在不同階級的作家的屬性衝突中發展起來的，其實，就這些作家本身而言，分歧和衝突是一方面，而彼此的包容和配合也是不容忽視的一面，更重要的是，他們意見和趣味的分歧往往又在對抗國家專制統治方面統一了，在面對獨裁壓制的時候，都能夠同仇敵愾，共同捍衛自己的利益。當整個知識份子階層形成共同形成精神的對抗之時，即便是專制統治者也不得不有所忌憚，例如擔任國民黨中宣部部長的張道藩就在

1940 年代的「文學政策」論爭中無法施展壓制之術。民國文學創作的自由空間就是不同思想取向的知識份子共同造成的。

　　周維東：這樣看來，「民國機制」還有很多課題值得挖掘。譬如民國時期知識份子與大眾傳媒關係問題，過去我們基本從「稿費」和「經濟」的角度理解這一現象，不過如果我們注意到這一時期的「零稿費」現象、「虧本經營」現象，以及稿件類型與稿酬水平的關係問題等等，就可以從單純的經濟問題擴展到民國文人、民國傳媒的趣味和風尚問題，進而還能擴展到民國知識份子生存空間的細枝末節。這樣研究文學史，真可謂「別有洞天」呀！

作為方法的「民國機制」

　　周維東：我覺得，提出文學的「民國機制」不僅可以為我們的學術研究開闢空間，同時它也具有方法論的價值。

　　李怡：我以為這種方法論的意義至少有三個方面：一是倡導我們的現代文學學術研究應該進一步回到民國歷史的現場，而不是抽象空洞的「現代」，即便是中國作家的「現代」理念，也有必要在我們自己的歷史語境中獲得具體的內容；二是史料考證與思想研究相互深入結合，近年來，對現代文學史料的重視漸成共識，不過，究竟如何認識「史料」卻已然存在不同的思路，有人認為提倡史料價值，就是從根本上排除思想研究，努力做到「客觀」和「中性」，其實，沒有一種研究可以是「客觀」的，從來也不存在絕對的「中性」，最有意義的研究還是能夠回答問題，是具有強烈的問題意識的研究。如何將史料的考證和辨析與解答民國時期文學創造的奧秘相互結合，這在當前還亟待大家努力。第三，正如前面我們所強調的那樣，我們也努力將外部研究（體制考察）與內部研究（精神闡釋）結合起來，以「機制」的框架深入把握推動文學發展的「綜合性力量」，這對過去「內外分裂」的研究模式也是一種突破。

　　周維東：最近幾年，中國出現了「民國熱」，談論民國，想像民國，出版民國讀物，蔚為大觀，有人擔心是否過於美化了那一段歷史？

　　李怡：這個問題也要分兩重意義來說，首先是為什麼會出現這樣的「熱」？顯然是我們的歷史存在某種需要反省的東西，或者將那個時候的一切統統斥之為「萬惡的舊社會」，從來沒有正視過歷史的應有經驗，或者是對我們今天——市場經濟下虛無主義盛行，知識份子喪失理想和信仰的某種比照，在這

樣兩種背景上開掘「民國資源」，我覺得都有明顯的積極意義，因為它主要代表了我們的不滿足，求反思，重批判，至於是否「美化」那要具體分析，不過，在「民國」永遠不會「復辟」的前提下，某些美好的想像和誇張也無需過分擔憂，因為，「民國」資源本身包含「多元」性，左翼批判精神也是民國精神之一，換句話說，真正進入和理解「民國」，就會引發對民國的批判，何況今天分明還具有太多的從新體制出發抨擊民國的思想資源，學術思想的整體健康來自不同思想的相互抵消，而不是每一種思想傾向都四平八穩。

周維東：的確是這樣。所謂「美化」的背後其實是缺失和批判。學術史上又太多類似的「美化」，屈原、陶淵明、李白、杜甫等文化名人形成的光輝形象，不正是研究者「美化」的結果嗎？魯迅也曾經「美化」過魏晉。在研究者「美化」歷史人物和歷史時期時，我想他（她）不是諂媚也不是褒貶，而是在更大的文化空間上，揭示我們還缺少什麼，我們如何可以過的更好。

李怡：還有，也是更主要的一點，我們的「民國機制」研究與目前的「民國熱」在本質上沒有關係。我們要回答的是民國時期現代文學的創造秘密，這與是否「美化」民國統治者完全是兩回事，我們從來嚴重關切民國歷史的黑暗面，無意為它塗脂抹粉，恰恰相反，我們是要在正視這些黑暗的基礎上解答一個問題：現代知識份子如何通過自己的抗爭和奮鬥突破了思想的牢籠，贏得了民國時期的文學輝煌，我們把其中的創生力量歸結為「民國機制」，但是顯而易見，民國機制並不屬於那些專制獨裁者，而是根植於近代以來成長起來的現代知識份子群體，根植於這一群體對共和國文化環境與國家體制的種種開創和建設，根植於孫中山等民主革命先賢的現代理想。

周維東：「民國機制」不是民國統治者的慈善，不是政治家的恩賜，而是以知識份子為主體的社會力量主動爭取和奮鬥的結果，在這裏，需要自我反省的是知識份子自己。

李怡：「民國機制」的提出歸根結底是現代文學學術長期發展的結果，絕非當前的「風潮」鼓動（中國是一個充滿「風潮」的社會，實在值得警惕），近三十年來，中國現代文學研究一直在尋找一種更恰當的自我表達方式，從1980 年代「二十世紀中國文學」在「走向世界」中抵消政治意識形態的干預到 1990 年代「現代性」旗幟的先廢後存，尷尷尬尬，我們的文學研究框架始終依靠外來文化賜予，那麼，我們研究的主體性何在？思想的主體性何在？我曾經倡導過文學研究的「生命體驗」，又集中梳理過中國現代文學批評的術

語演變，這一切的努力都不斷將我們牽引回中國歷史的本身，我們越來越眞切地感受到更完整地返回我們的歷史情境才有可能對文學的發展作進一步的追問。對於現代的中國文學而言，這一歷史情境就是「民國」，一個無所謂「美化」也無所謂「醜化」的實實在在的民國，回到民國，才是回到了現代中國作家的棲息之地，也才回到了中國文學自身。

周維東：最後一個問題，我們研究民國時期的文學，是否也應該考慮當時歷史狀況的複雜性，比如是不是民國時代的所有文學都從屬於「民國機制」？比如解放區文學、淪陷區文學？除了「民國機制」，當時還存在另外的文學機制沒有？

李怡：這樣的提問就將我們的問題引向深入了！我一向反對以本質主義的思維來概括歷史，社會文化的內在結構不會是一個而是多個，當然，在一定的歷史時期，肯定有主導性的也有非主導性的，有全局性的也有非全局性的。在「民國」的大框架中，也在特定條件下發展起了一些新的「機制」，但是民國沒有瓦解，這些「機制」的作用也還是局部的。延安文學機制是在蘇區文學機制的基礎上發展起來的，軍事性、鬥爭性和一元性是其主要特徵，但這一機制全面發揮作用是在「民國」瓦解之後，在民國當時，延安文學能夠在大的國家文化體系中存在，也與民國政治的特殊架構有關，在這個意義上，也可以說是民國機制在特殊的局部滋生了新的延安機制，並最終爲發展後的延安機制所取代。至於淪陷區則還應該仔細區分完全殖民地化的臺灣以及置身中國本土的東北淪陷區、華北淪陷區和上海孤島等，對於完全殖民地化的尚未光復的臺灣，可能基本置於「民國機制」之外，而對其他幾個地區，則可能是多種機制的摻雜，雖然摻雜的程度各不相同。但是，從總體上看，我並不主張抽象地籠統地地議論這些「機制」比例問題，我們提出「民國機制」最終還是爲了解決現代中國文學發生發展的若干具體問題，只有回到具體的文學現象當中，在分析解決具體的文學問題之時，「民國機制」才更能發揮「方法論」的作用，啓發我們如何在「體制與人」的交互聯繫中發掘創造的秘密。我們無需完成一部抽象的「民國機制發展史」，可能也完成不了，更迫切的任務是針對文學具體現象的新的符合中國歷史情境的闡述和分析。

周維東：對，我們的任務是進入具體的文學問題，將關注「民國機制」作爲內在的思想方法，引導對實際現象的感受和分析。

序

宋劍華

關於 20 世紀中國文學史的基本性質，學界早已達成了心照不宣的思想共識，那就是崇「西方」與反「傳統」的相輔相成，進而實現了中國文學以人為本的現代轉型。這種歷經幾代學人精心營造的歷史定論，幾乎成為了人們認識新文學發生的唯一標準。問題難道果真是如此的簡單嗎？我個人對此則表示強烈的質疑。

如果我們不帶有任何的主觀假定性，重新去審視五四新文學的發生過程，至少有兩個實質性的重大問題，值得引起我們思想上的高度重視：

首先，是科學地理解五四新文學的外來文化影響。幾乎所有中國現代文學史教材，都會以不容質疑的語氣這樣寫道：五四新文學運動的精神資源，就是從西方舶來的人文價值觀。然而我們翻遍先驅者們的所有著述，卻實難找到這種精神資源的原始出處。無論是胡適的《易卜生主義》還是周作人的《人的文學》，他們或強調「健全的個人主義」或以「人道主義為本」，都把自己所宣揚的文學主張視為是西方文化的本質精髓，但是這種「西學」精髓究竟是源自於西方的何人何典，他們卻始終沒有給出令人信服的合理解答。問題其實非常簡單，胡適在美國留學七年，其中前四年是學農科，後三年才改為學哲學，完全是本、碩、博連讀速成，你讓他真正弄懂西方文化，那無疑是痴人說夢天方夜譚。另外周作人到日本留學五年，先是學土木工程專業，後改為主攻希臘文專業，雖然讀過一點蘇格拉底的理論著作，卻也是一知半解並不精通，你讓他真正瞭解西方文化，同樣也是不切實際強人所難。胡適懂點杜威的實驗主義，周作人懂點希臘的人文哲學，五四啓蒙精英正是將這些「點」，進行了自我理解式的概念打包，最終將西方現代人文價值觀，全面而徹底地抽象符號化了。我們必須充分注意到這樣一個客觀事實，五四啓蒙精英在其以點帶面去闡釋西方文化時，由於他們先天之理論素養不足且過於主觀性言說，因此往往就不能不按漢語思維的邏輯方式去思考問題，所以用

中國智慧去詮釋西方文化，便成爲了那一時代備受推崇的流行趨勢。比如胡適這位西學「大儒」，他在解讀西方人道主義思想時，便將「人」與「仁」二者等同視之（《說儒》），結果推導出中國社會早在兩千多年前，就已經具備了人道主義的思想觀念。這種風馬牛不相及式的曲解也好誤讀也罷，在當時渴望變革人心浮躁的時代大背景下，不僅沒有引起中國人思想意識的高度警覺，相反卻變成了廟堂與廣場普遍流行的時髦話語——落實到中國現代文學的創作實踐，便演繹爲千篇一律的如此場面：校園裏以外國愛情小說爲範本，呈現出一派卿卿我我的浪漫景象；社會上則以娜拉摔門而走爲榜樣，呈現出一派反叛家庭的狂熱情緒！尤其是中國的新女性，當她們以「娜拉」爲榜樣，鼓吹「戀愛自由、婚姻自主」，將傳統文化的「私奔」現象，做了現代意義的藝術呈現，這種從「父家」走入「夫家」的「出走」行爲，不僅沒有使其成爲一個獨立的「人」，相反還曲解了易卜生主義的思想本質。五四啓蒙精英並不眞正瞭解西方，或者說並不那麼地瞭解西方，但他們卻偏要以精通西方文化自居，執著地要去擔當中國人的啓蒙導師，這種令人啼笑皆非的悖論邏輯，恰恰反映著中國現代文學的尷尬狀態——用魯迅先生自己的話來講，即夢醒了無路可走，最後只能去反抗絕望！

其次，是重新去評價五四新文學的歷史虛無主義。從《狂人日記》中的「吃人」吶喊，到「打倒孔家店」的時代怒號，中國現代文學從其發難伊始，便對傳統文化發起了全面攻擊。毫無疑問，先驅者們都將批判之矛頭直指儒家思想，泣淚灑血地控訴禮教殺人的種種事實，彷彿幾千年來中國社會之歷史積弱，都與那些陳腐的孔儒學說脫不了干係。現在學界有一種觀點比較流行，那就是認爲五四反封建的終極目的，是爲了要重建一個新型的民族國家，以便能與世界先進文化同步接軌。既肯定五四新文學反封建的積極意義，又肯定其重建民族國家的主觀努力，我個人對此之荒謬論點大感驚奇，「傳統」都已經被徹底否定了，「民族」還將怎樣去安身立命呢？什麼是「傳統文化」，說穿了無非就是一個民族自身的過去歷史。五四新文學雖然以反封建去否定傳統，但是我們發現「傳統」在他們的敘事視野裏，同「西化」概念十分相似或雷同，仍舊是一種主觀想像的抽象符號。如果我們把五四以來的文學論爭，重新加以排列梳理且逐一去研讀，有一奇特現象的確值得引起我們去注意：守舊派以中華五千年之燦爛文明，去駁斥啓蒙者否定傳統文化的輕率之舉；而啓蒙者則歷數儒家禮教之歷史弊端，去嘲諷守舊者泥古不化的思想迂腐。實際上無論是守舊

者還是啓蒙者，他們言說「傳統」時都陷入了一個怪圈，即以「傳統」文化之一部分，去肯定或否定「傳統」文化的另一部分。啓蒙者之所以會肆無忌憚地去否定傳統，關鍵並不在他們眞正想要背離傳統，而是想要獲得駕馭新時代的話語權！這就使我們必須去認眞地解讀與思考，五四新文學的反封建與反傳統，到底都是些什麼樣的基本內涵。我不妨再舉兩個大家都知曉的具體事例：「父母之命，媒妁之言」，這是自五四新文學以來，作家熱衷表現的一大焦點，人們對其深惡痛絕口誅筆伐，幾乎連篇累牘地訴其罪惡，大有致其死地而後快之勢。「父母之命」隸屬於中國傳統的家族文化，它是強調子女對於父母的言聽計從，甚至於有些制約人之自由的專制味道，但是「可憐天下父母心」，「父母之命」原本是以長輩之經驗，去引導晚輩少走彎路幸福做人，顯然是在一種充滿善意的理性行爲；然而出於反封建傳統的客觀需求，啓蒙者卻以青年人的感性意識，去強烈排斥成年人的理性意識，人爲地造成了兩者對立的矛盾衝突。我們不能只看到巴金在《家》中的血淚控訴，還要看到更多作家尤其是女性作家，她們在叛逆之後對於「父母之命」的重新認識（比如淩淑華、蘇雪林、羅洪、石評梅等，都是以其極爲悲慘的「情殤」敘事，對「戀愛自由、婚姻自主」的啓蒙言說，做了入木三分而又具有說服力的深刻反思）。另外對於「媒妁之言」的批判與否定，我們也應去進行一番重新論證。在中國現代讀者的閱讀印象裏，「媒婆」這一藝術形象無疑並不光彩，她們走家串戶以其三寸不爛之舌，爲了謀取不義之財而在男女之間惹是生非，直接導致了社會上無數「有情人難成眷屬」。其實，稍有些常識之人便可以發現言說者的巨大破綻：恐怕天下沒有那個父母會將自己兒女的終身大事，去託付於一個素不相識且缺乏道德感與責任感的媒婆之人，將這種「己所不欲勿施於人」的古人聖訓用於作家自己，恐怕他們也不會去相信別人都是那麼的愚蠢與白痴。難怪在中國現代文學的創作實踐中，「媒婆」形象鳳毛麟角少得可憐，大多數情況下只是以「媒人說親」一句，然後便人間蒸發似的悄然退場。可見他們在現實生活領域當中，也很難找到自己所批判否定的原型對象。還有「禮教吃人」或「禮教殺人」，這一被人爲「妖化」了的文化現象，更是令中國現代作家口誅筆伐，恨不得將其打翻在地再踏上一隻腳。「禮教吃人」或「禮教殺人」的文學表現，除了上述我們已經談及的「父母之命，媒妁之言」以外，具體我們還可以歸結爲這樣幾個方面：其一是「禮教」的軟性殺人，突出事例應首屬魯迅的小說《祝福》——祥林嫂因其死了兩任丈夫，兒子阿毛也被狼叼走了，故在魯鎭便被視爲不

祥之物，因此受到所有人的冷眼相待。僅就這一故事情節而言，全魯鎮人無疑都參與了對祥林嫂的精神虐殺，而人們單單去指責魯四老爺的「假道學」，實在是有點欲加之罪何患無辭的栽贓味道。魯四老爺與全魯鎮人的習慣性行為，完全是一種中國社會的民間陋俗，與儒家「禮教」文化毫無關聯性，故儒家「禮教」顯然是在無辜受責。這種以民間陋俗去遮蔽國粹精華，進而將其視為是傳統文化的歷史主體，無論言說者出於何種冠冕堂皇的主觀動機，都難掩其本質上文化虛無主義的本來面目。其二是「節烈」的非理性因素，中國現代作家不僅從理論上討伐，而且還將其演繹為無數故事敘事，最終強化了「節烈」與「禮教」之間的淵源關係。許欽文的《模特兒》與楊振聲的《貞女》，都是這一方面最有社會影響的代表之作。其實，臺灣學者董家遵曾用了很長時間，完整地梳理了中國歷代「貞女」「烈婦」的準確數字，即使是程朱理學最為昌盛的明朝時期，276 年中「貞女」「烈婦」的全部人數，也只不過就那麼 35829 人之多，如果按照明朝 1 億 2 千萬人口去平均，年均也沒有超過十萬分之一。況且僅李自成進京時因其部下禍害婦女，就造成了差不多一半的「節烈」數字，由此我們完全可以去大膽地推斷，「節烈」也並非是一種古代中國的普遍現象。儘管皇帝不時發文表彰「節烈」，但縱觀唐、宋、明、清的朝廷法典，都無限制寡婦再嫁的任何條款，甚至於還鼓勵其另組家庭再續良緣。因此，「節烈」現象也是屬於古代民間的陋俗之列，將其納入中國傳統文化之本自然也有失公允。其三是「典妻」的野蠻行經，這一方面最經典的作品文本，應首屬柔石的小說《為奴隸的母親》──一個農村婦女因生活所迫，被丈夫典給一家財主生兒子，等到兒子出生斷奶以後，又要生離死別地返回故家。「典妻」現象在中國現代文學作品中，時常成為作家反封建反傳統的重要資源。但是在大明律與大清律當中，「典妻」（包括「妾」）現象都是違法的，不僅要受肉體酷刑（鞭笞五十），而且還要罰銀五十兩。這說明不僅現代啓蒙精英反對這種民間陋習，古代文化精英同樣也反對這種民間陋習。故將「典妻」現象也歸結為是傳統文化之本，明顯也是與歷史事實截然相悖的主觀臆測。

現在，我們來談「暴力敘事」與思想啓蒙的關係問題。由於「西學」與「傳統」從五四起始，就是一種內涵不清的符號碰撞，所以五四啓蒙話語在很大程度上，就是啓蒙者隨心所欲的自我言說。眾所周知，中國文學的現代轉型，是以白話文運動為起點，以「運動」形式去推動文學觀念的歷史變遷，這絕非是西方文人所擅長使用的技藝手段，倒是中國文人所特有的光榮傳

統。既然啓蒙者並沒有弄清楚「西學」要義，那麼他們就只好大張旗鼓先聲奪人，以「論爭」也好「罵戰」也罷的表現方式，去硬性建立新文學陣營的絕對權威。五四新文學在其發生期，「論爭」或「罵戰」格外繁榮，只要我們去翻翻那時的報刊雜誌，像「打倒」、「推翻」之類的暴力性語言，幾乎比比皆是遍布眼球頗爲壯觀。「論爭」或「罵戰」的暴力傾向，波及到文學創作的具體實踐，便是「暴力敘事」直接參與了思想啓蒙的具體實踐，並理直氣壯地成爲了「重建」中國現代文化體系的重要因素。我們現在所言及的「暴力敘事」，主要是指「語言暴力」、「精神暴力」與「肉體暴力」三種傾向。「語言暴力」從五四新文學開始，便是作家宣傳思想啓蒙的重要利器，像魯迅先生在其小說文本當中，就經常出現「吃人」、「砍頭」、「人血饅頭」等恐怖詞彙，這些恐怖詞彙無疑凝聚著作者本人的理性思考，以及他對中國傳統民俗文化惡習的深切憂慮。「精神暴力」的具體指向，是作者對傳統文化軟性「殺人」的理解與認識，像《祝福》中的祥林嫂之死，《金鎖記》中曹七巧的變態心理，都充分反映了作者本人的批判理性。「肉體暴力」的實指內容，是手刃頑敵的勝利快感，像陳銓在《野玫瑰》中描寫刺殺漢奸，無名氏在《鬼戀》中描寫暗殺任務，以及柯藍在《洋鐵桶的故事》裏描寫打鬼子的誇張場景等等，都被作爲中國現代文學的正義書寫，納入到了民族英雄史詩的建構之中。長期以來，學界一直都在人爲地迴避著「暴力敘事」這一美學概念，似乎一談到「暴力」就有悖於和諧之美的中國文化，故「暴力敘事」便成了一個被埋沒了的冷命題，一直都很少有人敢去問津，更談不上有什麼深入研究了。

保榮是我的學生，這本書也是他的博士論文，三年之中他力排眾議，堅持將這一課題研究下去，所歷經之艱辛我是知道的。保榮非常聰明且異常勤奮，學術功底在同輩人當中，絕對是個不可埋沒的佼佼者。他從五四新文學的源頭談起，認眞考證了「暴力敘事」的中外因素，每一章節都做到了言必有據，相信讀者會自有心得公正評判。我個人認爲這部學術著作，具有填補理論空白的重要意義，至少它會令讀者瞭解到中國現代文學的不同側面。我期待著保榮的進一步努力，將這一課題擴展開來延續下去，爲了已經不再熱鬧的國內學術，留點青年學人的思想激情與眞知灼見。

是爲序。

——2012 年 10 月於廣州暨南大學明湖苑

目次

緒 論

第一節　概念界定、分類與內涵

　　要研究民國的前奏即晚清和民國時期文學（合稱中國現代文學）的「暴力敘事」現象，要探討暴力敘事與中國現代文學的審美特徵，要理清「啓蒙」話語的關係，首先就要界定「啓蒙」、「暴力」、「暴力敘事」、「審美特徵」這幾個關鍵概念，以求正本清源，對研究內容有一個清晰的理解。

　　魯迅早在《熱風·隨感錄四十三》中指出：「外國事物，一到中國，便如落在黑色染缸裏似的，無不失了顏色。美術也是其一：學了體格還未勻稱的裸體畫，便畫猥褻畫；學了明暗還未分明的靜物畫，只能畫招牌。皮毛改新，心思仍舊，結果便是如此。至於諷刺畫之變爲人身攻擊的器具，更是無足深怪了。」後在《花邊文學·偶感》中痛心疾首：「每一新制度，新學術，新名詞，傳入中國，便如落入黑色染缸，立刻烏黑一團，化爲濟私助焰之具，科學，亦不過其一而已。」語雖偏頗，但不無道理：首先，西方文化（意識）進入中國，肯定會受到中國文化環境（染缸）的薰染或影響，這是接受的必然程序，即碰撞摩擦；其次，「皮毛改新，心思仍舊」，具有中國傳統文化意識的中國人在運用西方的新文化的時候，有意無意地將其歸化，所謂中學爲本，西學爲用，這是幾千年的經世致用、實用理性思想所決定的，難以擺脫；再次，「皮毛改新，心思仍舊」，即中學爲裏（心思），西學爲表（皮毛），以西方遮蔽中國傳統，導致傳統觀念的被西方遮蔽的現代化，從而使西方獲得

了合理化的生存表象；第四，將西方意識「化爲濟私助焰之具」，成爲「進升之階」或「謀私之具」，這更是庸俗化功利化的心態，卻也是典型的中國文化心態。

就「啓蒙」而言，眾所周知，民國文學啓蒙思潮是炙手可熱的研究領域，但是學界對於「啓蒙」概念內涵的解釋卻無法令人滿意，存在著一種浮躁、泛濫、隨意的傾向。在中國期刊網上輸入「啓蒙」，按照篇名查詢，資料顯示從 1911～2012 年的諸多文章中，以西方意義上的「啓蒙」爲基礎的概念可謂林林總總，五花八門：啓蒙主義、啓蒙運動、啓蒙文學、啓蒙主義文學、啓蒙思潮、啓蒙文學思潮、啓蒙現代性、啓蒙精神、啓蒙意識、啓蒙傳統、啓蒙情結、啓蒙反思、啓蒙悲劇性、啓蒙性、啓蒙意義、啓蒙英雄、啓蒙哲學、啓蒙美學、啓蒙權力、啓蒙知識分子、啓蒙境界、啓蒙困境、啓蒙立場、啓蒙視域、啓蒙價值、啓蒙時代、啓蒙批判、啓蒙策略、啓蒙訴求、啓蒙話語、啓蒙語境、啓蒙修辭、啓蒙敘事、啓蒙派、啓蒙現實主義、啓蒙浪漫主義、啓蒙理性主義、啓蒙激進主義、啓蒙主題、啓蒙城市文學、啓蒙的文學；文學的啓蒙、思想啓蒙、民俗啓蒙、人道主義啓蒙、文化啓蒙、理性啓蒙、理念啓蒙、現代性啓蒙、詩意啓蒙、新啓蒙、後啓蒙、反啓蒙、主體性啓蒙、性啓蒙、倫理啓蒙、身體啓蒙、欲望啓蒙、精神啓蒙、情感啓蒙、女性啓蒙、生態倫理啓蒙、科學啓蒙、道德啓蒙、救亡啓蒙、大眾啓蒙、階級啓蒙、民族啓蒙、個人啓蒙、五四啓蒙、人文啓蒙、政治啓蒙，諸如此類，可謂泛濫。而西方的《啓蒙運動百科全書》和《啓蒙運動與現代性》等等書籍，所收入的包含「啓蒙」字眼的概念不多，只有啓蒙運動、啓蒙世紀、啓蒙哲學、啓蒙哲學家、啓蒙學說、啓蒙時代、啓蒙態度、啓蒙浪漫主義、政治啓蒙等少數術語，比較嚴謹。一直以來，學界有幾個問題都未能理清，如西語的 Enlightenment 被翻譯爲漢語「啓蒙」，它們的概念內涵是否相同？「啓蒙」一詞被中國現代作家運用的軌跡如何？中國現代作家在運用「啓蒙」的過程中，該概念和西方的原意有何區別？是否反映了中國現代作家的漢語文化思維特徵？鑒於此，很有必要從詞源學角度，從中西文化比較角度，對此進行重新審視，返本歸眞，使得中國現代文學的啓蒙思潮研究能夠眞正深入進去。

一、何謂「啓蒙」？

「暴力敘事」是晚清、民國文學的重要審美特徵之一，與啓蒙思潮關係

密切，既然如此，那麼首必正名：何謂「啓蒙」？「啓蒙」按《辭源》的解釋是開導蒙昧，使之明白貫通。如漢應劭《風俗通・皇霸・六國》：「每輒挫衄，亦足以祛蔽啓蒙矣。」後來內容淺近示人門徑的書，多取啓蒙爲名。如《隋書・經籍志・小學》有晉顧愷之《啓蒙記》三卷，宋朱熹有《易學啓蒙》四卷。教導初學亦稱啓蒙。而按《辭海》的解釋則爲開發蒙昧；教育童蒙，使初學的人得到基本的、入門的知識，如現在出版的一大堆名爲「兒童啓蒙」的書（如《三字經》《百家姓》《千字文》《千家詩》《幼學瓊林》《增廣賢文》《弟子規》《笠翁對韵》等等）就取此義；也指通過宣傳教育，使後進的人們接受新事物而得到進步。而按《現代漢語詞典》的解釋，「啓蒙」則具有兩種基本詞義，一是使初學的人得到基本的、入門的知識；二是普及新知識，使人們擺脫蒙昧和迷信，如「啓蒙運動」。而《說文解字》則將「啓蒙」在文字學上的原初意義解釋爲「啓，教也，從攴，啓聲。論語曰，不憤不啓。」而「蒙」則指「蒙昧」。「啓」「蒙」二字聯繫起來則意味著對蒙昧者進行教化。以上詞義，除了《辭海》和《現代漢語詞典》的最後一條釋義與特指的西方「啓蒙」有關外，其餘皆是泛指的「啓蒙」。而這正是漢語「啓蒙」的本色，按以上幾種詞典，中國漢語「啓蒙」一詞的總詞義是「教導蒙昧」「開導蒙昧」，它具有兩個鮮明的特點，一是強烈的教育他人的意味，所謂「教育童蒙」，「教導初學」；而另一個則帶有工具、功用性質，所謂「示人門徑」。而從中國古代的童蒙教育也可以略窺中國「啓蒙」一詞的堂奧。按傳統的說法，「蒙學」即屬「小學」，係指 8 歲至 15 歲少兒的啓蒙教育，所以古人有云「古者八歲入小學，十五歲入大學」。但是，「二十歲以上的成人在農閒時節，到私塾或村學中接受啓蒙教育的極其普遍。」〔註1〕換言之，啓蒙教育的對象既包括年齡上的「童」（兒童），也包括知識上的「童」（如未掌握文化知識的成人）。總之，除了已經受過相當教育的知識階層，其他人皆屬於「被啓蒙」之列，由前者來「啓蒙」後者，此之爲啓蒙主體（誰在啓蒙）和啓蒙對象（啓誰之蒙）問題，此其一。而從內容來說，啓蒙教育一方面傾向於知識性，包括識字、歷史知識、生活習慣等等，「小學，教之以灑掃應對進退之節，禮樂射御書數之文」，即「教之以事」；另一方面注重倫理性，包括人生與道德訓誡，如「孝弟忠信之事」，古代啓蒙教育往往偏重於後者，「蒙學的核心內容和主要目的是向人們灌輸儒家的價值觀念，傳播道德倫理」，只有在「大學」（十

〔註 1〕 徐梓、王雪梅編：《蒙學須知》，山西教育出版社，1991 年版，第 2 頁。

五歲入大學）階段才「教之以理」，「小學是事，如事君、事父兄等事，大學是發明此事之理」。〔註 2〕換言之是重道德而輕科學，重精神而輕物質，重集體而輕個人，此爲啓蒙內容或功用（啓什麼蒙）問題，此其二。

　　日本福澤諭吉用古代漢語「啓蒙」來對譯西方的 Enlightenment，以此介紹西洋文明，〔註 3〕一說 1895 年日本大西祝在《西洋哲學史》中以「啓蒙時代」來翻譯德文 Aufklaerungsperiode 是目前看到的最早的定譯。〔註 4〕但其實此詞的中西文涵義相距甚遠。「啓蒙」的法語是 Lumières，原義是「光明」，這是一個由 17 世紀法國知識分子從古代借用來的象徵，每個人都有權擁有光明；德語中與 Lumières 對應的單詞是 Aufklarung；而英文的「啓蒙」詞彙是 Enlightenment，它是法語 Lumières 的英文翻譯，簡言之幾個西文詞語都與關乎「光明」。〔註 5〕就英文 Enlightenment 而言，它的詞根是 light，名詞爲「光」，動詞爲「點燃」和「照亮」，無論詞性如何，都與光明有關。它的詞源不是一般的「光」，也不是智慧之光，而應溯源至《聖經》法典，〔註 6〕應看作是「上帝之光」或「信仰之光」。《舊約》首篇《創世記》開章明義：「起初，神創造天地。地是空虛混沌，淵面黑暗……神說：『要有光』，就有了光。神看光是好的，就把光暗分開了。……這是頭一日。」全書以極具啓示的開頭吸引了歷代人們的眼光，尤其是信仰基督教的西方社會的眼光，從此亦可推斷法語與英語「啓蒙」的詞源與上帝之光的隱秘聯繫；正因此當時的啓蒙思想家如伏爾泰等才攻擊教會而不否定宗教。而《新約·約翰福音》第 8 章有云：耶穌又對眾人說：「我是世界的光。跟從我的，就不在黑暗裏走，必要得著生命的光。」第 1 章有云：「生命在他（上帝、神）裏頭，這生命就是人的光。光照在黑暗裏，黑暗卻不接受光。有一個人，是從神那裏差來的，名叫約翰。這人來，爲要作見證，就是爲光作見證，叫眾人因他可以信。他不是那光，

〔註 2〕徐梓、王雪梅編：《蒙學須知》，山西教育出版社，1991 年版，第 3～6 頁。

〔註 3〕馮天瑜：《新語探源》，中華書局，2004 年版，第 329 頁。筆者根據諭吉多次赴美，精通英文，而他所辦的家塾是當時日本江戶唯一的英文學塾推斷「啓蒙」爲其對英文的翻譯。

〔註 4〕資中筠：《啓蒙與中國社會轉型》，社會科學文獻出版社，2011 年版，第 135 頁。

〔註 5〕〔美〕賴爾、威爾遜著、劉北城、王皖強編譯：《啓蒙運動百科全書》，上海人民出版社，2004 年版，第 11 頁。

〔註 6〕宋劍華、張冀：《啓蒙主義與中國現代文學》，《貴州社會科學》，2007 年，第 1 期。

乃是要爲光作見證。那光是眞光,照亮一切生在世上的人。……道成了肉身,住在我們中間,充充滿滿地有恩典,有眞理。」因此 1985 年出版的《簡明不列顚百科全書》對「啓蒙運動」的解釋是「17 和 18 世紀在歐洲知識界獲得廣泛擁護的一種思想運動和信仰運動,它所研究的是上帝、理性、自然、人類等各種互相關聯的概念。」1999 年,翻譯更爲完整更爲權威的《不列顚百科全書》(國際中文版)則將「啓蒙運動」解釋爲「17、18 世紀歐洲的一次思想運動,把有關上帝、理性、自然和人等諸種概念綜合爲一種世界觀,得到廣泛的贊同,由此引起藝術、哲學及政治等方面的各種革命性的發展變化。」簡言之,無論是前者還是後者,「啓蒙」一詞都與信仰(上帝之光)密切相關(而這也大概與西語文化思維的抽象性有關)。在民國文學史上,能把英文「啓蒙」(Enlightenment)追根溯源到「上帝之光」或者「光」,並且據此做翻譯基礎的,除了留學美國和德國的陳銓似乎並無第二人(德國更信奉《舊約》)。他於 1936 年由商務印書館初版的《中德文學研究》一書中提到「孔子哲學在十八世紀『光明時期』受歐洲人崇拜」「光明時期德國最有名的哲學家萊布尼慈」「光明運動時期的人」〔註7〕。另外,他在 1943 年寫作的《五四運動與狂飆運動》一文則更爲明確地指出「十七世紀以來,歐洲有一種思想潮流,叫做『光明運動』。」〔註8〕綜上所述,陳銓從詞源學意義上把「啓蒙運動」翻譯爲「光明運動」,把「啓蒙」翻譯爲「光明」,無疑是一種甚爲正確甚爲高明的做法。

正是鑒於「啓蒙運動」(Enlightenment)的詞根「光」(light)與《聖經》的「上帝之光」的深層聯繫,以及對「啓蒙運動」追源溯流的歷史的、理性的分析,《不列顚百科全書》把「啓蒙運動」定義爲「信仰運動」(或與「上帝」相關的世界觀)與「思想運動」。首先是信仰運動。在古羅馬帝國混亂年代,基督教思想家們逐漸發現了他們的希臘羅馬遺產的可用之處。被稱爲經院哲學的思想體系重新把理性作爲一種瞭解世界的工具來使用,但只把理性從屬於靈性的啓示以及基督教各種得到天啓的眞理之下,在托馬斯・阿奎那的著作中,這種用法達到極點。在中世紀的歐洲,基督教作爲知識和政治的心靈大廈,雖然受到了文藝復興運動以及基督教新教改革運動諸思潮的衝

〔註 7〕　陳銓:《中德文學研究》,遼寧教育出版社,1997 年版,第 5～7 頁。

〔註 8〕　溫儒敏、丁曉萍編:《時代之波——戰國策派文化論著輯要》,中國廣播電視出版社,1995 年版,第 346 頁。

擊，但仍未傾倒，如文藝復興的大多數先驅們鼓吹人文主義的同時，保持基督教信仰；而宗教改革運動也只是直接向羅馬天主教會的一統權威挑戰，反教會而不反宗教，主張以《聖經》爲唯一權威。〔註9〕馬丁·路德的宗教改革思想認爲信仰是一切道德生活的惟一源泉，個人應以信仰直面上帝，信仰是倫理之根，自由是倫理的獎賞，愛是倫理的果實，宗教改革即個人主義的張揚，爲後來的啓蒙準備了條件。〔註10〕宗教信仰的心理圖式使得以理性衝擊宗教的啓蒙運動時期的思想家科學家牛頓等人後來皈依基督教，伏爾泰等反抗教會但不反對宗教，甚至認爲即使沒有上帝，也要造出一個上帝；認爲世界的秩序與條理就是上帝存在的象徵。而後來的理神論則認爲只有少數宗教真理是合理的，那就是存在著一個常被視爲造物主的上帝；存在著由這個上帝所實施的一套賞懲制度；存在著人們對道德和虔誠所承擔的義務。理神論倡導自然宗教。〔註11〕無論是古希臘的泛神，舊基督教的信仰還是新教的宗教倫理、自然宗教，都與「信仰」相溝通。事實上，宗教問題是啓蒙運動時期的核心問題，啓蒙運動時期「人們熱切地從各個層面來審視宗教信仰。……宗教引發的問題在啓蒙話語中占據了核心地位。」「啓蒙運動與宗教之間的實際關係表明，那種認爲這個時代傾向於支持無神論或懷疑主義的陳舊看法是站不住腳的。」抨擊宗教的態度只是啓蒙人士所持的多種宗教觀中的一種，事實上，啓蒙人士或者轉向《聖經》尋求答案，或者維護自身信仰的同時尋求以創造性的方式解決新發展提出的問題，或者爲宗教信仰尋求新的基礎，甚至創立新的宗教儀式和教義，簡言之，「對宗教的抨擊相對較少」，對宗教的「激進主義立場完全不能代表歐洲啓蒙運動更爲廣泛的普遍狀況」，「基督教無論受到何種挑戰和批判，卻依然繁榮穩定」，啓蒙運動對宗教的各種反應與世俗化世界觀，「無不充實著傳統的宗教」。〔註12〕

其次是思想運動，或曰理性運動，這是「上帝之光」啓發下的「理性之光」發生作用所致。（如黑格爾的洞穴之喻，在黑暗中的人們被光所引導摸索著走出

〔註 9〕 《不列顛百科全書》國際中文版，中國大百科全書出版社，1999 年版，第 76 頁。

〔註10〕 盧風：《啓蒙之後》，湖南大學出版社，2003 年版，第 48～64 頁。

〔註11〕 《不列顛百科全書》國際中文版，中國大百科全書出版社，1999 年版，第 76 頁。

〔註12〕 〔美〕賴爾、威爾遜著、劉北城、王皖強編譯：《啓蒙運動百科全書》，上海人民出版社，2004 年版，第 126～128 頁。

了黑洞，就是理性之光的很好證明）「啓蒙運動的思想重點是對理性的運用和讚揚，理性是人類瞭解宇宙和改善自身條件的一種力量。具有理性的人把知識、自由與幸福看作三大目標。」在這種重視理性的思潮衝擊之下，一般承認的權威，無論是科學領域的學說，還是教會方面有關精神世界的問題，都要置於獨立自由的心智的深入探查之下，有些無神論者借助理性抨擊一切宗教。理性甚至侵入宗教領域，如德國宗教改革的發動者馬丁·路德就認爲探求眞理之途就在於人類理性之運用；而理神論者以推理方法應用於宗教，追求自然而合乎理性的宗教倫理。〔註13〕換言之，「理性爲自然神論者提出普遍的自然宗教」，把理性概念作爲信仰的支柱；「理性也推動人們批判宗教狂熱，呼籲政教分離，理性還刺激某些人捍衛正統的基督教，或是從心理學角度解釋上帝的起源」，「以理性的名義奮起捍衛宗教」。〔註14〕在重視理性這一點上，馬丁·路德等人其實與培根和笛卡爾沒什麼兩樣，只是前者將「上帝之光」與「理性之光」交相輝映得更爲燦爛罷了。理性是啓蒙的基本標準和核心概念，「啓蒙運動常常以理性時代而著稱，理性實際上成爲衡量一切觀念、學說和現實計劃的標準」，啓蒙運動「承認理性有局限性，但認爲採取適當手段即可最大限度地減少這些局限性的負面影響」，即使批判理性主義，也是在運用理性追求眞理，因爲「理性意指一種普遍的探究和懷疑心態」，而感覺、知覺、狂熱、直覺和想像、常識是理性的其他認知途徑和輔助學說。〔註15〕

　　也正是出於對理性的深刻思考，康德的《對這個問題的一個回答：什麼是啓蒙》成爲理解啓蒙運動或啓蒙的一個經典文本。啓蒙「就是人類脫離自我招致的不成熟。不成熟就是不經別人的引導，就不能運用自己的理智。如果不成熟的原因不在於缺乏理智，而在於不經別人的引導就缺乏運用自己理智的決心和勇氣，那麼這種不成熟就是自我招致的。Sapereaude！（敢於知道）要有勇氣運用你自己的理智！這就是啓蒙的座右銘。」〔註16〕從這段話可以

〔註13〕《不列顛百科全書》國際中文版，中國大百科全書出版社，1999 年版，第 76 頁。

〔註14〕〔美〕賴爾、威爾遜著、劉北城、王皖強編譯：《啓蒙運動百科全書》，上海人民出版社，2004 年版，第 44、126 頁。

〔註15〕〔美〕賴爾、威爾遜著、劉北城、王皖強編譯：《啓蒙運動百科全書》，上海人民出版社，2004 年版，第 43～44 頁。

〔註16〕康德《對這個問題的一個回答：什麼是啓蒙》，轉引自詹姆斯·施密特編，徐向東、盧華萍譯：《啓蒙運動與現代性》，上海人民出版社，2005 年版，第 61 頁。

看出以康德爲首的西方先哲對啓蒙的兩個基本的意義解讀：一是強調理性，所以呼喚「要有勇氣運用你自己的理智」；二是認爲啓蒙最終是自我啓蒙，所以要運用理性脫離自己所招致的不成熟狀態。法國啓蒙主義思想大師盧梭深有同感：學習的目的「就是爲了認識自己，而不是教育別人」。〔註17〕哈貝馬斯也大聲疾呼：「啓蒙是一種自我反思的主體性原則」。〔註18〕因爲在西方文化語境下的「啓蒙」一詞，是人對「光明」的自我尋找，強調主體自我的思辨能力，而非「智者」對「愚者」的思想教化，這是因爲在信奉基督教文明的民族意識裏，人與人之間的關係是絕對平等的，人並不具備對「他者」施教的權力與義務，只有萬能的上帝才是指引光明的智慧源泉。〔註19〕所以，以上說英文的啓蒙詞彙「Enlightenment」（照亮），是源自於《聖經》法典「上帝之光」，就是這個道理。

與西方啓蒙主義思想大師不同，中國現代作家由於深刻的私塾教育根底和傳統文化的薰陶，他們往往更強調「教化意識」，而不是「自我啓蒙」。故此，中國現代作家往往在中國傳統的意義上去運用「啓蒙」一詞。如魯迅在《連環圖畫瑣談》提到「『啓蒙』之意居多」「借圖畫以啓蒙」「但要啓蒙，即必須能懂」；在《門外文談》中談到「在開首的啓蒙時期，和地方各寫它的土話……啓蒙時候用方言。」郁達夫在 1922 年的《藝文私見》中提及「文藝批評……在庸人的堆裏，究竟是啓蒙的指針。」〔註20〕沈從文在 1933 年的《知識階級與進步》在談及一則古代故事的時候，說它可以「爲後世啓蒙發愚之用」。

而對於西方意義上的「啓蒙」，不少學者都認爲這一概念在「五四」時期十分陌生，但據現有資料，「五四」時期提到西方意義上的「啓蒙」的作家不少，至少有傅斯年、鄭振鐸、郁達夫、繆鳳林、吳宓等人。例如傅斯年 1918年 11 月寫作、1919 年 1 月發表在《新潮》第 1 卷第 1 號的《人生問題發端》，就提到「這類的人生觀念，是科學哲學的集粹，是昌明時期的理想思潮和十

〔註17〕 盧梭：《晚年的反省》，《盧梭哲理美文集》，安徽文藝出版社，1997 年版，第153 頁。

〔註18〕 〔德〕哈貝馬斯著、曹衛東等譯：《公共領域的結構轉型》，上海：學林出版社，1999 年版，第 122 頁。

〔註19〕 宋劍華、張冀：《啓蒙主義與中國現代文學》，《貴州社會科學》，2007 年，第1 期。

〔註20〕 郁達夫：《郁達夫全集》第 10 卷，浙江大學出版社，2007 年版，第 23 頁。

九世紀物質思潮的混合品」，其中的「昌明時期」乃「啓蒙時期」之意。例如
1921 年鄭振鐸在譯文《俄國文學的啓源時代》中談及 16 世紀俄國文學「啓明
運動的最初一線光明也是從基輔與波蘭那方面來」〔註21〕。例如 1922 年 8 月
繆鳳林刊登在《學衡》第 8 期的《希臘之精神》中，提及「雅典之發揚，以
開明時代（Greek Enlightenment，在紀元前五世紀）爲極則，本論多以雅典之
後啓蒙時代爲根據」。例如郁達夫 1923 年 6 月的《藝術與國家》中提到「因
文藝復興而惹起的宗教戰爭，因啓蒙哲學而發動的革命戰爭」，在 1923 年 7
月的《赫爾慘》一文中提到影響赫爾岑思想的人物「尤以法國啓蒙哲學家和
百科辭典編纂諸家如提特洛、達蘭倍爾輩的感化爲最深」，〔註22〕1926 年 1 月
的《小說論》中談及「啓蒙哲學者提特洛和盧騷」。〔註23〕1925 年 2 月吳宓在
《學衡》第 38 期發表譯作《白璧德論歐亞兩洲文化》，其中有「十八世紀以
知識之『啓蒙時代』稱，其精神則極黑暗也。」「十八世紀之所謂『啓蒙運動』
者，其起源實在中世」等語。而五四之後提及西方意義上的「啓蒙」的作家
較多。如瞿秋白 1931 年指出在歐洲和俄國，創造新的言語，「是資產階級的
文藝復興運動和啓蒙運動做了這件事」。〔註24〕郁達夫在 1932 年 1 月的《文
學漫談》中提及「法國在大革命之先，有啓蒙哲學家一流的人先出來空喊」。
如果說前述「啓蒙」言論只是西方知識的點撥，那麼以下「啓蒙」言論就是
對中國現代文學啓蒙的評價：例如 1936 年王統照在《春花‧自序》中提及「五
四」是一個「啓蒙運動的時代」。1928 年成仿吾在《從文學革命到革命文學》
中認爲五四新文化運動是「啓蒙的民主主義的思想運動」，是「智識階級一心
努力於啓蒙思想的運動」，是「一種淺薄的啓蒙」，以「革命」來否定新文化
運動的價值。而新啓蒙運動理論家如陳伯達在 1936 年《讀書生活》第 4 卷第
9 期發表了《哲學的國防動員——新哲學者的自己批判和關於新啓蒙運動的建
議》，艾思奇在 1937 年 3 月《文化食糧》創刊號上發表了《新啓蒙運動和中
國的自覺運動》，1937 年何干之在上海生活書店出版了《近代中國啓蒙運動
史》，只不過他們在宣傳知識的同時，更重視啓蒙的政治向度，批判五四新文
化運動的民主、科學、個人主義、懷疑的批判精神和人的解放，要以政治視

〔註21〕鄭振鐸：《俄國文學的啓源時代》，《小說月報》第 12 卷增刊號，1921 年。
〔註22〕郁達夫：《郁達夫全集》第 10 卷，浙江大學出版社，2007 年版，第 59、73
　　　　頁。
〔註23〕郁達夫：《郁達夫全集》第 10 卷，浙江大學出版社，2007 年版，第 138 頁。
〔註24〕羅新璋編：《翻譯論集》，商務印書館，1984 年版，第 266 頁。

野來打造「新啓蒙」，也的確掀起了一系列的學生運動。而 1943 年陳銓寫作了《五四運動與狂飆運動》，將西方啓蒙運動稱之爲「光明運動」，但是否定五四的個人主義，要求從個人狂飆發展到政治狂飆。這一切都反映了傳統教化的重集體、重實用的特徵。故此，雖然 1941 年胡風在《民族革命戰爭與新文藝傳統》中認爲「五四運動，一般地被稱做中國底啓蒙運動」，〔註25〕但也在《如果現在他還活著》中不得不承認「在落後的東方，特別是這落後的中國，啓蒙的思想鬥爭總是在一種『趕路』的過程上面」。〔註26〕

而魯迅則在 1933 年的《我怎麼做起小說來》對中國現代啓蒙運動進行了總結，並無意中將「啓蒙運動」理論化爲「啓蒙主義」：

> 自然，做起小說來，總不免自己有些主見的。例如，說到「爲什麼」做小說罷，我仍抱著十多年前的「啓蒙主義」，以爲必須是「爲人生」，而且要改良這人生。我深惡先前的稱小說爲「閒書」，……所以我的取材，多採自病態社會的不幸的人們中，意思是在揭出病苦，引起療救的注意。〔註27〕

在這段話中，至少包含了「啓蒙」的幾方面的內涵：一、魯迅借用「啓蒙主義」一詞既是對自我創作和「五四」文學的反思，也是對此二者的整合、總結或命名，命名意味著確認和自信。二、厭惡把小說（文學）作爲「閒書」的遊戲的態度，倡導一種嚴肅認真有補於世的文學態度。三、魯迅雖然並未深入分析啓蒙主義的概念內涵，但從其後的夫子自道中，我們可以發現魯迅式的啓蒙主義是一個近似遞進式的命題，他不僅要以文學「爲人生」（有目的），還要改良人生（有理想），更要揭出精神的病苦來呼喚療救的注意（有遠見、憂患，有深度），因此，他可以說是兼人生的設計師、教師、奮鬥者與精神文化的醫生的多重身份於一體的。而且，「啓蒙主義」一語加上引號，或者是強調，強調其作爲一種主義一種思潮而存在；或者是引用，魯迅很可能留日時期受到福澤諭吉等日本啓蒙主義思想家的思想概念的影響，故引用之，但引用恰恰證明魯迅對這種主義與思潮的認同。而無論是強調還是引用，都表明「啓蒙」有著一定的社會基礎。四、「主見」一詞說明魯迅的啓蒙是主動的，並非被動的。

〔註25〕胡風：《胡風評論集》中冊，人民文學出版社，1984 年版，第 135 頁。

〔註26〕胡風：《胡風評論集》中冊，人民文學出版社，1984 年版，第 165 頁。

〔註27〕魯迅：《魯迅全集》第 4 卷，人民文學出版社，1981 年版，第 512 頁。

　　然而從魯迅的夫子自道中，我們不難發現他的「爲人生」思想中包含的「教化意識」與「功利意識」與傳統「啓蒙」詞彙的血肉聯繫，以及與西方「啓蒙」的天壤之別，而這也是中國現代文學啓蒙思潮的共同點。（上述成仿吾、何干之、胡風等人對啓蒙的評價亦同此理）中國文化以儒家文化爲基礎，在這種源遠流長深入人心的傳統影響之下，中國現代文學的「啓蒙」飽含著功利意識與教化意識，從一開始就類乎「發蒙」和「我給你啓蒙」、「其本質則在於『教化』」，而不是西方以寬容爲根基的「對話」。〔註28〕因爲第一，中國的「啓蒙」缺乏西方的信仰維度，而是像梁漱溟《中國文化要義》所說的「以道德代宗教」。第二，中國的「啓蒙」理性與西方的理性存在較大差距，後者表現爲人文理性與科學理性，前者則更多表現爲道德理性，或如梁漱溟《中國文化要義》所言西方是「物理」，中國是「情理」。究其原因，除了受傳統文化的深刻影響外，中國現代作家由於不精通西文而對西方的「啓蒙」思潮精義所知甚少，產生誤讀〔註29〕，或者貌合神離，或者知其然而不知其所以然，此爲語言維度所造成的差異。還有一個原因是現代中國的啓蒙與西方的啓蒙存在著極大的時間差距和文化差異，如果從啓蒙運動算起是三百年的差距，如蔡元培所言「歐洲的復興，普遍分爲初盛晚三期……人才輩出，凡三百年。我國的復興，自五四運動以來不過十五年，新文學的成績，當然不敢自詡爲成熟。」〔註30〕如果從文藝復興算起則是五百年的距離，如周揚的文章說「把五四稱爲人的發現的運動，而比之於歐洲的文藝復興，這個比擬，在兩者同屬資產階級文化的開花期這一點上，是正確的。但是從文藝復興到十九世紀末，西歐資產階級文化有近五百年的繁榮的歷史，因此各方面達到了輝煌的成就，樹立了深廣堅實的基礎」，但中國在歐戰結束後，民主主義的文化停滯退後，「不但沒有樹立下根基，連運動開始時的那股『浮躁凌厲之氣』也很快地消失。」〔註31〕所以，現代中國的啓蒙一方面可以說是狂飆突進，「以十年的工作抵歐洲各國的百年」〔註32〕的飛快的速度去進行啓蒙的「趕路」（胡風）；另一方面則委實是「欲速而不達」

〔註28〕韓毓海：《新文學的本體與形式》，遼寧教育出版社，1993年版，第40頁。
〔註29〕宋劍華：《五四文學精神資源新論》，《中國社會科學》，2006年，第1期。
〔註30〕蔡元培：《中國新文學大系‧建設理論卷‧總序》，上海良友圖書公司，1935年版，上海文藝出版社，2003年影印本，第10～11頁。
〔註31〕周揚：《從民族解放運動中來看新文學的發展》，《文學運動史料選》第4冊，上海教育出版社，1979年版，第99～100頁。
〔註32〕蔡元培：《中國新文學大系‧建設理論卷‧總序》，上海良友圖書公司，1935年版，上海文藝出版社，2003年影印本，第11頁。

（理論傳遞大於紮根、融合）以及「欲速而不達」後的回歸傳統。這因為我們缺乏宗教神學的文化傳統，而民眾也缺乏啓蒙悟性的精神基礎，不像西方有五百年的人文主義傳統，加上新教倫理的存在與浸潤，使得歐洲啓蒙主義先驅者們「向之講道的歐洲，是一個已做好了一半準備來聽他們講道的歐洲……他們所在進行的戰爭是一場在他們參戰之前已取得一半勝利的戰爭」。〔註33〕唯因如此，「五四」新文化運動迅速退潮，以狂飆突進的力量攻擊傳統、宣揚西化的人文啓蒙趨於無效（張揚西化是中國現代作家的啓蒙姿態，其實質則是對西學的膚淺認識，是以西方來遮蔽傳統），由是更加激進地崇尚暴力啓蒙或政治啓蒙。值得注意的是「五四」新文學從發難期到後期都不只是人文啓蒙，反而充滿力感，推崇暴力，尤其後期從「棄醫從文」走向「棄文尚武」，更彰顯其「戰士」精神而非「文人」品格。這很明顯是中國傳統的積極入世、除暴安良、殺身成仁的儒家精神與俠士風範的體現，故此，以西方來遮蔽傳統的啓蒙最終還是回歸傳統；故此，無論是從詞源學與文化源流（「啓蒙」更多是智者對愚者的教化），抑或從中國現代文學啓蒙思潮的發展歷史，都可深味漢語「啓蒙」的教化意識與功利意識，及其與西語 Enlightenment 的信仰和理性維度的差異。這不僅是文化的差異，也是語言的差異，換言之是漢語文化思維與西語文化思維的差異。

因此，本文的「啓蒙」是西方的「啓蒙」之名與中國的「啓蒙」之實的結合。鑒於此，我們可以斷言：把西方的 Enlightenment 翻譯為中國的「啓蒙」在一定程度上是貌合神離的，是不恰當的，這兩個詞內涵差距極大。

其實早在新文化運動的初期，就有學者指出新文化運動諸人重西方之名而輕西方之實。吳宓指出：「蓋吾國言新學者，於西洋文明之精要，鮮有貫通而徹悟者」「吾見今年國中報章論述西洋文學之文，多皆不免以人名、地名、書名等拉雜堆積之病。……此通人所不屑為也。」〔註34〕馮友蘭也在 1920 年代初提出質疑，認為新文化運動者「切實研究，既一時不能有效，所以具體的事實，都沒有清理出來，而發表意見的人，都是從他們個人的主觀的直覺，去下些判斷。」〔註35〕就對「啓蒙運動」的認識而言，在某種程度上的確存

〔註33〕 Peter‧gay：《啓蒙運動：一項解釋，現代異教的興起》，轉引自韓毓海《鎖鏈上的花環》，長春：時代文藝出版社，1993 年版，第 16 頁。

〔註34〕 孫尚揚、郭蘭芳編：《國故新知論——學衡派文化論著輯要》，中國廣播電視出版社，1995 年版，第 82～87 頁。

〔註35〕 王中江、苑淑婭選編：《新青年》，中州古籍出版社，1999 年版，第 5 頁。

在以上弊端。例如在「五四」時期，除了上述的傅斯年、鄭振鐸、郁達夫等新文化運動參加者和繆鳳林、吳宓等新文化運動反對者提到類似「啓蒙」的術語，當時新文化運動的中堅一般在該說「啓蒙運動」的地方，稱其爲「歐洲近世」或「近代歐洲」，並且陳述啓蒙運動所內含的民主、科學、法蘭西革命、宗教改革、個人主義、人道主義、自由平等之類觀念。但是，他們忽略了占據啓蒙運動的基礎與核心的理性、宗教、自然、自然法（自然與法）等的重大意義，也忽略了啓蒙運動的重要概念「寬容」。就理性而言，中國現代作家關注理性中的懷疑與批判，而忽視理性中的自我啓蒙、寬容與最高理性亦最高感性（信仰）。就「民主」來說，也存在著認識偏頗，因爲「民主」主要受羅伯斯比爾等激進革命者擁護，「在啓蒙運動的啓蒙哲學家中，很少有人贊同直接民主」，「大多數法國革命者傾向於建立一種間接的民主制或共和制，推行代議制政體」，民主「其涵義褒貶參半」，在某些歐洲國家，民主「幾乎一直帶有貶義」。〔註36〕就「個人」而言，也很快從個人的發現走到重視集體主義否定個人主義。這種對西方啓蒙的認知程度與興趣，彰顯了當時新文化運動知識分子「在啓蒙性與學理性之間，他們更關注的是觀念的啓蒙功能和作用，對於複雜的義理探求興趣不高。」例如從整體上說，陳獨秀等人把「民主」作爲《新青年》的一面旗幟，但對民主理論本身顯然缺乏系統研究，大都沒有意識到「自由」比政治「民主」更重要。〔註37〕而重功能輕義理也折射出傳統的實用理性色彩。

二、什麼是「暴力」、「暴力敘事」和「審美特徵」？

何爲「暴力」？

中國古漢語中只有「暴」與「力」的單詞，沒有「暴力」這一合成詞彙，或者說處於有「義」無「詞」的狀態。根據《辭源》，「暴」有突然、急疾、凶惡、短促、急躁、欺侮、徒手搏擊等詞義，「力」有力氣、兵力、兵士、能力、威力、功勞、力役、勞役等意思。《辭海》將暴力定義爲「階級鬥爭和政治活動中使用的強制力量」、「侵犯他人人身財產等權利的強暴行爲」兩種意思。而《現代漢語詞典》對「暴力」的解釋是武力，強制的力量，特指國家的強制力量等

〔註36〕〔美〕賴爾、威爾遜著、劉北城、王皖強編譯：《啓蒙運動百科全書》，上海人民出版社，2004年版，第54頁。

〔註37〕王中江、苑淑婭選編：《新青年》，中州古籍出版社，1999年版，第14頁。

詞義。而在西方,「暴力」(violence)是一個具有複雜意思的詞彙。據雷蒙‧威廉斯的《關鍵詞──文化與社會的詞彙》一書,其最接近的詞源為古法文的violence、拉丁文 violentia──指熱烈(vehemence)、狂熱(impetuosity)。可追溯的最早詞源為拉丁文 vis──意指力、力量。從 13 世紀起,violence 具有「氣力」的意涵。1303 年是,它被用來描述對神職人員的痛毆。其詞義有五:主要詞義為「對身體的攻擊」,比較普遍的意思是「使用力氣」,也可將暴力視為「一種威脅」(主要是武力的威脅)和「難以駕馭的行為」(包括精神情感欲望的難以駕馭),以及「遭受到暴力」。而在口語上,大聲的或熱烈的甚至非常強烈與持續的批評,一直被普遍描述為暴力,如語言暴力。〔註38〕在現代漢語中,「暴力」並無「熱烈」或「狂熱」之意,倒是古代漢語的「暴」字略有此意,「暴」的時間結構(暴起、突發)與情緒結構(急躁、爆發)應與此意相關。在一定程度上,中國現代文學的暴力敘事暴力啓蒙一直是「熱烈」或「狂熱」的。而約翰‧加爾頓則將「暴力」定義為「任何使人無法在肉體或思想上實現他自身的潛力的限制」,他把暴力分為「直接暴力」(殺戮、殘害、肉體折磨)、「結構性暴力」(剝削、滲透、分裂、排斥)和「文化暴力」(指文化中那些被用來為直接性或結構性的暴力辯護、使之合理化的方面)。〔註39〕而在 1999 年,世界衛生組織對「暴力」定義為「故意使用武力,對自己、他人,或者對一個團體、社區進行威脅或採取實際行動,造成或有較高的可能造成身體的、精神的傷害、死亡,發展為破壞或搶奪的行為。」

　　根據以上概念,本文的「暴力」內涵是「強力」與「暴力」的結合,它主要指約翰‧加爾頓的「直接暴力」和「結構性暴力」,或者指雷蒙‧威廉斯「暴力」概念的前三層意思,它很大程度上與中國現代歷史和文學史的尚武、尚力、排滿、革命、階級鬥爭、戰爭、民族復仇、翻身(批鬥)等主題密切相關;另外它還指「間接暴力」,如主張以上暴力(或以上述暴力為背景)的「觀念暴力」或「精神暴力」(包括精神自虐、精神虐殺),等等。因此,「暴力」內涵豐富、感情色彩複雜,並非一個「暴」字可以概括。

　　那麼,何為「暴力敘事」?這一基本概念主要是指中國現代文學史上,以推崇使用或表現「暴力手段」去進行政治啓蒙或思想啓蒙的一種文學創作

〔註38〕【英】雷蒙‧威廉斯著、劉建基譯:《關鍵詞──文化與社會的詞彙》,三聯書店,2005 年版,第 511～513 頁。
〔註39〕徐賁:《走向後現代與後殖民》,中國社會科學出版社,1996 年版,第 212 頁。

傾向。根據以上的「暴力」界定，再考慮到中國現代文學「暴力敘事」的複雜性與豐富性，本文將「暴力敘事」分爲三個層面。第一個層面也是最主要層面是政治層面的「暴力敘事」，如對革命、戰爭、翻身等直接暴力及主張以上內容的「觀念暴力」等的書寫。第二個層面是文化層面，它與前一層面相聯繫，或者說以前一層面爲底色，如梁啓超倡導尚武尚力精神，戰國策派尚力尚兵，等等，概言之是暴力文化精神。第三個層面是心理層面，如張愛玲的《金鎖記》中的精神虐殺（精神暴力）正與當時的戰爭暴力相呼應。這也就順理成章地牽涉到「審美特徵」的問題，它不是純藝術的概念，而是包含思想與藝術兩方面特徵的概念。

第二節　暴力與啓蒙的關係梳理

　　既然說「暴力敘事」推崇使用「暴力手段」去進行政治或思想啓蒙，那麼必須梳理兩個問題：第一個問題是「暴力」與「啓蒙」的關係問題，第二個問題是「暴力敘事」或「暴力啓蒙」的意義問題。

一、「暴力」與「啓蒙」的關係

　　其一，中國晚清和民國的思想啓蒙處在一個暴力頻繁的基礎上。如蔡元培所言：「直到清季，與西洋各國接觸，經過好幾次的戰敗」「嗣後又經庚子極端頑固派的一試，而孫中山先生領導之同盟會，漸博得多數信任，於是有辛亥革命，實行『恢復中華建立民國』的宣言，當時思想言論的自由，幾達極點，保皇尊孔的舊習，似有掃除的希望，但又經袁世凱與其卵翼的軍閥之摧殘，雖洪憲帝制，不能實現，而北洋軍閥承襲他壓制自由思想的淫威，方興未艾。在此暴力壓迫之下，自由思想的勃興，仍不可遏抑，代表他的是陳獨秀的《新青年》。」〔註40〕也就是說，當時啓蒙的背景是暴力戰爭與暴力壓制，（晚清以來的重要暴力事件頻仍，有 1894～1895 年的甲午戰爭，1898 年戊戌變法失敗，1904～1905 年的日俄戰爭，1911 年的辛亥革命，1917 年的十月革命，1925 年的五卅運動，1926 年的「三・一八」慘案，1927 年的北伐戰爭，蔣介石「四・一二」政變（清黨），1931 年的「九・一八」事件，1932

〔註40〕蔡元培：《中國新文學大系・建設理論卷・總序》，上海良友圖書公司，1935年版，上海文藝出版社，2003 年影印本，第 7～8 頁。

年的「一・二八」，1937 年至 1945 年的中日戰爭，等等）這給啓蒙思想家們一種「暴力」的心理暗示，爲以後推行「暴力啓蒙」或政治啓蒙創造了可能的心理動因。例如《新青年》就一方面進行人文啓蒙，另一方面推崇革命，以後更成爲共產黨的機關刊物，實是現代中國暴力啓蒙的一個縮影。

其二，不牽涉暴力的思想啓蒙與暴力是否有關？答案是肯定的。如郭沫若少年時代進行立憲演說，他和老巡警展開了這樣的對話：「國會國會的究竟是怎麼一回事？」「就是說讓我們一切的老百姓都要來管國家的大事，讓我們一切的老百姓都來說話。」「怪不得我們的署長老爺說你們要造反啦！」他後來反思「這個泛泛的插話，我現在回想起來眞是很有趣味。我們在請願早開國會，而當時的支配階級說我們在造反，那位老巡警也承認我們在造反。我在當時不消說還替他解釋了一下，怎樣怎樣，如此這般的並不是造反，然而現在想起來我們當時不眞正是在造反嗎？造反就是革命，現在想起來那對於封建社會的支配階級要求立憲，不就是革命的行動嗎？當時的所謂『革命』是『滅滿興漢』，乃至是投炸彈、拉手槍，甚至於有時指斥要求立憲的行動是保皇黨的行動；但由現在看來，兩者在促進社會的變革上不正是同一的嗎？」〔註 41〕如曹聚仁也認爲晚清的改良派也是革命派。〔註 42〕因此，可以說思想啓蒙意味著可能發生的暴力行爲。（就連阿 Q 在村裏大喊了幾聲「造反」，便嚇得趙老太爺和村民們抱頭鼠竄，不敢出來；更不用說夏瑜的「大清的天下是我們大家的」言論）在此意義上，1986 年李澤厚提出所謂的「救亡壓倒啓蒙」說是大可商榷的，因爲他沒有認識到中國現代知識分子是在救亡（包括革命等）中啓蒙，不存在誰壓倒誰的問題，啓蒙本身就是一種救亡、革命的力量，也沒認識到現代中國的啓蒙不僅是人文啓蒙，更主要是政治啓蒙；中國式的啓蒙是與革命、救亡、翻身等「暴力」關係密切甚至幾乎一體化，啓蒙可能引發暴力，而推行暴力進行思想啓蒙就更與暴力相通。換言之，啓蒙與暴力的關係是啓蒙引發暴力，以及啓蒙運用暴力，「暴力」是手段，「啓蒙」（尤其政治啓蒙）是目的。

其三，暴力啓蒙的實例。如法國大革命，但是必須注意到這種改革性的、革命性的啓蒙體現出對獨斷專行的國家體制進行批判，並且根據天賦人權和

〔註 41〕郭沫若：《郭沫若全集・文學編》第 11 卷，人民文學出版社，1992 年版，第 213～214 頁。

〔註 42〕曹聚仁：《魯迅評傳》，上海：東方出版中心，1999 年版，第 36 頁。

政治民主構擬出一種更高級的社會組織形式的思想，〔註43〕它所蘊含的西方
人文精神和中國教化式的政治啓蒙是不可完全相提並論的。正因此，可以斷
定「中國式的啓蒙運動更近乎一種盧梭式的啓蒙主義……這種啓蒙主義助長
了一種衝突的和破壞的力量在中國現代社會的萌芽、滋長和猖獗」〔註44〕是
一個武斷的結論，而且這樣的武斷結論忽視中西的差異，沒有注意到所謂「盧
梭式」的啓蒙並非西方式的啓蒙，而是與中國作家受東洋「尙武」文化以及
中國「俠──士」傳統（俠、士結合的傳統）的影響密切相關的，（所謂「俠」
並非單指武俠、俠客，而是如梁啓超的《記東俠》一樣，將戰士之武、俠士
之武和文士之武統稱爲「俠」，而「俠──士」也並非俠客、武俠，而是「俠」
與「士」的結合，「武」與「文」的結合，將「俠」的尙武尙力、除暴安良、
敢於復仇、拯救意識與「士」的殺身成仁、舍生取義、教化意識、憂患意識、
入世意識等互相聯結）再加上當時對日本尙武而強、中國尙文而弱的深刻認
識而產生的民族自強情緒，政治啓蒙（暴力啓蒙）的汹涌實屬必然，而這也
是本文的中心線索。

二、「暴力敘事」或「暴力啓蒙」的意義

「暴力敘事」不僅是中國現代文學的一種審美現象，同時也是中國現代
思想啓蒙的一種文化現象。其精神資源主要包括歐美、蘇俄、日本和中國傳
統的尙武與入世精神，其中日本居於外來資源的中心，它善於別擇歐美和蘇
俄（此兩者的思想文化大多經日文翻譯到中國），大批留日學人造成了中國現
代文學的基礎。日本與中國傳統屬於表象與本質的關係。尙武與入世精神催
生了暴力情懷，無論是梁啓超、魯迅、郭沫若還是巴金、老舍、沈從文等等，
他們作品中所表現出的暴力抗爭與「尙武」傾向，以極其強烈的民族自強情
緒，深刻地表達了現代精英知識分子在「棄醫從文」理想幻滅之後，進而追
求「棄文尙武」（輕文重武）的政治啓蒙理想和功利主義心態。尤其是隨著民
族矛盾的日益加深，「暴力敘事」更被賦予了全民族思想政治啓蒙的合理價
值，最終獲得了現代文學審美形態的合法地位。因此，本論文的實際研究意
義，就是要將客觀存在於中國現代文學史全過程的暴力敘事現象，與民族文

〔註43〕《不列顛百科全書》國際中文版，中國大百科全書出版社，1999年版，第77
頁。
〔註44〕韓毓海：《新文學的本體與形式》，遼寧教育出版社，1993年版，第37頁。

化的特殊歷史背景相結合，以求深刻地揭示暴力敘事與思想啓蒙之間的辯證關係，進而去探討中國文學現代性價值觀的獲取方式與民族情感。並在以往的人文啓蒙研究之外，對暴力啓蒙及其思想根源、審美特徵進行充分的研究。

第三節　研究綜述、重點與新意

一、本論文國內外研究現狀述評

弄清楚暴力敘事的概念，那麼就有必要梳理其研究綜述，以求對中國現代文學暴力敘事的研究有個整體瞭解。綜述的方法大致有兩種，一種是按時間順序不分鉅細鋪排而下，具有厚重感，但略顯冗長；另一種方法是在佔有大量資料的基礎上，以邏輯順序分門別類刪繁就簡，雖似簡單實則簡潔，重點突出。本文的綜述方法以後一種爲主。

（一）關於作為民國前奏的晚清文學的尚武（暴力）敘事研究

大致上分三種情況。

第一種情況是注重晚清社會尚武思潮的研究。如鄧河《中國近代社會的尚武思潮》（《山西師大學報》1999 年第 1 期），忻平、趙泉民的《論辛亥革命時期新知識階層的尚武意識》（《學術月刊》2001 年第 9 期），劉一兵《清末尚武思潮述論》（《歷史檔案》2003 年第 4 期），和姜萌《試析 1903～1911 年間中國的尚武思潮》（《東嶽論叢》2004 年第 2 期），等等。這些論文主要有幾方面內容：剖析晚清尚武思潮形成的文化影響（中日影響），尚武思潮的內涵（批評中國賤武傳統，探討中國尚武精神流失原因，提倡尚武精神，培養尚武精神），尚武思潮的實踐與影響（從軍、軍國民教育、體育、反清團體、暗殺殺人、軍閥混戰等）。但是這些論文第一，太注重尚武思潮在「社會」上的體現，而不注重其在「文學」上的體現與影響；第二，雖然注意到中日尚武思想因子對晚清尚武思潮的影響，但是對晚清的日式教育、尚武精神對作家的創作心理影響及其過程變化等等均缺乏開掘和深入。

第二種情況是注重學者個人的尚武思想研究。主要是關於梁啓超的尚武思想，如蘇競存的《梁啓超的尚武思想與民族體育的醒覺》（《體育文化導刊》1989 第 3 期），烏曉東的《梁啓超之「尚武精神」》（《體育文化導刊》2004 第 4 期），陳書月的《簡論梁啓超的民族尚武精神》（《五邑大學學報（社會科學

版)》2005 第 4 期)等。這些論文探討梁啓超尚武思想與民族體育的覺醒的關係,尤其是關於梁啓超對尚武精神的實質、作用、中國尚武精神流失的原因以及培養尚武精神的方法等內容有著分門別類的闡述,只是對梁啓超尚武思想勃發的契機和精神資源缺乏挖掘。

第三種情況是注重晚清尚武暴力思想與文學的聯繫。如劉納的《嬗變》(中國社會科學出版社 1998)、單正平的《民族主義與中國文學論稿》(南海出版公司 2002)、《晚清民族主義與文學轉型》(人民出版社 2006)等。劉納的《嬗變》認爲晚清辛亥革命進步文學作者把個體確認爲「國民」,五四作家把個體確認爲「人」,前者具有國家觀念、敢於正面強力對抗,渴求生命力的強悍,後者具有人(個人)意識、展示其弱化性格傾向、非英雄的趨向,但是她沒有注意到後者的特點持續時間甚短,並且迅速走向政治與暴力崇尚的思想變化,也沒有注意到前者的精神資源與中日尚武思想因子的聯繫。單正平的《晚清民族主義與文學轉型》認爲甲午戰爭是中國民族主義爆發與文學轉型的引線,中國人由原來的民族自尊自大變爲自卑,但是自卑中的覺醒讓晚清作家大力製造「醒獅」意象,醒獅成爲一個發出預言或啓示的啓蒙者、一個具有武力暴力的統治力量的象徵,民族主義情緒更讓晚清作家塑造源於仇恨與自尊的「黃帝」神話,這也導致了社會上的自殺與殺人,文學上的鐵血詩文(如秋瑾)。可以說,該書對晚清民族主義有著細緻的分析,可惜對其精神資源(尤其日本尚武影響)和暴力敘事關注不夠。

(二)關於民國文學暴力敘事研究

1. 比較視野中的暴力敘事研究

較早涉及中國現代文學暴力敘事研究的是王德威。1993 年他在《小說中國:晚清到當代的中文小說》(臺北麥田出版有限公司 1993)中,用一篇《從頭談起——魯迅沈從文與砍頭》開啓了現代文學暴力敘事的先河。在該文中,他認爲魯迅的砍頭書寫有一種牽一髮而動全身的邏輯秩序,注意身體與精神、社會與禮教、國家與國魂的邏輯聯繫連鎖關係,是一種象徵,以身首異處的斷裂象徵著中國社會文化的斷裂,痛斥國民劣根性和麻木冷酷,看出了中國的社會民心以及「中國」的道統象徵的摧頹瓦解的局面。而沈從文並不預設象徵邏輯,反而注重「寓意」的表達,偏重具體經驗、符號間的類比衍生,將內爍意義作無限延擱,讓語言、形式、身體這些外在的東西蓬勃擴散,

不沾不滯，不附屬於意義、內容、精神之下，注重文字與想像本身，注重與砍頭共在的大千世界。在該文的結尾部分，王德威略微從整體上指出五四以後的作家多數接受了魯迅的砍頭情結，由文學「反映」人生，力抒憂國憂民的義憤；沈從文則把人生「當作」文學，以其文採想像對文字寓意作無悔追逐。

2004 年，美國加州大學出版社出版了王德威的《歷史與怪獸──二十世紀中國的歷史、暴力與小說寫作》，它具有幾個特點。第一，它採用的是一種「泛暴力」的概念，把飢餓、瘟疫等等都算為暴力，作者運用階級、族群、性別等理論，在揭示政教暴力加諸人身心的創傷上，頗多新見。第二，打通近代和現當代，打通中國大陸、港臺、新馬、海外，著眼於跨越時空的縱橫比較。第三，從具體的暴力而言，在《邀約砍頭》一章中抽取晚清憂患餘生的《鄰女語》、五四時期魯迅的《吶喊》、後五四時期沈從文的文本、世紀末舞鶴的《餘生》為切入點，將斬首症候看作關於文明／野蠻以及民族主義／殖民主義的爭議源泉。

王德威這兩篇論著的缺憾在於第一在概念上過於寬泛，把飢餓、瘟疫等等都算為暴力，只能說是一種「泛暴力」的概念。第二在對象和作用上，過於注重「砍頭」這一具體暴力現象的人文內涵，而忽視在中國近現代文學史上，「暴力」與「啓蒙」、民族自強情緒的廣闊聯繫，以及暴力在建構民族國家中的歷史作用。即使是對沈從文的論述，也太過注意其暴力殺戮的表象，而對其暴力生命觀、雄強人生觀對現代民族國家的建構實質沒有絲毫關注。

2.「現代性」研究中的暴力敘事研究

2004 年，陳潤華在其博士論文《二十世紀中國文學想像的現代性──「虛無、暴力與烏托邦」的世界性因素》（復旦大學 2004）中，認為文學史的意義不會自動呈現，它需要想像和闡釋。二十世紀的中國文學現代性，在「虛無、暴力和烏托邦」的經驗上，由於它本身就是人類的現代性場景的重要組成，使它在人類的現代經驗中成為了個性化的一部分，是現代性在文學領域和文學形式上的現實之一。他把「暴力」等稱之為「世界性因素」。他認為二十世紀的中國文學，首先面對的「現代民族國家的想像」是其中非常重要的線索。然而，民族國家的共同體想像只是其顯在的一面。論文通過「二十世紀的國家想像」這一現代性經驗，以魯迅為主要研究對象，探討二十世紀中國文學的「暴力」等的歷史經驗，認為中國的經驗是一種現代的可能，中國這個「舊

邦」，在具體的現實和歷史經驗中，再次成爲過去、現在和未來的統一體。總之，注重暴力與文學想像的現代性（民族國家想像）的關係。該論文涉及「暴力」的第三章第二節「對歷史的虛無和暴力想像」認爲歷史的所謂「意志」包括其復仇的傾向，正是現代之前向現代轉型時的虛無主義精神，歷史是必須被復仇的對象，這正是「虛無」與「暴力」的聯繫。第三章第八節「虛無、暴力與烏托邦的經驗同盟」認爲國家與暴力存在密切關係，無論是即將完全消失的舊邦，還是即將來臨的新制度，都與暴力相關。在第六章第四節「精神暴力與現實暴力」中，他強調啓蒙本身並不必然地成爲絕對國家主義，但是隨後出現的「暴力化」因素（由現實的危機和暴力刺激了精神暴力，新的精神暴力又刺激了更廣泛更大規模的現實暴力），使得暴力被稱爲啓蒙的結果。而在第四章第六節中，他通過分析《復仇》和《藥》，認爲魯迅以暴力對舊邦的政治秩序和道德秩序進行復仇。

　　該論文的缺點在於第一在概念上，它將「暴力」等認爲是溝通舊邦的過去現在未來的歷史經驗，但是前現代的暴力也具有這一作用，對如何區分這些歷史經驗的前現代性與現代性這一點上，論文闡述不夠。在「暴力」等如何成爲「世界性因素」論述得也不夠充分。第二在對象上，論文注重「暴力」等在建構民族國家上的抽象作用（破舊立新），更近乎是哲學論文，而不注重「暴力敘事」及其精神資源分析；即使在具體的論述對象上，論文聲明以魯迅爲主要研究對象，但實際上論文的七章內容中，第一三六七章總共四章的內容都甚少論述魯迅，有自打嘴巴之嫌。

3.「身體」研究中的暴力敘事研究

　　2005 年，黃曉華在其博士論文《身體的解放與規訓——中國現代文學身體意識論》（武漢大學 2005）中，在第一章第二節「刑罰——示眾：他者的身體」中指出示眾與國民性批判的聯繫，論述了其中體現的國民性的冷漠殘酷、欣賞殺人的「藝術」心態、將他人視爲他者的麻木和殘忍，缺乏將他人的命運當作自己的命運的承擔和反思意識。同時通過對公刑和私刑的區分，論述了作家對社會和政權的質疑和反抗以及對民眾與政權的合謀的思考。而在第四章第二節「同志——敵人：祭壇上的身體」中，指出身體的革命等級：自己人受難的身體被神聖化崇高化，敵人的身體僅僅是告慰革命的祭品。

　　同樣在 2005 年，李自芬的博士論文《小說身體——中國現代性體驗的特殊視角》（四川大學 2005）的第三章第二節「國家解放敘事：革命小說對階級

身體的型塑」，主張革命暴力對威脅性的身體欲望的壓抑以使個人身體完全臣服於民族國家意識形態話語。同時指出革命暴力與仇恨的關係一方面是一種對自己身體存在感到無能為力的自卑感的極端反映，一方面又被賦予了正面的價值，是中國民族國家「現代」化的新生力量。也發現到作家對暴力的困惑與質疑：人的拯救與解放最終變成了對人的壓抑與異化。

4. 單個作家的暴力書寫研究

王德威等對魯迅、沈從文的暴力敘事闡述如上，但是不夠集中厚重。而2006 年，劉青漢的博士論文《希伯來文化關聯中論魯迅在暴力面前的困境》（蘭州大學 2006）相對強些。它認為希伯來文明的重要因素與魯迅精神的構成因素之間有著廣泛而微妙的回應關係，此文探討魯迅在面對暴力存在時的心理狀況、思想狀況、生存經驗狀況、行動狀況，從而體察和認識魯迅面對暴力的基本態度、觀念和精神質地，從而更好地繼承、發揚和實踐魯迅精神。認為魯迅自身與希伯來文明有關聯，這種關聯是一種思想關聯而不是生命經驗關聯，是文化、理性和人性關聯，而不是信仰和神性關聯。就魯迅自己而言，這種關聯是主動的和積極的。認為魯迅面對暴力存在的複雜心理至少有三個顯在狀態：一、否定、厭惡、警覺、躲避和揭穿之；二、期望和呼籲利用它來驅趕凶獸，驅除黑暗；三、進退維谷，茫然、困惑，無辭的言語向天吶喊。面對暴力存在時，魯迅對中國歷史文化進行審視，指出其中經歷的「王」「匪」「寇」「和平」幾個時代，並通過對「火與劍」、「刺客」的論述探討魯迅對暴力行動的態度。

該論文可惜的是第一離題，後六章脫離論文題目，脫離魯迅，大談暴力與現實、歷史、戰爭、和平的關係，大談人們對暴力的態度而非魯迅對暴力的態度，故此，論文題目至少可以改成《希伯來文化關聯中論魯迅及知識分子在暴力面前的困境》。第二，過於注重魯迅的「非暴力」思想，一是對魯迅所「非」的暴力主要是統治者的暴力缺乏深入認識，二是對魯迅從晚清以來所受的日本尚武文化影響，以及在此影響下的提倡暴力革命暴力復仇思想缺乏思考。

5. 戰爭文學中的暴力敘事研究

關於戰爭文學，成果較多，有 1、藍海（田仲濟）的《中國抗戰文藝史》，現代出版社 1947 年版，山東文藝出版社 1984 年修訂再版；2、陳穎《中國戰爭小說史論》，福建師大 2004，博士；3、馬立新《紅色理性與革命戰爭文學》山東師大，2004 博士；4、劉俐俐《戰爭語境下的女性苦難與成長》，復旦大

學，2004 博士；5、沐金華《論戰爭背景下的 40 年代女性小說》，南京師大，2005 博士；6、張全之《火與歌——中國現代文學、文人與戰爭》，新星出版社 2006；7、房福賢《中日抗日戰爭小說史論》，黃河出版社 1999；8、陳青生《抗戰時期的上海文學》，上海人民出版社 1995；9、徐文廣《中國現代戰爭小說創作論》，山東師大，2003 博士；10、靳希光主編《中國人民解放軍文藝史初編》，解放軍文藝出版社 1997；11、陳遼、方全林《中國現代軍事文學史略》等等一系列的成果。

對於戰爭文學，研究者大致有四方面的態度。

一是功利主義角度肯定抗戰文學的積極意義，注重「抗戰」宣傳而不注重「文學」特質，注重作品的「武器」意義而非「文學」意義，缺乏反思其負面作用。如藍海《中國抗戰文藝史》、陳青生《抗戰時期的上海文學》等。例如藍海的《中國抗戰文藝史》倡導以筆為武器，實行「前線主義」；（見該書第 27 頁）反對創作自由的言論，反對不寫戰爭的作品，以一種道德的優越感凌駕於要求創作自由的作家之上，他將「自由人」等「向創作要求自由」的作家批評為逃避社會，落伍，當自由主義作家「一喊出要求創作自由的口號，便落在現實的齒輪後面，沉為時代的渣滓了」，甚至墮落為漢奸（如穆時英、劉吶鷗等）而且先後滅亡，自絕於時代國家，（見該書第 19 頁）將「抗戰加戀愛」的作品稱為「黃色文學」，將徐訏《鬼戀》等作品貶為「低級趣味」、充斥「糜爛人性」的作品（見該書第 58 頁）。陳青生的《抗戰時期的上海文學》雖然客觀地指出《保衛盧溝橋》這部宣傳作品的藝術上的缺陷與不足，但強大的功利主義思維馬上讓其迅速轉向：「如果僅僅從藝術技巧上評論和認定這部劇作（以及當時和後來許多類似的抗戰文藝作品）的高低優劣，有意或無意地忽略其在特定時代社會氛圍中的特殊的藝術貢獻與歷史價值，顯然是片面的。」（見該書第 53 頁）很明顯是從功利主義角度（如觀眾反應等外部條件）而非由文學本身來斷定戰爭文學的價值。

二是探討戰爭與人性、階級性、民族性的複雜關係，如張全之《火與歌——中國現代文學、文人與戰爭》。該書首先以胡適、老舍、沈從文為例探討了中國現代文人對戰爭的態度；其次探討戰爭與人性、階級性、民族性的複雜關係，反省功利主義（民族敏感的自尊）對戰爭文學寫作與研究的負面影響。但該書對整個現代文學（特別四十年代文學）作家群體的戰爭暴力的精神資源、主導思想、文化影響和敘事模式注意不夠。

　　三是從二元對立的紅色理性分析戰爭暴力。如 1988 年陳思和《當代文學觀念中的戰爭文化心理》(《上海文學》1988 年第 6 期) 較早提出中國當代文學觀念中存在著二元對立的戰爭文化心理，它不僅影響戰爭文學的寫作，更成爲整個當代文學的一種創作觀念和創作心理。2004 年馬立新的博士論文《紅色理性與革命戰爭文學》首先對中國戰爭文學的歷史進程進行了回顧，理清了現代革命戰爭文學產生和發展變化的軌迹，從中發見了迥異於其他戰爭文學並足以表徵革命戰爭文學特質的現代理性精神——紅色理性；接著作者以建基於馬克思主義普遍理性和中國社會革命具體實踐結合之上的紅色理性爲哲學坐標，分析論證了它的本體特征和特殊規定性，建構起了以「暴力革命論」爲其核心理念，以革命人道主義爲其深邃內涵的理性哲學體系。指出新中國 17 年作家以二元對立的思維範式作爲文本建構的基本思路，及其在文本的主題意蘊、人物性格、美學意義等方面的體現。只是該論文主要系統地考察了建國 17 年時期的革命戰爭文學的總體風貌和生產傳播規律，對中國現代文學戰爭暴力敘事及其尚武文化影響因子論述不夠。

　　四是從史的角度對中國現代戰爭文學（小說）進行線索的梳理和類型的論述。2003 年徐文廣的博士論文《中國現代戰爭小說創作論》將現代戰爭小說作爲獨立的研究對象，以史論結合的方式加以勾勒、梳理、闡述，不僅縱向展示出對象本身的面貌特徵，還橫向揭示出文學史本身所具有的豐富性、層次性，以及它們之間盤根錯節的相互關係和互動影響。論文先從戰爭本身的實踐含義和美學含義論起，闡述中國古今戰爭觀之間的差異。接著對中國現代戰爭小說的發展脉絡，作家群體分類以及總體特徵（危機拯救、英雄塑造、敘事模式、史詩風格）等進行了闡釋。2004 陳穎的博士論文《中國戰爭小說史論》將戰爭小說視爲題材相對獨立、有著豐富的文學積澱與深厚的文化內蘊的一種小說品類。該文從歷時性的角度對中國戰爭小說進行宏觀與微觀相結合、審美與文化相交融的研究。全文分爲上下兩篇。上篇「流變論」著重對中國戰爭小說的發展脉絡加以梳理，分析各個時代有代表性的戰爭小說作品，探尋中國古今戰爭小說的發展繼承關係。下篇「文化論」從文化學的視角觀照中國戰爭小說，分別以中華民族的政治倫理觀、英雄崇拜意識的演進、中國兵學文化等作爲切入點，研究中國歷代戰爭小說與上述文化思想之間的互動關係及其對塑造民族精神的重大作用。這兩部論文對中國現代戰爭暴力敘事及其尚武文化影響因子只是蜻蜓點水地涉及，而且對日本的影響

隻字不提，對影響 40 年代戰爭暴力敘事的傳統主流、多樣資源的主導思想甚少提及，換言之對思想暴力和戰鬥暴力都缺乏充分的關注。

6. 政治文化、主流意識形態視野中的暴力敘事研究

這個方面的代表論著有艾曉明《中國左翼文學思潮探源》（湖南文藝出版社 1991）、韓毓海的《鎖鏈上的花環》（時代文藝出版社 1993）、宋劍華的《百年文學與主流意識形態》（湖南教育出版社 2002）、朱曉進等的《非文學的世紀》（南京師大出版社 2004）、方維保《紅色意義的生成》（安徽教育出版社 2004）、蘇光文《中國現代無產階級文學研究》（重慶出版社 2004）、魏朝勇的《民國時期文學的政治想像》（華夏出版社 2005）、孔範今的《二十世紀中國文學史‧導言》等等。

1993 年韓毓海在《新文學的本體與形式》（遼寧教育出版社）中指出中國現代文學的啟蒙本質是中國傳統的「教化」，它具有一種「衝突和破壞的力量」，但其關注重心是人文啟蒙而非政治啟蒙；他又在《鎖鏈上的花環》蜻蜓點水地指出在民族危機的壓迫下，民族難以具有冷靜思考世界和自身的理性的超越能力，而只是「本能地去轉而相信在苦難和復仇的流血中會產生新的世界和新的人」（見該書 41 頁），只是這一論斷並沒有充分論述從晚清到 40 年代文學的暴力情懷、暴力類型、精神資源以及暴力崇尚對現代民族國家的作用等等重要問題。1997 年孔範今在《二十世紀中國文學史‧導言》指出「從梁啟超把文學革新推崇為實現政治目的直接的根本的途徑，到毛澤東把文學視為革命的重要一翼……幾乎一個世紀，就其主流而言，文學都是作為工具的存在而服膺於政治使命」。（見該書第 41 頁）1999 年，宋劍華在《論 20 世紀中國浪漫主義文學運動》（《文藝研究》1999 年第 2 期）中提出中國文學的現代化過程是「以傳統來反傳統」，即作家以傳統的急功近利心態反對傳統文化，並且以儒家積極入世的精神把自己視為社會革命的戰士和社會危難的拯救者；而在其 2002 年的《百年文學與主流意識形態》中，他繼續將這種觀點細緻闡釋為作家與主流意識形態的複雜關係：對集體主義精神理念、階級鬥爭人生哲學、思想啟蒙角色的轉換、理想主義浪漫情愫、英雄主義完美意識的推崇與追求，對中國現代文學的傳統意味、政治意味與戰鬥品格有著深刻的闡述與細緻的分析。2004 年朱曉進等著的《非文學的世紀》，考察 20 世紀中國文學與政治文化的關係：該書以政治文化（其狹義意思主要是指由政治心理、政治意識、政治態度、政治價值觀等層面所組成的觀念形態體系，兼

及廣義意思的政治規範、制度和體系）爲基本概念，認爲 20 世紀是一個非文
學的世紀，文學自身的本體性要求和審美特性沒有得到充分的張揚與重視；
文學革命伴隨著思想、政治啓蒙的新文化運動而發生，它與反帝反封建的政
治思潮難以完全剝離，而五四時期「爲人生」的文學旗號，政治化趨向初露
端倪。大革命後，文學的政治化終成主潮。此後的文學發展，雖然隨政治形
勢變化而呈現不同態勢，但始終未能脫離政治化的浪潮，從題材、題旨、文
學觀念、文學目的上都如是。該書將民國文學時期看作是非整合模式（對官
方意識形態持不認同、淡漠、對抗態度），將共和國建立到 80 年代看作是半
整合模式（協調與限制），將 80 年代末以來視爲前整合模式（文學的政治化
相對緩解，文學自足發展空間相對擴大）。總之，全書都以政治文化爲核心概
念考察 20 世紀中國文學。2005 年魏朝勇的《民國時期文學的政治想像》其實
是政治哲學的文學闡釋，它以梁啓超、魯迅、蔣光慈、陳銓、路翎五位作家
爲核心研究對象，細緻深入地論述朝向「未來」的「新中國」想像、革命的
魅惑與死、革命的必然譜系、民族主義的政治正當、絕望於未來的抵抗等幾
個主題；只是該書有兩大缺陷，一是缺乏歷史感或歷史意識，只以五位作家
作代表，而不提及與之屬同一系統的作家，不提及演變的軌迹，缺乏史的厚
重感；二是概念不清，「民國時期文學」這個概念下限難明，因爲 1950 年左
右還在打仗，大陸的「民國」還沒有結束，而國民黨敗走臺灣後還沿用「民
國」稱號，這些是否還算民國時期文學呢？比較敏感。而且論者在論述時，
把晚清梁啓超的作品和思想也算在民國時期文學裏，這明顯是不恰當的。綜
觀之，這幾本論著，有幾個特徵：一是重視政治的「意識形態」性質而不重
視其「暴力」性質的論述，沒有發現推崇暴力是現代文學的一大特徵；二是
忽略或不注重精神資源的追溯（宋著除外），對中日尚武思想因子關注不夠；
三是以文學來闡釋政治哲學（魏著）。

7. 題材視野中的暴力敘事研究

我在博士畢業後對博士學位論文進行修改的過程中，從中國期刊網發
現秦弓先生的《中國現代文學中的暴力題材》（《陝西師範大學學報》（哲學
社會科學版）2009 年第 3 期）從題材的角度論述了中國現代文學暴力題材
小說，該文指出中國現代文學對暴力的控訴與批判，不僅指向官患匪患兵
患等直接的摧殘，也指向禮教、迷信的軟暴力以及社會底層的軟暴力及其
升級——赤裸裸的殘忍暴力；對暴力反抗的合理性予以肯定的同時，也對

暴力反抗持分析態度，對盲目的、不加節制的暴力予以質疑；在對暴力的分析性描寫中，左翼、民主主義文學與自由主義文學呈現出多種形態。只不過這種暴力概念含有暴力現象學的味道，對方方面面的暴力題材進行分析，與我的概念（以推崇或表現暴力的方式來進行思想啟蒙的文學創作傾向）不同，本人是從暴力與啟蒙的聯繫，暴力作為審美特徵的角度進行，更為集中，更具歷史感。

二、本論文的重點與難點

　　本論文的重點一是系統地闡釋暴力敘事與思想啟蒙的內在聯繫，科學地揭示暴力敘事是如何成為了現代文學啟蒙價值、審美價值的一個合理組成部分，進而去對中國現代文學的歷史進程與價值取向，重新做出符合歷史事實的正確判斷。二是用辯證的眼光，分析中國傳統的俠——士精神與積極入世情懷是如何衝破西方假象與日本表象的。三是以上述內容為中心，勾勒暴力敘事的類型與特徵。本論文難點是如何評價「棄文尚武」（輕文重武）這一歷史現象以及它的終極意義。

三、本論文的創新之處

　　其一是視角獨特：在以往的人文啟蒙研究之外，對暴力啟蒙及其思想根源、審美特徵進行充分的研究。以往學界往往只強調西方的人文精神對於中國現代文學現代性的深刻影響，而人為地忽略暴力啟蒙在中國現代文學中的實際作用，進而將中國近現代文學的價值取向簡單地理解為西洋模式。而本論文則以實事求是的科學態度，重新回歸歷史原場並以歷史事實為依據，全面分析暴力敘事在中國現代啟蒙文學中的重要地位，並將暴力敘事納入到啟蒙敘事中加以考察，最終還原長期被人為遮蔽了的思想啟蒙的歷史真相更新對暴力的情感色彩和思想內涵的理解，更新對中國現代文學史的理解。

　　其二是視野開放：本論文注重分析中國傳統文化「尚武」思想的歷史因子，並注重研究中國古代暴力敘事文學的現代影響；與此同時，更注重分析東洋留學生對日本近代「尚武」文化的積極引進，以及東洋「尚武」文化對於中國現代文學與思想啟蒙的巨大歷史推動作用。本文突破過去只著重單一文化影響的研究模式，辯證、深入分析中日「尚武」文化、入世思想是如何共存而有所側重地分別影響不同階段的中國現代文學的暴力敘事：它呈現出

一條相對清晰的線索，整體上是現象（日本）與本質（中國傳統）的關係，過程分別是日本浪潮與中國傳統暗涌（晚清、五四），日本表象與回歸傳統（三十年代，如左翼、新感覺派、準左翼作家、沈從文等），以及傳統主流與多樣資源（四十年代）；並且進而充分論述中國現代文學暴力敘事在現代民主國家建立過程中的現實意義與潛在影響。

其三是觀點鮮明新穎。本論文立意清晰、目的明確，就是要重新界定啓蒙內涵，重新論證中國現代文學的發生與發展過程，重新研究中國文學「現代性」的基本性質，以及它追求中國現代文學民族特性的歷史優缺點。本論文有著角度新（暴力敘事），中心新（暴力敘事與啓蒙），線索新（別擇歐美、蘇俄的中日尚武文化因子共存而有所側重的表裏影響），史料新、分析新（如對晚清和五四文學的日本尚武精神資源，對魯迅、郭沫若、沈從文、巴金等作家的論述，對三、四十年代文學的暴力敘事的精神資源主導思想進行重新挖掘和論述，對暴力敘事的類型闡述等等均有新意）等特點。

其四是資料翔實：筆者做了大量資料收集工作，特別是對於中西啓蒙概念內涵的重新界定，對以往人們所不重視的晚清與五四作家「尚武」論述的資料收集工作；對三、四十年代文學的暴力敘事的精神資源主導思想進行重新挖掘和論述。另外，我們也對中國現代作家啓蒙論述的重要言論進行了認真梳理和分析，清理出「從文」與「尚武」、「立人」與「立國」、「個人」與「群體」、「寬容」與「復仇」等多重矛盾性，為本論文的展開與論述，提供了可靠而有效的資料保證。

四、本論文的研究方法

主要有三：一是將史、論、評結合，即將文學史的梳理、理論問題的提煉和作品評析結合。在研究過程中注重把整體考察、階段研究和個案分析相結合，著眼於宏大之處，用力於深細之處。二是影響研究與比較意識。探討在中國傳統、西方和日本這三種影響資源裏面，中國傳統的俠──士精神與積極入世情懷是如何衝破西方假象尤其是日本表象，從潛流成為主流，從暗涌變為噴薄，從被遮蔽走向亮相。三是實證研究，一切都要論從史出，注重史料的挖掘和作品的細讀，並且在此基礎上從史出論，在史料紮實的基礎上出思想出理論。

廓清了相關概念，梳理了相關關係和意義之後，就需進入更為具體的操作。

第一章　民國之前：晚清時期的「尚武」傾向

　　在以往的中國現代文學研究當中，由於「西方資源說」的眾口一詞，「棄醫從文」的作家現象得到了國內學界的高度評價，而「棄文尚武」（輕文重武）的審美追求卻受到了歷代學人的主觀遮蔽。實際上，綜觀中國現代文學史的具體實踐過程，我們發現各種類型的啟蒙話語，其「救亡圖存」的民族情緒，都與東洋的「尚武」精神以及傳統的「俠──士」（俠、士結合）文化密切相關。特別是「暴力敘事」作為啟蒙現代性的價值觀，它既賦予了中國現代文學以激昂吶喊的「力感」性質，同時也賦予了中國現代作家以個性鮮明的「戰士」氣質。因此，「暴力敘事」與啟蒙主義的有機組合，也就以批判理性的人文精神，構建起了中國現代文學的審美特徵。

第一節　中日文化的「尚武」傾向

　　既然說中國現代文學各種類型的啟蒙話語，其「救亡圖存」的民族情緒，都與東洋的「尚武」精神以及傳統的「俠──士」（俠、士結合）文化密切相關，那麼就很有必要對中日文化的「尚武」傾向進行深入分析。所謂「尚武」並非狹義的崇尚武術，而是一個廣義的概念，是指崇尚包括強力、武力、革命、戰爭、任俠等等暴力在內的傾向。

一

（一）

梁啓超曾經痛心疾首：「泰西、日本人常言：『中國之歷史，不武之歷史也。中國之民族，不武之民族也。』嗚呼！吾恥其言，吾憤其言，吾未能卒服也……中國民族之武，其最初之天性也。中國之民族之不武，則第二之天性也。」〔註1〕進而大聲疾呼倡導「中國之武士道」的復活與強化。這裏包含了幾個問題：一是中國民族之最初天性（「尚武」）的歷史與表現如何？二是中國民族之第二天性（「不武」）是怎樣造成的？三是現代中國將「第二天性」恢復爲「最初天性」的歷史契機何在？四是現代中國復活的「最初天性」在思想與文學上的表現如何？或者說，中國現代作家將復活的「最初天性」與「啓蒙」對接的變化、歷程與影響如何？本章主要針對這幾個問題進行闡述。（當然，第四個問題是貫穿整篇論文始終的，本章只能回答其「晚清」階段的內容）。

先解答第一個問題，即中國民族崇武的最初天性的歷史與表現如何？首先要明確何爲「士」？「士」字原初專指執干戈佩弓矢的武士〔註2〕。歷史學家顧頡剛的《武士與文士之蛻化》也明確指出：「吾國古代（春秋以前──引者注）之士，皆武士也……有統馭平民之權利，亦有執干戈以衛社稷之義務，故謂之『國士』以示其地位之高。……國士皆出王族，爲貴胄服兵役者之專稱，而訓練之者特精。」〔註3〕春秋以前封建時代的英雄們可以憑藉勇力「射選諸侯卿大夫士」，這就分明地顯示出當時「士」或「國士」的「武士」特徵。根據雷海宗的《歷史的形態與例證》，人類歷史的階段依次爲封建時代、貴族國家時代和帝國主義時代、大一統時代以及政治破裂與文化滅亡的末世。封建時代已如前述；而春秋時代屬於貴族國家時代，它處於部落性領主制國家向純粹封建專制國家轉變的後期，但仍保有封建時代的俠義與禮數，有豪俠的精神與義氣的理想，貴族成爲文武兼備的君子。（雷海宗《中外的春秋時代》）當時國之大事在戎與祭，人們極爲重視軍事。春秋時代兵的主體是士族（貴族），由於上至卿相，下至一般士族子弟自幼都受文武兩方面的教育或訓練（如

〔註1〕 梁啓超：《梁啓超全集》，北京出版社，1999年版，第1383頁。

〔註2〕 張蔭麟：《東漢前中國史綱》，轉引自梁漱溟：《中國文化要義》，上海人民出版社，2005年版，第155頁。

〔註3〕 顧頡剛：《史林雜識初編》，中華書局，1963年版，2005年印刷，第85頁。

「六藝」中的「禮」「樂」「書」「數」爲「文」的方面，「射」「御」爲「武」的方面），再加上群雄並起，逐鹿中原，國家之間的競爭，造成了愛國觀念，所以「貴族男子都以當兵爲職務，爲榮譽，爲樂趣。不能當兵是莫大的恥辱」「當兵不是下賤的事，乃是社會上層階級的榮譽職務」，這種文武合一的教育和以當兵爲榮的觀念使得「當時的人毫無畏死的心理」，勇敢剛強。〔註4〕

　　封建時代的「國士」，春秋時代的「貴士」，都是文武合一、文武兼備的，與其所處時代的重視俠義與禮數密切相關。但是到了戰國時代（屬雷海宗所言的帝國主義時代），文武兼備的「士」的政治地位、理想人格與價值觀發生了翻天覆地的變化。因爲戰國時代，「傳統的貴族政治與貴族社會都被推翻，代興的是國君的專制政治與貴賤不分、最少在名義上平等的社會。」〔註5〕戰國時代的主要特徵在於「戰」——戰爲中心，戰成全體，戰在殲滅。〔註6〕而面對國與國之間激烈複雜的鬥爭與大規模的殘酷的戰爭，爲了生存和發展，各國國君急需治國之方與取勝之道，這就導致了「有能者居之」的用人策略，不再講究出身與門第。「所有的人現在都要靠自己的努力與運氣去謀求政治上與社會上的優越地位」，於是與貴族政治被推翻，「貴族文武兩兼的教育制度無形破裂」的情形相仿，「文武的分離開始出現了」。〔註7〕當時出現兩種「士」，一種是遊說之士，另一種是游俠之士。遊說之士是「文士」，他們以三寸不爛之舌爲惟一的法寶，憑著讀書所學的一些理論去遊說人君。「他們並無軍事的知識，個人恐怕也無自衛的武技」。〔註8〕游俠之士是「武士」，他們「專習武技，並又私淑古代封建貴族所倡導的俠義精神」，但是他們已無春秋時期武士的社會地位與特殊主張，而是憑其武藝，誰出高價就爲誰盡力，甚至賣命。〔註9〕從此，隨著文武分離，「士的社會角色逐漸由主要爲武士轉爲主要爲文士」。〔註10〕無論是遊說之士還是游俠之士，都偏執於一端，前者重文，後者尚武，封建、春秋時代的文武兼備的「國士」「貴士」的人格理想消失了。不過，有的偏重「武」而乏「文」的游俠之士（像荊軻）以其爲君國復仇、超越個人

〔註4〕雷海宗：《中國文化與中國的兵》，商務印書館，2003年版，第6頁。
〔註5〕雷海宗：《中國文化與中國的兵》，商務印書館，2003年版，第8頁。
〔註6〕林同濟：《戰國時代的重演》，《林同濟文集》，復旦大學出版社，2004年版，第4～6頁。
〔註7〕雷海宗：《中國文化與中國的兵》，商務印書館，2003年版，第8頁。
〔註8〕雷海宗：《中國文化與中國的兵》，商務印書館，2003年版，第8頁。
〔註9〕雷海宗：《中國文化與中國的兵》，商務印書館，2003年版，第8～9頁。
〔註10〕劉澤華：《先秦時期的士》，《文史知識》，1987年，第12期。

恩怨利益之上的「俠士」風範頗受後世尊重（例如被司馬遷列入《史記》），時代的變遷使得「內化」的文武兼備的人格理想變成「外化」的文武互助、以文揚武的使命承擔，更形成「不武」而「尚武」的心理積澱，如後世盛揚的「俠之大者，為國為民」，「俠骨丹心」，臨危授命、除暴安良的「俠」與「士」合一的精神都與之不無關係。

綜上所述，先秦時期的尚武之風是濃烈的。一方面列國爭雄，戰爭頻仍，各諸侯國要在激烈緊張的形勢中立於不敗、不亡之地，整軍備戰、培養尚武精神、進行尚武教育成為當務之急。另一方面，尚武之風與當時的獎懲制度和君王好尚不無關係。據《韓非子・定法》記載：「商君之法：斬一首者，爵一級，欲為官者，為五十石之官；斬二首者，爵二級，欲為官者，為百石之官；官爵之遷與斬首之功相稱也。」但是如果臨戰畏死脫逃，則以軍法嚴懲。而據《淮南子・主術訓》，「越王好勇，而民皆處危爭死」。再一方面，尚武之風的盛行也與愛國思想的勃發不無關係。愛本國，則恨別國，在愛恨交加之中，愛國一念，激成暴力武力，武力與國家相連，「國家寄託在武力上」「國家必然是一種武力統治」〔註11〕，所以尚武尚戰。

但是，進入大一統時代（秦代以後），尚武精神衰退，文弱之風流行：若說秦以上為自主自動的歷史，人民能當兵肯當兵，對國家負責任，那麼秦以下則相反，是靜的歷史，人民不能也不肯當兵，對國家不負責任。〔註12〕秦以上實行徵兵制，秦以下只能募兵，甚至只能徵發流民、奴隸和囚犯，軍民關係也從原來的軍民不分轉變為軍民分立、軍民對立的局面。特別是秦始皇大收天下之兵，以及漢文、景、武三代大殺游俠之後，尚武之風日衰，只是漢唐帝皇拓展邊疆，崇尚武功（或好大喜功），尚武之風雖然不比先秦，但總比宋以後的文弱衰頹要強。這從先秦藝術的獰厲之美，漢唐藝術的氣魄尚大，以及宋以後藝術的纖巧之致，就能夠以一斑而窺全豹了。總之，若說先秦尚武之風如汪洋大海，秦至唐的尚武之風如湖泊池塘，那麼宋以後的尚武之風就只能像細水溪流，甚至死水微瀾了。而從「士」的角度看，封建時代的「國士」，春秋時代的「貴士」，戰國時代荊軻般的「游俠之士」，很大程度上都秉承愛國思想，是「俠」與「士」的結合，無以名之，姑且名之為「俠──士」。這種意義上的「俠──士」傳統，尤受後世知識分子歡迎與肯定，例如梁啟

〔註11〕梁漱溟：《中國文化要義》，上海人民出版社，2005 年版，第 148 頁。
〔註12〕雷海宗：《中國文化與中國的兵》，商務印書館，2003 年版，第 101 頁。

超、林同濟、陳銓、雷海宗等人都奉之爲中國的文化精神，希望接續這種幾乎斷流的傳統，重塑中國人的精神品格。除了前述的「俠士」之外，中國歷史上還存在著另一種類型的「俠士」，或叫「俠客」，他們或者除暴安良，行俠仗義，打抱不平，急人之難；或者快意恩仇，尚武復仇；或者如《韓非子‧六反》所言：「行劍攻殺，暴憿之民也，而民尊之曰磏勇之士；活賊匿奸，當死之民也，而世尊之曰任譽之士」；或者爲人賣命，好勇喜鬥，目無綱紀。所以韓非子站在法家的立場上指斥之爲「俠以武犯禁」。這種游俠之士，按雷海宗的說法，「他們都肯爲知己的人捨身賣命，多爲無賴游民出身；到漢代皇帝制度成立後，費了九牛二虎之力才把俠士太公開的自由行動大致鏟除。但這種風氣始終沒有消失，每逢亂世必定擡頭。」這種俠士的基本分子是流氓。在太平時代，他們不能與士大夫嚴重對抗，並且往往爲士大夫所利用。但遇到亂世，士大夫所依靠的皇帝與組織失去效用，流氓集團就可臨時得勢。士大夫爲自保，往往加入流氓集團，爲其奔走。但最終權力還是由流氓的手裏移到士大夫的手裏。〔註13〕從雷海宗的研究裏，可以發現第一，這種俠士（俠客）的政治、經濟基礎是「無」（「無賴游民」），無產無業，無依無靠，所以才能夠無牽無掛（捨生取義或者賣命），才造出了無法無天的結果（以武犯禁），只是其所「無」的「法」和「天」是統治階級的「法」和「天」，而非無產階級或無賴游民的「法」和「天」。第二，這種俠士（俠客）與士大夫聯合或合作，有時「俠」強於「士」，有時「士」強於「俠」，互相依存，這是韓非子所說的「儒以文亂法，俠以武犯禁」的典型結合。如果說前述的「俠士」是「俠」與「士」的一體化，那麼這種「俠上」則是「俠」與「士」的合作化或粘合化，一樣是文武雙全、智勇雙全。當然，「俠」與「士」的精神結構確有相似之處：儒家強調「人而無信，不知其可也」（《論語‧爲政》），「儒者言必先信，行必中正。可親而不可劫，可近而不可迫，可殺而不可辱，其剛毅如此者」（《禮記‧儒行》）；而俠恰恰具有「言必信，行必果」的精神。儒家主張殺身成仁，舍生取義，俠也近似之，不愛其軀，路見不平，拔刀相助，具有俠的祖師墨子所主張的「貴義於其身」（《墨子‧貴義》）的舍生取義精神。而且儒、俠都積極入世用世，務實不務虛。如果要在中國現代文學裏爲後一種俠士舉一個例子，那麼蔣光慈《咆哮了的土地》裏的張進德必在首選之列，這種無產階級革命者就是一種典型的俠士，把「士」的精神添加在

〔註13〕雷海宗：《中國文化與中國的兵》，商務印書館，2003 年版，第 114～116 頁。

「俠」（無產階級暴動者）的身上，他們以無產階級的理念與仇恨亂了統治階級的「法」，又以無產階級的暴力行為犯了統治階級的「禁」，而他們與國際主義的聯繫又使得他們亂了資產階級的「法」，犯了資產階級的「禁」。下文細說，此不贅言。第三，俠士（俠客）作為整體的風氣與公開的行動已經逐漸衰弱甚至斷流，只在亂世時有所擡頭，但一擡頭便與「亂」緊密相連，與「流」密切相關。如果說前一種「俠士」與國家危難之「亂」（外患）不無關係，那麼後一種「俠士」則與階級對抗之「亂」（內亂）不無關係，但他們的共同點都是「流」（流血），或為國家拋頭顱灑熱血，或為階級勇鬥爭謀利益；可以說，前者與晚清、抗戰時期的作家甚為類似，而後者則與五四後期、三十年代的作家較為相像。

那麼，為什麼中國古代的尚武之風會由盛到弱再到衰亡呢？

一是政治上的原因。中國的尚武之風與霸國政治相始終，春秋、戰國至漢初最盛，但自秦統一全國，中國成為大一統的專制政治，公開的濃烈的尚武之風對專制政治是一種極具威脅性的因素，故秦始皇大收天下之兵，漢文、景、武三代大殺游俠，以靖國家，自此，中國的武士道遂一蹶不振。關於這一點，梁啓超有深刻的思考：「我民族武德之斫喪，則自統一專制政體之行始矣。統一專制政體務在使天下皆弱，惟一人獨強，然後志乃得逞。故曰一人為剛，萬夫為柔，此必至之符也。」〔註14〕的確，由於天下定於一尊，以前強強相持之勢，忽變為一強遇眾弱，而其所患者，弱者復起而為強者，所以打擊武士俠士，以求一強駕馭眾弱的局面。也因為如此，歷代皇帝必然實行重文輕武的用人政策。其一是重文：漢以後出現的士君子或士大夫可說是屬於戰國以後遊說之士的系統。漢武帝獨尊儒術，文士從此成為政治舞臺上的主角，取得固定不變的地位。〔註15〕隋唐以後，隨著科舉制度的設立，士大夫的政治地位與社會地位更為穩固，他們讀同樣的書，有同樣的目標，對事有同樣的態度，有共同的利益，他們雖無正式的組織，但實際等於一個政黨，一個集團，而這個士大夫集團，成為了中國兩千年大一統社會的統治階級。〔註16〕因為「重文」，所以「輕武」，最明顯的是文武官員的地位差別較大。盛世的文官重於武官，同品的文武二員，文員的地位總是高些。例如漢初中央三

〔註14〕《中國之武士道》，《梁啓超全集》，北京出版社，1999年版，第1385頁。
〔註15〕雷海宗：《中國文化與中國的兵》，商務印書館，2003年版，第214頁。
〔註16〕雷海宗：《中國文化與中國的兵》，商務印書館，2003年版，第112頁。

公中的丞相高於太尉，地方的郡守高於郡尉，全國的大權一般來說都掌握在文吏的手中；而唐制中連一個與漢代太尉相等的武官也沒有。〔註 17〕大量武舉出身的人只能做下級軍官，同樣是進士和舉人，但文武官的地位卻有天壤之別，甚至一些武官只能做同品文官的侍衛、僕從。〔註 18〕

　　二是文化上的原因。政治上的專制獨裁的統治方式與重文輕武的用人政策，必然導致「文化上的重文輕武」。〔註 19〕其一是教育上的重文輕武。在春秋前的所謂教育，就是武士的教育，而且武士是最受教育的人。而在秦漢後的所謂教育，就是文士的教育，而且唯有文士是最受教育的人。「士」始終指特別受教育的人，只是由原初專指執干戈佩弓矢的武士，變為後來專指讀書議論的文士。而按梁漱溟的判斷，從封建之世的文武合一教育，變為後來的文而不武，甚至陷於文弱之弊的重要原因是「以理性之啓，而早伏重文輕武之機於古了。士的頭腦漸啓，興趣漸移，一旦脫失於其群，即捨去舊生涯」，「捨武而就文」。〔註 20〕如戰國時期的學士、策士、俠士，與後者相比，前兩者就是「重文」的，雖不至於完全「輕武」，但「重武」的程度遠遠不如「俠士」。憑三寸不爛之舌遊說的策士或說士如張儀等人且不論，就拿處於春秋末期的學士孔子來說，他以講學聞政為諸子百家倡，對後世的「重文」起了決定性的作用。總之，教育上是由先秦的文武合一教育變化為秦以後的純文教育。與日本教育「欲養成其軍人性質於不知不覺之中」大相徑庭，「中國之教育，在摧殘青年之才力，使之將來足備一奴隸之資格」，以致「以腐壞不堪之奴隸，戰彼勇悍不羈之國民，烏見其不敗耶！」〔註 21〕其二是學說文化上的重文輕武。「學派者，國民思潮之母」，〔註 22〕中國盛行的三種學說儒釋道本來都有尚武的思想因子（詳見後文），但由於政治上的重文輕武，只專取其「重文」的一面教育士人，再由帝皇、士人教育或影響百姓，遂造成重文輕武的社會風尚。雖然蔡鍔《軍國民篇》說孔派（儒家）主動主爭主進取因而含尚武之精神，但是一如楊度在給梁啓超的《中國之武士道》作的序所說，中國文化是儒家為表，楊朱為裏，

〔註 17〕雷海宗：《中國文化與中國的兵》，商務印書館，2003 年版，第 109 頁。

〔註 18〕許友根：《武舉制度史略》，蘇州大學出版社，1997 年版，第 125 頁。

〔註 19〕王志：《從「輕武」與「尚武」看中日兩國傳統文化的差異》，《南昌航空大學學報》，2008 年，第 1 期。

〔註 20〕梁漱溟：《中國文化要義》，上海人民出版社，2005 年版，第 155～156 頁。

〔註 21〕蔡鍔：《軍國民篇》，《蔡松坡集》，上海人民出版社，1984 年版，第 18～19 頁。

〔註 22〕蔡鍔：《軍國民篇》，《蔡松坡集》，上海人民出版社，1984 年版，第 20 頁。

遂造成輕武。再加上戰亂太多，民心厭戰，軍民分立、對立的情形已成定勢，便導致社會文化心理上的重文輕武。秦漢以來，「好鐵不打釘，好男不當兵」，重文輕武成爲普遍的社會習俗和價值取向；尤其是宋以後，宋朝的武將子弟都「恥於習弓馬」，秀才帶兵器外出會被視爲不才。〔註23〕總之，由文武合一的教育到重文輕武的教育的變化，直接導致了中國人精神人格由剛柔並濟到只柔不剛。「只受純文教育的人很難發揮一個剛毅的精神」，因爲身體與人格雖非一事，但一般來說，物質上血氣不足的人，精神上血氣也不易發達。純文之士，既無自衛的能力，也難有悲壯剛毅的精神，缺乏一種帶有「武德」特徵的「臨難不苟與臨危授命的精神」。〔註24〕也因如此，即使有軍事才能與尚武精神如岳飛、辛棄疾、陸游等，也爲數不多，而且命途多舛，備受排擠，懷才不遇，更談不上影響社會文化，造成尚武風氣了。

三是缺乏國家觀念。「愛國思想本由列國競爭所產生，天下一統之後愛國思想既然源泉枯竭，當然要趨於消滅。」「愛國的觀念消滅，愛天下的觀念流產，人民漸多不願入伍，結果就產生了一個麻木昏睡的社會。」〔註25〕中國人總愛說「天下」，可見其缺乏國際對抗性，中國不像國家。如梁啓超在《先秦政治思想史》所言「謂中國人不好組織國家也可，謂中國人不能組織國家也可。無論爲不好或不能，要之國家主義與吾人素不相習，則彰彰甚也。此種反國家主義，或超國家主義，深入人心」。國家寄託在武力上，沒有國家觀念，故「尚武」精神不彰。〔註26〕兼且中國人自私自利、貪生怕死，「夫武士道之所以可貴者，貴其能輕死尚俠，以謀國家社會之福利也」，但是中國人無國家觀念，無敢死精神，因此「以儒教爲表，以楊教爲裏，而斬除此武士道者，中國之所以弱也」。〔註27〕

（二）

雖說從歷史上看，中國的公開的整體的尚武之風自秦漢唐以來大爲衰

〔註23〕 王志：《從「輕武」與「尚武」看中日兩國傳統文化的差異》，《南昌航空大學學報》，2008 年，第 1 期。

〔註24〕 雷海宗：《中國文化與中國的兵》，商務印書館，2003 年版，第 214～215 頁。

〔註25〕 雷海宗：《中國文化與中國的兵》，商務印書館，2003 年版，第 19 頁。

〔註26〕 梁漱溟：《中國文化要義》，上海人民出版社，2005 年版，第 142～149 頁。

〔註27〕 《中國之武士道·楊敘》，《梁啓超全集》，北京出版社，1999 年版，第 1380 頁。

弱，但是這種尚武之風或俠士傳統卻在文化典籍、文學作品中保存下來，它們或是對尚武、任俠、粗暴之風的反映（尚武之風盛時的典籍或作品如此），或是對此的企慕、敬佩（尚武之風衰時的典籍或作品如此）。

從文化典籍看，儒、道、墨、法、佛諸家都存在著尚武尚力的痕迹。

儒家的孔子，在《論語》呈現出來的第一個特點是一個文武兼備的形象。他能射：「子釣而不綱，弋不射宿」（《論語·述而》），「射不主皮，爲力不同科，古之道也」（《論語·八佾》）；他也擅長「御」：「達巷黨人曰：『大哉孔子！博學而無所成名。』子聞之，謂門弟子曰：『吾何執？執御乎？執射乎？吾執御矣！』」（《論語·子罕》）雖然這些話語意在宣揚仁德與謙讓（不射宿鳥，射不重力貫皮革而重視中的，以示其「仁」，執御爲僕以示其「謙」），但畢竟描繪了一個能文能武的孔子形象（孔子畫像皆佩劍），不像後世腐儒空談心性，手無縛雞之力。究其原因，其一與當時尚武風習以及尚武教育不無關係，當時所教內容，文武俱備，「六藝」中的「射」、「御」就是「武」的教育，《禮記·內則》的「成童舞象，學射御」可以印證。其二與祖輩遺風密切相關。孔子先祖爲宋國公室貴族，掌握軍政大權，由於內訌而遷魯。而孔子的父親叔梁紇是魯國的武士，曾經沙場殺敵，立過幾次戰功，以勇力顯於諸侯（《左傳》襄公十、十七年）。孔子正是受到尚武的家風影響，通射御，有勇力，[註28]《呂氏春秋·愼大覽》就稱孔子之勁，舉國門之關，而不肯以力聞。其三，如上所言，戰國時期才出現文武分離現象，處於春秋末期的孔子應是文武兼備的；而且，古徐州原屬山東，自古爲兵家必爭之地，處於列國爭雄之世，作爲魯國大夫的孔子不可能是個純粹的文士。

另一方面，孔子不僅在形象、能力上文武雙全，在精神上也尚勇、尚爭、尚戰。「子不語怪、力、亂、神」（《論語·述而》），但「不語」不等於「不能」或「不行」，此時、暫時「不語」並不意味著彼時、永遠「不語」。例如「勇」，雖然孔子一再說「勇而無禮則亂」「好勇疾貧，亂也」（《論語·泰伯》），「好勇不好學，其蔽也亂」（《論語·陽貨》），但他同時也再三聲明：「見義不爲，無勇也」（《論語·爲政》），「智者不惑，仁者不憂，勇者不懼」（《論語·子罕》），「仁者必有勇，勇者不必有仁」（《論語·憲問》），「戰陣無勇，非孝也」（《禮記·祭義》）。從上可知，孔子的「勇」包括膽力之勇與道德之勇兩方面，他反對只講膽力之勇，他追求兩種「勇」的統一，尤重道德之勇，「勇」必須與「禮」

〔註28〕張頌之：《孔子尚武試說》，《齊魯學刊》，1989 年，第 3 期。

「學」「義」「仁」配合，方爲「眞勇」、「仁勇」。而要「仁勇」，則須「血氣方剛，戒之在鬥」（《論語・季氏》），在爭時實行君子之爭：「君子無所爭，必有射乎！揖讓而升，下而飲，其爭也君子。」（《論語・八佾》）這裏的君子之爭也是建立在比射（比武）比實力的基礎上的，並非眞「無所爭」。正是因爲孔子尚勇、尚爭，所以對於他「尚戰」「尚兵」思想並不難理解：「子貢問政。子曰：『足食，足兵，民信之矣。』」（《論語・顏淵》）「善人教民七年，亦可以即戎矣。」「以不教民戰，是謂棄之」（《論語・子路》），由此可知孔子注重兵戎，教民耕戰，否則以不教之民作戰等於拋棄民眾。更有甚者，孔子把「戰」或「力」與「仁」相提並論：例如齊桓公伐楚，仗義執言，不由詭道，而晉文公伐衛以致楚，陰謀取勝，孔子評價道：「晉文公譎而不正，齊桓公正而不譎」（《論語・憲問》）。又例如管仲忘君事仇，但孔子讚揚道：「桓公九合諸侯，不以兵車，管仲之力也。如其仁，如其仁。」「管仲相桓公，霸諸侯，一匡天下，民到於今受其賜。」（《論語・憲問》）孔子尚勇、尚爭、尚戰的思想不僅在《論語》中，在其他典籍中亦有記載：如「我戰必克，祭則受福，蓋得其道矣」（《禮記・禮器》）；又據《史記・孔子世家》記載，孔子贊成弟子公良孺遭遇厄困時「寧鬥而死」，他還主張「有文事者必有武備，有武事者必有文備」，注重文武配合，（做事做人皆然）他的弟子冉有曾大敗齊軍，卻自認其「軍旅」才能「學之於夫子」。這至少可以證明孔子是個文武雙全的「貴士」。

第三方面，《論語》顯示出孔子對「殺」的態度。他雖然反對「殺」（如《論語・顏淵》季康子問政於孔子，曰：「如殺無道，以就有道，何如？」孔子對曰：「子爲政，焉用殺？子欲善，而民善矣。」），但並不一意孤行，孔子是個實用理性者、現實主義者，從原則上、理想上他反對用殺來爲政，但從手段上、現實上他卻承認「殺」的合理性與過程性，所以「善人爲邦百年，亦可以勝殘去殺矣」「如有王者，必世而後仁」（《論語・子路》），試想，等到善人或王者爲邦一世（三十年）或百年，才可以教化殘暴之人，才可以使民化於善而不用刑殺（勝殘去殺），才能夠達到「仁」，由此可見「殺」是達到「仁」的一個不可避免的過程（「仁」是「殺」或「武」的歸宿）。孔子對「殺」的態度，與他的職責身份有關。他擔任大司寇，執掌刑獄諸事，很有可能殺人甚至可以說無法避免殺人。他曾誅殺魯大夫亂政者少正卯；而齊魯夾谷之會上，在魯國提前做好軍事準備的前提下，孔子在會上責備齊國無禮，誅齊倡優侏儒。（《史記・孔子世家》）這一切的暴力實踐，印證了孔子「仁者能惡」

（《史記・孔子世家》），「殺人之中，又有禮焉」（《禮記・檀弓下》）的主張。後來荀子大議其兵，大講刑政，亦不可說沒有孔子的影響，只是法家傾向濃烈罷了。（郭沫若說得好：「一般人對於儒家都頗有誤解。其實儒家並不廢兵，也並不廢刑。」兵家吳起本是儒家，是曾子或子貢的門人。〔註 29〕）如果說這一種對「殺」的態度往往被後世故意掩飾、淡化，那麼另一種對「殺」的態度則常常被強化，那就是「殺身成仁」，《論語・衛靈公》曰「志士仁人，無求生以害仁，有殺身以成仁」，它往往與孟子的「捨生取義」相提並論，《孟子・告子上》云「生，亦我所欲也；義，亦我所欲也。二者不可得兼，捨生而取義者也。」這並非意味著孔孟輕視生命，而是指當保存生命使得「仁」「義」受到損害，在二者不能兼顧的情況下，殺身成仁，捨生取義。綜上所述，無論是尚勇還是尚戰，無論是殺人還是殺己，都受制於並成全某一種名義或主張（如仁、義、禮等），這至少在結構上啓發了宋明理學的「以理殺人」，啓發了中國近現代文學以「革命」「愛國」「抗戰」「翻身」等名義進行暴力啓蒙與實踐。

簡言之，中國思想在某一方面「顯示出極強的好戰性，喚起了一種確鑿無疑的、迄今爲止在西方還少有研究的儒家傳統的氣質，可以把它稱爲剛健的儒家氣質。」〔註 30〕

道家的《老子》，學者唐堯幾乎認爲它是兵書，「下篇《德經》是直接論述軍事戰略戰術並通過總結戰爭規律而引申出社會歷史觀和人生觀的。其上篇《道經》則是對其兵略兵法思想給予理論上的概括並提高到宇宙觀和世界觀上給予論證。」〔註 31〕但據筆者統計，《老子》中言兵的內容不超過十章；再加上《漢書・藝文志》所言「道家者流，概出於史官，歷記成敗、存亡、禍福、古今之道，然後知秉要執本，清虛自守，卑弱以自持，此君人南面之術也。」綜合二者，「似乎只能說，《老子》辯證法保存、吸取和發展了兵家的許多觀念，而不能說，《老子》書的全部內容或主要觀點就是講軍事鬥爭的。」〔註 32〕《老子》的其他方面內容姑且不論，此處單論其「尚武」之思。從理

〔註 29〕 郭沫若：《郭沫若佚文集》下冊，四川大學出版社，1988 年版，第 50～51 頁。
〔註 30〕 本傑明・史華茲著、葉美鳳譯：《尋求富強：嚴復與西方》，江蘇人民出版社，2010 年版，第 10 頁。
〔註 31〕 唐堯：《老子兵略概述》，《中國哲學史文集》，吉林人民出版社，1980 年版，第 32 頁。
〔註 32〕 李澤厚：《中國古代思想史論》，天津社會科學院出版社，2003 年版，第 77 頁。

想上，老子主張弭兵廢兵，如第四十六章，他用有沒有戰爭，來區別政治上的「有道」與「無道」：「天下有道，卻走馬以糞；天下無道，戎馬生於郊。」痛斥統治者的貪得無厭造成戰爭，「禍莫大於不知足，咎莫大於欲得。」而即使迫於無奈要戰爭，他依然警醒「以道佐人主者，不以兵強天下」「善有果而已，不敢以取強。果而勿矜，果而勿驕，果而不得已，果而勿強。」（《老子》第三十章）「夫唯兵者，不祥之器，物或惡之，故有道者不處。君子居則貴左，用兵則貴右。兵者不祥之器，非君子之器，不得已而用之，恬淡為上。勝而不美，而美之者，是樂殺人。夫樂殺人者，則不可以得志於天下矣。吉事尚左，凶事尚右，偏將軍居左，上將軍居右，言以喪禮處之。殺人之眾，以哀悲莅之，戰勝，以喪禮處之。」（《老子》第三十一章）總之，老子強調在不得已而用兵時，兵事要合乎道，要以恬淡為上，端正用兵之心；即使戰勝了，不要洋洋得意，否則就是樂於殺人。即使戰勝了（殺人之眾），也不要興高采烈，應該以悲哀的心情到場處理，用喪禮來處理戰爭的勝利。無論戰勝與否，兵者都是不祥之器，「非君子之器」。以上雖含有以暴制暴，以兵制兵的暴力傾向，但主要是反戰、廢兵之思。但在現實層面，老子卻津津樂道於用兵取勝之道。如第三十六章重在以「柔弱勝剛強」，第五十七章主張「以奇用兵」，第六十七章強調「以慈戰勝」（「慈，故能勇；……夫慈，以戰則勝，以守則固」）而第六十八章「善為士者不武，善戰者不怒，善勝敵者不與，善用人者為之下。是謂不爭之德，是謂用人之力，是謂配天，古之極。」第六十九章「用兵有言：『吾不敢為主而為客，不敢進寸而退尺。』是謂，行無行，攘無臂，扔無敵，執無兵。禍莫大於輕敵，輕敵幾喪吾寶。故抗兵相加，哀者勝矣。」可謂集老子用兵思想之大成：一是永遠不發動侵略戰爭，只進行正義的自衛戰爭，所以為客兵而不為主兵；二是注重「不爭」，謙退克制，以退為進；三是驕兵必敗，哀兵必勝。再一方面，老子把以上的兵道發展成一種「以不爭為爭」「以弱勝強」的人生哲理：如「夫唯不爭，故天下莫能與之爭」（第二十二章）「以其不爭，故天下莫能與之爭」（第六十六章）「天下莫柔弱於水，而攻堅強者莫之能勝，其無以易之。弱之勝強，柔之勝剛，天下莫不知，莫能行。」（第七十八章）綜上所述，老子「知足」「貴柔」「守雌」「不爭」並非不武、無力，而是將武與力埋藏在平淡之中，先保持住自己，在持久與堅韌中大智若愚，大爭若怯，大力若懦（「若」也者，「假裝」「裝得像」之意也），就能戰勝對方而不會被對方轉化掉。老子的這種智慧，他的「不為天下先」「哀

兵必勝」等主張，發展成後世的忍辱負重的復仇心態與戰鬥心態，如「先讓一步然後還手」「君子報仇十年不晚」「人不犯我，我不犯人；人若犯我，我必犯人」等等，簡言之是在暫時的忍讓和委屈之中求得生存的可能和借機積蓄力量，用以奪取最後的勝利。這種智慧仍然承續了兵家「不動情感、清醒冷靜的理智態度和不失主體活動的特徵，以服務於家族、邦國和個體的生存。它不是明晰思辨的概念辯證法，而是維護生存的生活辯證法。」〔註33〕老子對後世的影響甚深的另一兵家型智慧是把《孫子兵法》等所列舉的軍事活動中的許多二元對立項（矛盾）進一步拓展到自然現象與人事經驗，如強弱、智愚、巧拙、高下、長短、先後、明昧、寵辱、成缺、損益、美惡、直曲、剛柔、動靜，諸如此類，使二元對立的矛盾成爲貫串事物人生宇宙的普遍性原理，其思維方法表現爲事物從二元對立到二元轉化再到二元對立的一個無窮盡的演變過程。老子的這些智慧（思維方式）對後世影響甚大，特別是在階級對抗與民族（國家）戰爭時，那種二元對立的思維和復仇心態表現得淋漓盡致，中國近現代文學的晚清和三四十年代文學時期就是顯例。

另外，道家的師法自然，與俠的我行我素、不爲世俗禮法拘束甚爲相似，道家的否定現存的社會制度與法令，與俠的「以武犯禁」、不爲專制政權所容亦略有類同，道家的「一生死」與俠的「輕生死」亦似相通。此不贅述。

墨家的墨子及其門徒出身於俠。如上所言，隨著周代後期封建制度的解體，尤其是戰國時期，文武分離，武士喪失了爵位，流散各地，成爲游俠。他們與出身於上層或中層階級的儒家不同，更多出身於下層階級。他們「其言必信，其行必果，己諾必誠，不愛其軀，赴士之厄困」（《史記‧游俠列傳》）。約生活於春秋之末、戰國之初的墨子及其門徒就是這樣的「俠」。而說「墨子及其門徒出身於俠，這個論斷有充分的根據。從《墨子》以及同時代的其他文獻，我們知道，墨者組成一個能夠進行軍事行動的團體，紀律極爲嚴格。這個團體的首領稱爲『巨子』，……墨子就是這個團體的第一任巨子」。〔註34〕《淮南子‧泰族訓》有言：「墨子服役者百八十人，皆可以赴火蹈刀，死不旋踵。」墨家既能遊說和出仕，又能參加實際的防禦戰鬥。因此，墨家可以說兼學派組織與武裝團體於一身，而墨者可以說是「俠」與「士」的一體化，這從《公輸》《備城門》等多篇講防禦戰術和

〔註33〕李澤厚：《中國古代思想史論》，天津社會科學院出版社，2003年版，第8頁。
〔註34〕馮友蘭：《中國哲學簡史》，北京大學出版社，1996年版，第45頁。

守城器械的文字中便可知其大概。但是，墨家與普通的游俠至少有兩點差異：一是游俠只要得到酬謝，或為報恩，那就不論什麼仗都可以打；但墨家只願意參加嚴格限於自衛的戰爭，反對侵略戰爭。二是游俠只限於信守職業道德的條規，無所發揮，但是墨子（墨家）卻詳細闡明了這種職業道德，並論證它是合理的、正當的。所以，墨子的社會背景雖然是俠，但同時成為一個新學派的創建人。〔註35〕

　　正是由於墨子及其門徒出身於俠的社會背景，墨家提倡強、力，反對命運之說。墨子認為「有命」說是「暴王作之」，是「暴人之道」，故執「有命」者不仁，他們為了縱恣自己的私欲，為遭受殺身亡國之禍推卸罪責，無不以「命該如此」來強辯、推脫。而且，「有命」說造成人們懶惰虛偽，將自己委之於前定的命運，無所作為。所以，墨子認為「有命」說是凶惡禍害產生的根源，是「凶言之所自生而暴人之道也」（《墨子・非命上》）。

　　故此，墨子提倡要依靠自身的強、力從事：

　　　賴其力者生，不賴其力者不生。君子不強聽治，即刑政亂；賤人不
　　　強從事，即財用不足。（《墨子・非樂上》）

　　　初之列士桀大夫，慎言知行，此上有以規諫其君長，下有以教順其
　　　百姓。……列士桀大夫聲聞不廢，流傳至今，而天下皆曰：「其力也！」
　　　必不能曰：「我見命焉。」（《墨子・非命中》）

　　　故昔者禹湯文武方為政乎天下之時，曰：「必使飢者得食，寒者得衣，
　　　勞者得息，亂者得治。」遂得光譽令問於天下。夫豈可以為命哉？
　　　故以為其力也。（《墨子・非命下》）

　　　（王公大人）彼以為強必治，不強必亂；強必寧，不強必危……（卿
　　　大夫）彼以為強必貴，不強必賤；強必榮，不強必辱……（農夫）
　　　彼以為強必富，不強必貧；強必飽，不強必飢。（《墨子・非命下》）

　　　故雖上世之聖王，豈能使五穀常收而旱水不至哉！然而無凍餓之民
　　　者，何也？其力時急而自養儉也（《墨子・七患》）

鑒於以上言論，再考慮到墨子的俠的背景，墨子的「強力」觀應有兩種含義：一是努力，將「命」與「力」「強」對立，認為一切皆繫之於人的努力，而不在於命運，而且一切人等皆須努力，不分貴賤。這與墨家的反儒思想相關。二

<hr>

〔註35〕馮友蘭：《中國哲學簡史》，北京大學出版社，1996年版，第46頁。

是武力、暴力，要使「亂者得治」，官員們要使國家不至於「危」與「亂」，都必須借助暴力武力以行事。這與墨家的背景「俠」的崇武尚力有關。正因爲對自身武力或力氣之強的確信導致其對以努力營造身外世界的價值觀的肯定。也唯因如此，墨子才有力量去抨擊與阻止不義戰爭。墨子「兼愛」而「非攻」，譴責侵略戰爭，認爲它既不合於「聖王之道」，又不合於「國家百姓之利」，所以他反對王公大人天下之諸侯「差論其爪牙之士，皆列其舟車之卒伍，於此爲堅甲利兵，以往攻伐無罪之國。」（《墨子·非攻下》）在《公輸》中，墨子批評公輸盤「不殺少而殺眾」的虛假之「義」，他不僅在道義上說服了公輸盤和楚王，更在戰術演習中挫敗公輸盤，並預先派遣眾多弟子到宋國進行守禦，使得公輸盤和楚王不得不在「力」之前取消攻宋行動。《墨子》中《備城門》以下十一篇，是專門研究防禦戰術的文獻，亦與俠的崇武、尚強相通。墨子抨擊不義攻伐，但對於討滅暴虐害民的君主，使社會得以安定的「誅」甚爲支持，他在《非攻下》一文中把禹征有苗，湯伐桀，武王伐紂，都稱爲「誅」，是有義的聖王之誅暴行爲。正是在「非攻是誅」這種主張的基礎上，他贊成「越王句踐視吳上下不相得，收其眾以復其仇」（《墨子·非攻中》）的復仇戰爭。推崇強力，非攻，誅暴，非命，墨子的這些品質都與俠有關。而且，出身於俠，墨子並不以勇力驕人欺人，墨子雖然「好勇」，但反對他的弟子「聞其鄉有勇士焉，必從而殺之」的「惡勇」（《墨子·耕柱》），他心目中的眞勇是「爭一言以相殺，是貴義於其身也」（《墨子·貴義》）的捨生取義。

　　在墨家消亡以後，墨家的思想並沒消亡，因爲構成它的社會基礎的下層階級（俠等），或曰「小生產勞動者」〔註36〕（其實也是下層階級）長期存在。這種社會基礎使得墨家的某些觀念、行爲以至組織形態，如講義氣，重然諾，共患難，重強力，誅暴戾，兼相愛，交相利等等，通過直接或間接的形式表現出來。在近代中國，更掀起「墨學復興」熱潮，梁啓超就在影響甚巨的《新民叢報》發表《子墨子學說》大聲疾呼：「楊學遂亡中國，今欲救亡，厥惟學墨」，可見對墨學的熱情與希冀。

　　而法家的集大成者韓非子及其著作《韓非子》，就暴力傾向而言，一是重力，二是重法。

　　處「大爭之世」，韓非子冷靜清醒地認爲「當今爭於力」，並呼籲明主重力以致強。

〔註36〕李澤厚：《中國古代思想史論》，天津社會科學院出版社，2003年版，第62頁。

文王行仁義而王天下，偃王行仁義而喪其國，是仁義用於古而不用於今也。故曰：世異則事異。當舜之時，有苗不服，禹將伐之。舜曰：「不可。上德不厚而行武，非道也。」乃修教三年，執干戚舞，有苗乃服。共工之戰，鐵銛短者及乎敵，鎧甲不堅者傷乎體。是干戚用於古而不用於今也。故曰：事異則備變。上古競於道德，中世逐於智謀，當今爭於氣力。（《韓非子・五蠹》

搢笏干戚，不適有方鐵銛；登降周旋，不逮日中奏百；《貍首》射侯，不當強弩趨發；干城距中，不若埋穴伏橐。古人亟於德，中世逐於智，當今爭於力。（《韓非子・八說》）

國多力，而天下莫之能侵也。兵出必取，取必能有之；案兵不攻必富。……以力攻者，出一取十；以言攻者，出十喪百。國好力，此謂以難攻；國好言，此謂以易攻。（《韓非子・飭令》）

力多則人朝，力寡則朝於人，故明君務力。（《韓非子・顯學》）

由上可知，韓非子尚力，一是出於「大爭之世」的時代體認，二是出於「當今爭於力」的情勢體認，三是出於國多力則富強，國寡力則朝於人的危機體認。

韓非子不僅尚力，而且重法。第一，他極力反對離法、犯禁之民。如在《六反》中他反對所謂貴生之士、文學之士、有能之士、辯智之士、磏勇之士、任譽之士等六種奸偽無益之民，反對君主把錯誤的社會輿論作為賞罰的依據，否則「索國之富強，不可得也」。在《五蠹》中，他指責「儒以文亂法，俠以武犯禁」，認為君主「國平養儒俠，難至用介士，所利非所用，所用非所利。……是世之所以亂也。」他索性將學者、言談者、帶劍者、患御者、商工之民稱為「邦之蠹也。人主不除此五蠹之民，不養耿介之士，則海內雖有破亡之國，削滅之朝，亦勿怪矣。」第二，指出不法之害的同時，韓非子強調必須以法立國。所以他在《八說》中主張立國不以仁、暴，當以法。因為「仁人在位，下肆而輕犯禁法，偷幸而望於上；暴人在位，則法令妄而臣主乖，民怨而亂心生。故曰：仁暴者，皆亡國者也。」所以倡導「明主之法」，要「明法度」（《韓非子・八說》），甚至「以法為教」（《韓非子・五蠹》）。「聖王之立法也，其賞足以勸善，其威足以勝暴，其備足以完法。」使民「極力而樂盡情」，「戰士出死」，「守道者皆懷金石之心」，以致「守國之道畢備矣」。

（《韓非子・守道》）第三，要以法立國，必須注重兩個方面，其一是重耕戰，其二是重賞罰。在《八說》中他一針見血地指出「鮑焦、華角，天下之所賢也，鮑焦木枯，華角赴河，雖賢不可以爲耕戰之士。……博習辯智如孔、墨，孔、墨不耕耨，則國何得焉？修孝寡欲如曾、史，曾、史不戰功，則國何利焉？」在《五蠹》中他甚至要求君主將「退汗馬之勞」的患御者（逃避兵役的人）以及「俟農夫之利」的商工之民除掉；而在《顯學》中，支持君主「急耕田墾草以厚民產」「徵賦錢粟以實倉庫，且以救飢饉、備軍旅」，使「境內必知介而無私解，並力疾鬥，所以禽虜」，即使人們「民知之不足師用」而以君主爲酷爲貪爲暴也要盡力實行。一言以蔽之，重耕戰可以輕賢、智、孝，只要後者對耕戰無益皆可輕之，其中重中之重在「戰」，因爲「戰者，萬乘之存亡也」（《韓非子・初見秦》）。然而重耕戰與重賞罰二者往往不可截然分開，賞罰分明旨在耕戰之利。如果不賞耕戰者而養儒俠，則「索民之疾作而少言談」「索民之疾戰距敵而無私鬥」，皆不可得，甚至是「亂亡之道」（《韓非子・顯學》）。所以，眞正的明主應該「用其力，不用其言；賞其功，必禁無用。故民盡死力以從其上。」總之賞罰不阿可令國富、兵強、民「貴奮死」，以成霸業。這種重耕戰思想其實是以「耕」爲手段，以「戰」爲目的的（二十世紀四十年代的文學尤其是解放區文學的重視農民的力量，解決農民的土地問題以求在戰爭中立於不敗之地的主題，與之較爲相似）。但是必須注意到，韓非子的重賞罰很大程度上重罰，強調重刑。他在《六反》中認爲重刑可以使民知法，「重其罪，使民以法禁而不以廉止」。他還認爲重刑可以懲惡罰罪，「罰重，則所惡之禁也急」「其惡亂甚者，其罰必重矣。今取於輕刑者，其惡亂不甚也，其惡治又不甚也。此非特無術也，又乃無行。」簡言之，重刑才可以止亂，懲惡，這是一種典型的以暴制暴的思想。

　　如果說韓非子重法的第一方面是以暴力壓制「奸僞無益」之民；第二方面是以法立國，以威勝暴，那麼第三方面的重耕戰與重賞罰皆爲了士民盡力致死，國富兵強，成就霸業，而注重重刑則是以暴制暴，以刑去刑。再聯繫前述的「尚力」思想，可知韓非子思想中的「力」至少包含戰之力、法之力和國之力三種，前二者是爲了達到後者。但是務必警醒的是韓非子或法家的「法」並非指法律，而是指方法即統治術；而韓非子以及某些道法家與以人情心理爲原則的孔門仁學相鬥爭的最終結果，由於社會基礎的根本原因，在政治上形成了「陽儒陰法」「雜王霸而用之」的專制政治統治。那種「冷靜的

理智態度」更是與儒家實用理性一道構成了中國人的智慧的本質特徵。〔註37〕另一方面，韓非子的尚力思想也被後世吸收，特別是在亂世之際，例如中國現代文學的「戰國策」派就極端推崇其「當今爭於力」的思想。

佛家典籍，汗牛充棟，難以勝數，但勾勒其「尚武」痕迹，仍隱約可見，如梁啓超《說動》所說「其精意所在，曰威力，曰奮迅，曰勇猛，曰大無畏，曰大雄，括此數義，至取象於師子」。不用說它的金剛怒目、勇猛精進、懲惡揚善、輕生死等觀念，不用說什麼呵佛罵祖爲「乾屎橛」「著狗吃了」等破除權威、強調頓悟自立的禪宗「語言暴力」，只看看司空見慣的禪武合一、少林武功等就對其尚武一面略知一二了。此不贅言。

綜上所述，儒家尚勇尚戰尚兵，重殺身成仁、舍生取義；道家尚兵，尚以弱勝強，崇俠；墨家重強、力，誅暴戾，任俠，非攻；法家重力，重刑法，重耕戰，以暴制暴，把戰之力、法之力和國之力融爲一體；佛家重勇猛精進、懲惡揚善、禪武合一、輕生死。而縱觀中國古代文化典籍的思想，其尚武重點在於「崇俠尚義」，所謂「崇俠」即尚武的一面，崇尚戰士之武、俠士之武和文士之武等等；而所謂「尚義」就是「崇俠」的指歸，崇尚俠義、仁義、道義、義氣、名義，尤其是國家大義。總之，先秦諸子乃至漢代傳入的佛教或多或少都有「尚武尚力」的思想因子，只是由於上述原因而被掩蓋、弱化甚至取消罷了。

（三）

從歷史源流看，作爲整體的公開的尚武之風自秦漢唐以還大爲削弱；從經典文化典籍的傳播看，先秦諸家的尚武思想被掩蓋；那麼，作爲「心聲」「心畫」的中國古代文學作品，其尚武尚力的一面表現又如何呢？

先對經典的散文、小說來作一番巡禮。

作爲記載春秋史事的權威典籍《左傳》，記錄了多次戰爭，在戰爭中所體現的尚武精神令人驚歎。這至少表現爲兩方面：一是「不勝利，寧勿死」的尚武輕死精神。如據《左傳·成公十六年》記載，楚共王欲赦免敗軍於鄢陵的統帥子反，子反曰：「君賜臣死，死且不朽。臣之卒實奔，臣之罪也。」子重亦謂子反曰：「初隕師徒者，而亦聞之矣，盍圖之！」子反曰：「雖微先大

〔註37〕李澤厚：《中國古代思想史論》，天津社會科學院出版社，2003 年版，第 88～96 頁。

夫有之，大夫命側，側敢不義？側亡君師，敢忘其死？」遂自殺。此處將一位敢於承擔責任，以死謝罪，以達到「死且不朽」、「義」的統帥形象及其人格塑造得栩栩如生。二是強調武德，以武止武。《左傳·宣公十二年》極為推崇「止戈為武」的戰爭觀。楚莊王在邲之戰大勝之時，拒絕大臣立京觀耀武揚威的建議，提出「止戈為武」的思想：

> 夫文，止戈為武。……夫武，禁暴、戢兵、保大、定功、安民、和眾、豐財者也，故使子孫無忘其章。……武有七德，我無一焉，何以示子孫？武非吾功也。古者明王伐不敬，取其鯨鯢而封之，以為大戮，於是乎有京觀以懲淫慝。今罪無所，而民皆盡忠以死君命，又何為京觀乎？

換言之，一、武有七德，即禁暴（消除暴力）、戢兵（制止戰亂）、保大（保有天下）、定功（確立功業）、安民（安定人民）、和眾（和睦諸侯）、豐財（增加財富、增強國力），違反其中的任何一點，都有損武德。二、古人作京觀是為了「懲淫慝」「伐不敬」，非為炫耀武力。三、戰爭是為了「止戈為武」，求和平，「求懿德」，反對「無德而強爭諸侯」，因此「武非吾功也」，不值得誇耀，應尚武但不應好戰。

漢代文學的尚武思想集中體現在司馬遷的「通古今之變，成一家之言」的《史記》之中，而《史記》也可以說是中國古代文學尚武主題的開拓者或者集大成者，對後世文學的尚武主題有著極強的示範和引導作用。《史記》的尚武主題呈現為如下兩大態勢：

一、為游俠、刺客列傳記事，讚揚二者的精神品質。在《游俠列傳》中，司馬遷讚賞道：「今游俠，其行雖不軌於正義，然其言必信，其行必果，已諾必誠，不愛其軀，赴士之厄困，既已存亡死生矣，而不矜其能，羞伐其德，蓋亦有足多者焉。」據此，游俠、刺客的尚武風采表現為如下幾點。其一，不軌正義，宣揚俠義正氣。所謂「正義」，是從朝廷、皇帝的角度而言的，這是「竊鉤者誅，竊國者侯」的侯門「仁義」，其實是暴戾、貪婪、獨裁的法令與皇帝意志，這樣的所謂「正義」務必「不軌」之，「以武犯」之，才能為天地之間留存一絲正氣與良心。所以司馬遷為漢以來的游俠朱家、郭解、劇孟、王公、田仲等等立傳宣揚。例如朱家「用俠聞。所藏活豪士以百數，其餘庸人不可勝言。然終不伐其能，歆其德，諸所嘗施，唯恐見之。……專趨人之急，甚己之私。既陰脫季布將軍之厄，及布尊貴，

終身不見也。」(《史記‧游俠列傳》)其二,忘死輕生,悲壯赴難。如《田儋列傳》中的齊將田橫率五百士逃亡海島,漢高祖召之,田橫行至中途感恥而自刎殉國,「令客奉其頭,從使者馳奏之高帝」,海中五百義士聞之皆「慕義而從橫死」。這一種義無反顧、視死如歸、以身殉國的悲壯行爲,甚具俠士風範,可歌可泣。其三,赴士厄困,爲國復仇。《史記》中充滿著一種強烈的復仇色彩,張揚著一種刺客文化。在《伍子胥列傳》中,爲報父仇而助吳伐楚,掘墓鞭屍的伍子胥卻被司馬遷褒揚之爲「棄小義,雪大恥,名垂於後世」,可見其對復仇的推崇,此爲「復己仇」。另外還存在兩種復仇模式:一是「復人仇」,一是「復國仇」。所謂「復人仇」是爲他人復仇,爲報知遇之恩而不愛其軀替人賣命。如《刺客列傳》中的專諸、聶政、豫讓,此之屬也。這些人是戰國文武分離的產物,原爲武士,在失去社會地位之後,只能依附諸侯貴族爲生,他們具有韓非子所言的「國平養儒俠」的「受養」特徵,勇於私鬥(「家鬥」)以及「一飯之德必償,睚眥之仇必報」的拘於個人恩怨而不免盲目的特徵;同時也具備「士爲知己者死」的忠誠、俠義與勇武。而所謂「復國仇」即爲君國復仇。《刺客列傳》中的曹沫和荊軻便是爲君國或者國家復仇,他們的復仇超越了「復己仇」和「復人仇」的限於宗族和個人恩怨的範圍,以君國爲重,眞乃「俠之大者,爲國爲民」,即使「其義或成或不成,然其立意較然,不欺其志,名垂後世」。例如荊軻,原是衛人,依附於魏國,當魏國被秦滅後,他四海爲家,當燕國爲秦大兵壓境,危急萬分之際,荊軻臨危授命,爲太子丹刺殺秦王。這一方面飽含著他對秦滅祖國的仇恨,另一方面也寄託著他對六國人民的同情。荊軻行刺失敗,身被八創仍「倚柱而笑,箕踞以罵」,壯烈身死,那種大義凜然、臨危不懼、視死如歸的崇高境界,是個人的俠義與國家的大義,是「士爲知己者死」(「以報太子」)與「爲國捐軀」(爲「國之大事」)的崇高結合。而司馬遷對俠士、刺客、復仇的高度讚揚,雖有社會尚武之風的影響,實際上是他在遭受腐刑之後,以反對侵淩與強權的方式來宣泄其「受害者的反抗心態」〔註38〕、孤憤情懷。

　　二、爲歷代武將立傳頌揚。其一,對當朝武將開拓疆土、衛國禦敵的激賞。漢武盛世,名將輩出,戰功赫赫,國威天下。如《李將軍列傳》單獨爲李廣立傳,寫李廣出獵,疑石爲虎,「中石沒鏃」,射匈奴幾乎百發百中,被

〔註38〕金一平:《中國古典文學中的尚武主題》,《浙江學刊》,1993 年,第 1 期。

匈奴敬畏而稱其爲「飛將軍」。而李廣危難之際尤顯智勇，他曾受傷被擒，假寐趁機躍上胡馬並推墮匈奴，以箭鎮敵，機智脫身。嘗有匈奴四萬圍李廣所率漢軍，漢軍矢盡，唯李廣以大弓勇射敵副將數人，「軍中自是服其勇」。再如《衛將軍驃騎列傳》，衛青斬虜匈奴，屢戰屢勝，以赫赫戰功封大將軍，固須刻石銘記；但霍去病的「匈奴未滅，何以家爲」的愛國胸襟與豪情壯志，尤應青史留名。《史記》正是以這種強烈的愛國精神、民族自豪感歌頌了開疆保國戰將的英雄本色與大將威風。其二，頌揚了勇武無畏的精神氣概。如鉅鹿之戰，項羽以「置之死地而後生」計策，渡江後破釜沉舟，持三日糧，以示「不勝利，寧勿死」（「士卒必死，無一還心」）的誓死抗敵之心，故楚軍將士皆異常勇猛，以一當十；又以諸侯軍十餘壁，皆惴惴作壁上觀，以及秦軍潰敗，諸侯軍將帥「膝行而前，莫敢仰視」而入楚營，反襯楚軍將士的勇武氣勢與凜凜威風。

　　唐傳奇的尚武之風濃烈而多致。「晚唐傳奇中所頌揚的俠，是在動亂不寧的末世社會中人們所企盼的救世英豪」。〔註39〕如虬髯客、黃衫豪客、紅線、聶隱娘、崑崙奴、李靖、紅拂等等俠士，已經不僅具有「俠」的高超本領和豪邁氣概，還具有「士」的憂國憂民、經天緯地的救世情懷。例如女俠紅線隻身夜探節度使田承嗣營帳，盜取金盒制止戰亂，屬於救世之舉；而崑崙奴行俠救紅綃，許俊智勇奪柳氏，則爲救人厄困。唐傳奇所表現的俠客們的俠義行爲、豪邁氣概、超群武藝、神奇氛圍爲後世所取法，如宋話本、元雜劇、明傳奇雜劇、明清小說甚至現代武俠小說皆對其有所吸收、學習。〔註40〕宋話本中的尚武精神遠不如陸游、辛棄疾等的詩詞濃厚，在此從略。明清時期的四大名著，《西遊記》是將尚武的一面更多融入神魔鬥法之中而被後者所沖淡；《紅樓夢》以兒女情長、人事糾紛爲主，雖然有柳湘蓮的仗劍行俠，但不過是點綴。值得一說的倒是《三國演義》和《水滸傳》。如《三國演義》把智謀放置在勇武之上，將諸葛亮、徐庶、司馬懿、周瑜、陸遜等人的足智多謀、決勝千里塑造得栩栩如生。但是這並不能減弱小說中的勇武雄勁之風：關雲長一把青龍偃月刀溫酒斬華雄，過五關斬六將；張翼德一枝丈八蛇矛勇冠三軍，當陽橋上一聲怒吼嚇退百萬曹兵；趙子龍一條長槍大戰長阪坡，百萬軍中藏阿斗；三英戰呂布，許褚赤膊上陣，等等，皆令人過目難忘。與《三國

〔註39〕金一平：《中國古典文學中的尚武主題》，《浙江學刊》，1993年，第1期。
〔註40〕金一平：《中國古典文學中的尚武主題》，《浙江學刊》，1993年，第1期。

演義》的勇將威風相比，《水滸傳》更多草莽之氣、民間色彩。它一方面展露了好漢們的身手不凡、孔武有力，如小李廣花榮百步穿楊，武松景陽岡打虎，花和尚魯智深倒拔垂楊柳，李逵殺虎等。另一方面，小說頌揚了好漢們的打抱不平、行俠仗義，如魯提轄拳打鎮關西，武松醉打蔣門神，眾好漢劫法場救宋江等。再一方面，小說將人物的復仇、喋血甚至嗜血欲望呈現得淋漓盡致。如武松鬥殺西門慶，特別是血濺鴛鴦樓，殺得萬分痛快，不論是仇人還是無辜，一個都不放過，殺精光後還在墻壁上留下「殺人者，武松也」的字樣。又如劫法場救宋江一節，李逵在殺敗官軍之後，沿著潯陽城臨江的街道逃跑，他掄起板斧，一邊逃一邊殺，見一個殺一個，兵民不分照殺可也，簡直是如痴如醉嗜殺如命，甚至於連作者對此也下筆如風，樂在其中，這可以說是深深體現了中國文化漠視生命、欣賞殺戮的精神特徵，令人深思。第四方面是從原來的個人俠義尚武到後來的兩軍對陣的勇猛善戰，這在梁山「聚義」抗官軍與後來受招安行「忠義」討方臘（如武松獨臂擒方臘）皆有精彩描寫。

　　古代經典的散文、小說如是，那麼古代經典的詩詞中的尚武思想又如何呢？

　　作為先秦時期的詩歌總集的《詩經》，記載了從西周初年至春秋中期上下約有五百年的歷史，描寫戰爭的詩歌在其中占的比重甚大。就其尚武傾向而言，至少有兩方面值得注意。一是頌揚戰爭的勝利。上述楚莊王「武有七德」中的「禁暴」（消除暴力）、「戢兵」（制止戰亂）、「保大」（保有天下）就含有對戰爭以武止武（獲勝）、以暴制暴、安定天下的贊頌。如《商頌·長發》：「相士烈烈，海外有截。……武王載旆，有虔秉鉞，如火烈烈，則莫我敢曷。」把武王（即成湯）之師秉鉞而誅有罪（夏桀）的名正言順，「如火烈烈」的威武之勢，以及「莫我敢曷」的勢不可擋刻畫得入木三分。而記秦襄公討伐西戎的《秦風·小戎》，寫文王時北伐玁狁之事的《小雅·采薇》，反映秦人同仇敵愾抵禦外侮的《秦風·無衣》，以及《大雅·大明》（「涼彼武王，肆伐大商，會朝清明」）等詩歌，其中的戰爭皆含有抵禦外侮外患的民族正義戰爭性質，為後世詩文中的民族自尊自強情緒的抒發開了風氣。二是宣揚戰士的尚武意志與英勇精神。據《逸周書·諡法解》，「剛強直理曰武」，換言之，「武」表現為勇敢剛強、不屈不撓的精神。例如《秦風·無衣》：「豈曰無衣？與子同袍。王于興師，修我戈矛，與子同仇。豈曰無衣？與子同澤。王于興師，

修我矛戟，與子偕作。豈曰無衣？與子同裳。王于興師，修我甲兵，與子偕行。」表現了秦軍的厲兵秣馬、同甘共苦、同仇敵愾與奮勇向前的戰鬥精神。這種精神氣勢在《周頌・酌》的「蹻蹻王之造」，《大雅・江漢》的「江漢浮浮，武夫滔滔。……江漢湯湯，武夫洸洸」，《大雅・常武》的「王旅嘽嘽，如飛如翰，如江如漢，如山之苞，如川之流，綿綿翼翼」，《周南・兔罝》的「赳赳武夫，公侯干城」「赳赳武夫，公侯好仇」，《商頌・殷武》的「撻彼殷武，奮伐荊楚」等詩中比比皆是。其他如《周頌・雝》的「文武維后」、《魯頌・泮水》的「允文允武」等的文武雙全，如《小雅・采芑》（「戎車嘽嘽，嘽嘽焞焞，如霆如雷」），《邶風・擊鼓》（「擊鼓其鏜，踴躍用兵」），《齊風・猗嗟》（「射則臧兮」「終日射侯，不出正兮」「射則貫兮」），《小雅・車攻》（「搏獸於敖」，「舍矢如破」）等渲染武士們在非戰爭狀態時訓練的雄姿英發與武藝高超，皆傳達出「武」之力與「武」之氣。

戰國後期，詩人屈原將愛國思想與尚武精神融鑄成《國殤》一詩：

操吳戈兮被犀甲，車錯轂兮短兵接；

旌蔽日兮敵若雲，矢交墜兮士爭先。

凌余陣兮躐余行，左驂殪兮右刃傷。

霾兩輪兮繫四馬，援玉枹兮擊鳴鼓。

天時懟兮威靈怒，嚴殺盡兮棄原壄。

出不入兮往不反，平原忽兮路超遠。

帶長劍兮挾秦弓，首身離兮心不懲。

誠既勇兮又以武，終剛強兮不可凌。

身既死兮神以靈，魂魄毅兮為鬼雄。

該詩可謂悲壯慷慨，將楚國將士的奮勇爭先、視死如歸、忠誠勇武、剛強不屈、為國捐軀、死亦鬼雄的烈烈風采展現得淋漓盡致，驚心動魄。

漢末建安文學時期曹植的《白馬篇》裏的「幽并游俠兒」，他不僅高超本領：「控弦破左的，右發摧月支。仰手接飛猱，俯身散馬蹄。」而且勇敢過人、強悍英猛：「狡捷過猴猿，勇剽若豹螭」，「棄身鋒刃端，性命安可懷？」甚至大公無私、為國獻身：「名編壯士籍，不得中顧私。捐軀赴國難，視死忽如歸」；它與《野田黃雀行》的「拔劍捎羅網」，皆顯俠肝義膽。兩晉南北朝時期，仍有不少詩人將「俠士」與「戰士」融合起來打造一種英雄形象。他們或「臨難不顧生」（阮籍《詠懷》），或「勇氣加四方」（張華《壯士篇》），或「投軀

報明主，身死爲國殤」（鮑照《代出自薊北門行》），或「刑天舞干戚，猛志固常在」（陶潛《讀山海經》）。

有唐一代，尚武成風。究其原因，與民族融合，大量少數民族內遷而形成的「胡化」風氣，與君王的開疆拓土、好大喜功、大賞邊功，與備受民族壓迫的漢族人民的民族仇恨、自強情緒密切相關。〔註41〕當然還與帝王身經百戰、尚武任俠（如唐太宗）不無關係，與詩人們的漫遊經歷、豪邁性格不無關係。唐詩的尚武模式大致表現爲三個方面。一是棄文投筆。如「大笑向文士，一經何足窮。古人昧此道，往往成老翁」（高適《塞下曲》）「投筆懷班業，臨戎想霍勳」（駱賓王《宿溫城望軍營》）「寧爲百夫長，勝作一書生」（楊炯《從軍行》）「儒生不及游俠人」（李白《行行且獵篇》）「豈學儒生輩，窗前老一經」（王維《送趙都督赴代州得青字》）「平生懷仗劍，慷慨即投筆。……丈夫清萬里，誰能掃一室」（劉希夷《從軍行》）二是軍功意識與理想意識。「投筆」是爲了「從戎」，「從戎」是爲了「功名」（具體說是「軍功」），而詩中這種「功名意識」與愛國情懷、理想意識、邊塞想像、豪俠尚武複雜交織在一起，形成一種豪邁陽剛的詩風。如「平生一顧重，意氣溢三軍。……不求生入塞，唯當死報君」（駱賓王《從軍行》）「還應雪漢恥，持此報明君」（駱賓王《宿溫城望軍營》）的報君效死。如「一朝棄筆硯，十年操戈戟。豈要黃河誓，須勒燕然石」（崔融《塞垣行》）「男兒何不帶吳鈎，收取關山五十州」（李賀《南園》其五）的建功立業。如「黃沙百戰穿金甲，不破樓蘭終不還」（王昌齡《從軍行》）「但使龍城飛將在，不教胡馬度陰山」（王昌齡《出塞》）「四邊伐鼓雪海涌，三軍大呼陰山動」（岑參《輪臺歌奉送封大夫出師西征》）「漢家大將西出師，將軍金甲夜不脫，……虜騎聞之應膽，料知短兵不敢接，車師西門佇獻捷」（岑參《走馬川行奉送出師西征》）「虜騎千重只似無……紛紛射殺五單于」（王維《少年行》）、「城頭鐵鼓聲猶震，匣裏金刀血未乾」（李白《軍行》）、「更催飛將追驕虜，莫遣沙場匹馬還」（嚴武《軍城早秋》）的戰士雄風與軍威浩蕩。而以上的兩大內容在高適的《塞下曲》之中相映成趣：「結束浮雲駿，翩翩出從戎。且憑天子怒，復倚將軍雄。萬鼓雷殷地，千旗火生風。日輪駐霜戈，月魄懸雕弓。青海陣雲匝，黑山兵氣衝。戰酣太白高，戰罷旄頭空。萬里不惜死，一朝得成功。畫圖麒麟閣，入朝明光宮。大笑向文

〔註41〕左雲霖：《尚武社會風氣的形成及其對盛唐邊塞詩的影響》，《社會科學輯刊》，1984年，第4期。

士，一經何足窮。古人昧此道，往往成老翁。」全詩激情澎湃，將投筆從戎的豪情、建功立業的自信、勇猛善戰的雄強以及奇異壯觀的塞外風光冶於一爐，殊爲大氣磅礴、意氣風發的壯美之作。三是尚力任俠。如果說以上的「俠」的報恩、復仇特徵與爲報君恩、爲國殺敵、建立功名的「士」的心態不謀而合，營造了一種豪邁激昂的詩風。那麼，當詩人尚力任俠，運筆如風時，更鑄就了不羈飄逸的詩意。不少唐代詩人都有游俠經歷或俠義氣概。例如李白「十五好劍術，遍干諸侯。三十成文章，歷抵卿相」（《與韓荊州書》），「結髮未識事，所交盡豪雄。……託身白刃裏，殺人紅塵中」（《贈從兄襄陽少府皓》）。而王維《送從弟蕃遊淮南》高度讚揚「讀書復騎射，帶劍遊淮陰」的「俠」與「士」、「武」與「文」的完美結合。高適放聲歌唱：「營州少年厭原野，狐裘蒙茸獵城下。虜酒千鍾不醉人，胡兒十歲能騎馬」（《營州歌》）的胡風俠氣。在詩人們的筆下，俠士特立獨行，形態萬千。孟郊的「殺人不回頭，輕生如暫別」（《游俠行》）與「詩仙」李白的「十步殺一人，千里不留行。事了拂衣去，深藏功與名」（《俠客行》）一樣，化殘酷的殺戮爲瀟灑不羈的風度。「詩佛」王維的《少年行》「新豐美酒斗十千，咸陽游俠多少年。相逢意氣爲君飲，繫馬高樓垂柳邊」將少年游俠的意氣與豪爽盡現筆底，其「長安少年游俠客，夜上戍樓看太白」（《隴頭吟》）、「少年十五二十時，步行奪得胡馬騎」（《老將行》）亦在此意之上，加添遠大抱負。「詩僧」賈島「十年磨一劍，霜刃未曾試。今日把示君，誰有不平事？」（《劍客》）使一位嫉惡如仇、鋒芒畢露的劍客形象躍然紙上。「詩鬼」李賀的《走馬引》寫一位擁有「玉鋒堪截雲」的「辭鄉劍」，卻無用武之地（「朝嫌劍花淨，暮嫌劍花冷」）的「走馬客」，似略寄懷才不遇的身世之感。就連晚唐「花間詞」作者溫庭筠（姑稱「詩艷」）也追慕豪俠壯舉：「欲出鴻都門，陰雲蔽城闕。寶劍暗如水，微紅溫餘血。白馬夜頻驚，三更霸陵雪。」這首與李白詩作同名的《俠客行》，雖無前者的飄逸，但俠氣仍是不減。從此亦可見有唐一代尚武任俠之風的不絕如縷，儼然已成爲一種時代精神與審美風格。

詩至宋代，尤其是南宋，外患頻繁、國力衰弱，尤其是靖康之恥給南宋文人造成巨大的心靈震動，普遍以之爲奇恥大辱，而激發民族自強信念與尚武精神，以補救宋代重文輕武政策的過失，以求重振民族與朝廷實力。在這種尚武自強的風氣之中，就連婉約派詞人李清照也噴發出「生當作人杰，死亦爲鬼雄。至今思項羽，不肯過江東」（《夏日絕句》）的豪邁詩句。當時詩人

往往將「知恥」、「復仇」與「好勇」融爲慷慨激昂的愛國之聲。他們或具從軍經歷，或好讀書議兵（如陳亮），或使氣尚勇（如李清照），但其詩作皆壯懷激越，感人肺腑。其中著名者，尤以曾從軍者詩作爲最。如抗金名將岳飛的《滿江紅》：「怒髮衝冠，憑欄處、瀟瀟雨歇。擡望眼，仰天長嘯，壯懷激烈。三十功名塵與土，八千里路雲和月。莫等閒、白了少年頭，空悲切。靖康恥，猶未雪。臣子恨，何時滅！駕長車，踏破賀蘭山缺。壯志饑餐胡虜肉，笑談渴飲匈奴血。待從頭，收拾舊山河，朝天闕。」將恥感化作仇恨與憤怒，將恨之入骨、食肉寢皮的非理性暴力情緒與復國仇、立功名的壯志緊緊相連，其「剛冷」詩風，甚與其武將的身份吻合。又如辛棄疾與陸游同具從戎經歷。辛棄疾文武雙全，他 22 歲時，聚二千之眾抗金，歸屬耿京義軍，任掌書記。後親自追殺叛徒義端；又率五十騎突襲濟州金營五萬眾中，將殺帥降金的叛徒張安國縛於馬上，長驅渡淮回建康斬首，頗具大將風範。而陸游壯年從軍，南鄭前線近九個月的戎馬生涯，雖未實際殺敵，但當地的復國熱情、豪俠民風及他騰身刺虎等軍旅經歷，對其創作影響甚大。簡言之，辛、陸二人的從軍經歷與報國熱忱結合，一創作遂發爲壯詞。相比之下，辛棄疾尚實，重力，更多是一種「戰士」風格；而陸游務虛，重氣，好自我表現，這似乎更合其「詩人」特徵。同是寫戰鬥，辛棄疾寫現實戰爭則「漢家組練十萬，列艦聳高樓」（《水調歌頭》），寫歷史戰爭則從「氣吞萬里如虎」演成「贏得倉惶北顧」（《永遇樂京口北固亭懷古》），甚具歷史感與逼真感；而陸游則以夢出之，如「鐵馬冰河入夢來」（《十一月四日風雨大作二首》其二），在虛幻的夢境中標舉理想與壯志。另一方面，辛棄疾多寫「劍」，詩中劍光閃閃，盡顯「戰士」鋒芒：如「說劍論詩餘事，醉舞狂歌欲倒」（《水調歌頭》），「想劍指三秦，君王得意，一戰東歸」（《馬蘭花慢》），「舉頭西北浮雲，倚天萬里須長劍」（《水龍吟》），「醉裏挑燈看劍，夢回吹角連營」（《破陣子》）。而陸游多任「氣」，詩中氣貫長虹，盡顯「詩人」本色：如「京華結交盡奇士，意氣相期共生死」（《金錯刀行》），「平時一滴不入口，意氣頓使千人驚」（《長歌行》），「秉燭揮毫氣尚遒」（《江樓醉中作》），「老夫壯氣橫九州」（《冬暖》），「白髮未除豪氣在」（《渡浮橋至南臺》）等等的個人意氣、豪氣與志氣；「中原北望氣如山」（《書憤》），「氣可吞匈奴」（《三江舟中大醉作》），「壯歲從戎，曾是氣吞殘虜」（《謝池春》）等等的軍威氣勢。再一方面，同是寫「醉」與「夢」，辛棄疾寫得較少，在這有限的篇幅中，仍保持著一份「清醒」與「理智」，將戰爭場面勾勒

得相當逼眞，如《破陣子》：「醉裏挑燈看劍，夢回吹角連營。八百里分麾下
炙，五十弦翻塞外聲，沙場秋點兵。馬作的盧飛快，弓如霹靂弦驚。」這首
詞將壯歲從戎的軍威風貌、點兵場面、作戰場面描寫得逼眞細緻，令人有身
臨其境之感。而陸游則嗜寫「夢」與「醉」，抒發其今昔對比、懷才不遇的悲
憤。如《三月十七日夜醉中作》《江樓醉中作》《三江舟中大醉作》《醉中感懷》
等光看題目就能聞到一股撲鼻的酒氣，加上「今年摧頹最堪笑，華髮蒼顏羞
自照。誰知得酒尚能狂，脫帽向人時大叫」（《三月十七日夜醉中作》）的詩句
便可知其不能不借酒消愁的原因。他還愛做「夢」，如「夜闌臥聽風吹雨，鐵
馬冰河入夢來」（《十一月四日風雨大作二首》其二），「橫槊賦詩非復昔，夢
魂猶繞古梁州」（《秋晚登城北門》）「逆胡未滅心未平，孤劍床頭鏗有聲。破
驛夢回燈欲死，打窗風雨正三更」（《三月十七日夜醉中作》）「關河夢斷何處，
塵暗舊貂裘。胡未滅，鬢先秋，淚空流」（《訴衷情》）。

　　宋代的尚武心態是外敵入侵引起的，有著相當的被動性（與漢唐不同）。
所以這種心態的外化經常受到阻礙，辛棄疾壯懷未展，陸游、陳亮被目爲狂
怪就說明了這一點。宋代的尚武心態還被一種民族自尊心支撐著，人們堅信
漢族文化定能戰勝異族文化，但這種並不可靠的信念導致詩人很少能像辛棄
疾一樣將尚武心態保持在既清醒認識現實又鼓勵人們鬥志這個最佳點上。〔註
42〕所以，他們最終是「詩人」之武而非「戰士」之武。

　　明代與宋代相似，由於外患頻仍而激發詩人尚武愛國熱情。如於謙的「紫
髯將軍掛金印，意氣平吞瓦剌家」（《出塞》）陳子龍的「慶卿成塵漸離死，異
日還逢博浪沙」（《易水歌》），夏完淳的「一身湖海茫茫恨，縞素秦庭矢報仇」
（《魚服》），或倡保國之志，或言復仇之心，皆激昂慷慨。此不贅言。

　　以上從歷史、文化、文學探尋中國尚武精神的流變，但是我們還應該注
意到中國的專制與反專制對尚武或者暴力傾向的影響。「在漫漫歷史長河
中，中國一脉相承的專制制度和帶有某種血緣溫情的宗法制度相結合，形成
一種『家國同構』的社會政治結構，這種社會政治結構深刻地影響著中國文
化」。〔註 43〕這種專制政治的特點有如下幾方面：一是家天下，即家族制度
的政治化。一部中國歷史，就是一部家族統治史，先秦的西周建立「封建親

〔註42〕金一平：《中國古典文學中的尚武主題》，《浙江學刊》，1993 年，第 1 期。
〔註43〕張岱年、方克立主編：《中國文化概論》，北京師範大學出版社，1994 年版，
　　　　第 55 頁。

戚，以藩屏周」的法度；秦始皇自稱始皇帝，就是想二世、三世乃至千萬世地由其家族稱帝；劉邦本爲編戶齊民，一旦當了皇帝，則與大臣約定「非劉氏而王，天下共擊之」，就是要把權力牢牢掌握在劉氏手裏；中國歷朝歷代都擺脫不了家天下的統治模式，如嬴氏的秦朝，劉氏的漢朝，曹魏、劉蜀、孫吳統治的三國時期，司馬氏的晉朝，楊氏的隋朝，李氏的唐朝，趙氏的宋朝，奇渥溫氏的元朝，朱氏的明朝，愛新覺羅氏的清朝，家天下觀念甚至一直到了民國都不見衰亡，只不過蔣介石是想把家天下和黨天下融合爲一罷了，他控制得住就是家天下，控制不住就是黨天下（其實是家天下的變體）。更甚者中國老百姓也深深受到家天下觀念的薰染。二是君主專制中央集權走向極端。從秦始皇的「天下之事無大小皆決於上」，到清朝康熙的「今大小事務，皆朕一人親理，無可旁貸。……無論鉅細，朕必躬自斷制」，都是皇權強化甚至走向極端的見證，而那些所謂的制約因素如朝議制度、諫議制度都沒有對皇帝的否決權，很大程度上不過是君主專制制度的補充罷了。三是以武力爲先導，控制宗教勢力。與西方和印度不同，中國自始至終就不存在一種與政權相抗衡的宗教勢力，中國統治者憑藉武力，比較順利地奪取並強化自己的專制權力，神職人員成爲他們順從的奴僕，皇帝由此被神化爲天子，由此政權、神權、族權一體化。﹝註44﹞四是等級制度森嚴。「天有十日，人有十等。下所以事上，上所以共神也。故王臣公，公臣大夫，大夫臣士，士臣皂，皂臣輿，輿臣隸，隸臣僚，僚臣僕，僕臣臺。」（《左傳》昭公七年）用魯迅《燈下漫筆》的話說是：「我們自己是早已布置妥帖了，有貴賤，有大小，有上下。自己被人凌虐，但也可以凌虐別人；自己被人吃，但也可以吃別人。一級一級的制馭著，不能動彈，也不想動彈了。因爲倘一動彈，雖或有利，然而也有弊。」

正是由於中國專制制度的漫長，造就了幾種結果：首先，如魯迅在《燈下漫筆》所言，中國只有兩個時代，就是「想做奴隸而不得的時代」和「暫時做穩了奴隸的時代」。「中國人向來就沒有爭到過『人』的價格，至多不過

﹝註44﹞ 以上三方面見張岱年、方克立主編：《中國文化概論》，北京師範大學出版社1994年版，第60～70頁，其中有我的發揮和補充。另外，黃仁宇斷言不論中國君主如「唐太宗李世民如何的開明，他的政府無可避免爲一種專制體制。……其立場至爲窄狹。它代表著皇帝之意志力，乃是一種人身上的品德，而非組織結構上之力量。」見黃仁宇：《中國大歷史》，三聯書店，2007年第2版，第121～122頁。

是奴隸，到現在還如此，然而下於奴隸的時候，卻是數見不鮮的。」「假如有一種暴力，『將人不當人』，不但不當人，還不及牛馬，不算什麼東西；待到人們羨慕牛馬，發生『亂離人，不及太平犬』的歎息的時候，然後給與他略等於牛馬的價格，有如元朝定律，打死別人的奴隸，賠一頭牛，則人們便要心悅誠服，恭頌太平的盛世。為什麼呢？因為他雖不算人，究竟已等於牛馬了。」這一方面造成了中國人的奴性，另一方面造成了歷朝歷代的反專制行動（如上面提到的荊軻等俠士）、起義尤其是農民起義，秦朝末年陳勝、吳廣領導的大澤鄉起義是中國歷史上第一次農民起義，其後有項羽、劉邦的反秦起義等；西漢有綠林、赤眉農民起義等；東漢有黃巾起義等；隋朝有瓦崗農民起義等；唐朝有黃巢起義等；宋朝有王小波、李順起義，梁山泊宋江起義、方臘起義等；元朝、明朝也有不少農民起義；清朝更多，如捻軍起義、太平天國起義、武昌起義（辛亥革命）等等；民國有南昌起義、秋收起義等等。這些起義，被很多文學作品如《隋唐演義》、《水滸傳》、《洪秀全演義》、《大澤鄉》、《天國春秋》等等廣為傳播，深入人心，只不過，這些反專制的行動與起義大多體現出「王侯將相，寧有種乎」，「拼得一身剮，敢把皇帝拉下馬」，替天行道、除暴安良、行俠仗義、官逼民反等中國傳統的俠——士文化精神，依舊是改朝換代的起義，很少具有明確的革命綱領與革命理性，更少具有主體性意識。而這些反專制的起義中也有文人或士大夫參與其中，遭逢亂世，他們一般有三種異於治世的經世致用舉動，或者如上述雷海宗的《中國文化與中國的兵》所說，在皇帝及其組織失效的情況下，士大夫為自保，往往加入流氓集團，為其奔走，如後來被稱為明初詩文三大家之一的劉伯溫（劉基）就加入朱元璋的反元隊伍，成為開國功臣。或者秉承民族氣節反抗入侵之敵，即使兵敗後依舊宣傳其具有反抗性的思想，如明末清初的三大思想家王夫之、顧炎武和黃宗羲。而有的士大夫則因為不用於世，或者反省政治腐敗，鋌而走險，組織流氓集團，揭竿而起，進行反抗，如《水滸傳》的宋江、吳用，蔣光慈《咆哮了的土地》中的知識分子李傑，他們身上都具有「俠」與「士」的雙重特徵，而非如《水滸傳》中的李逵，蔣光慈《咆哮了的土地》中的張進德一樣武勝於文，只具有以武犯禁、逼上梁山的俠客風範。故此，再次，「中國社會結構的專制性特徵，導致中國文化形成政治型範式。這種範式帶來的正價值是，中華民族的整體觀念，國家利益至上的觀念，造就了民族心理上的文化認同，文人學士的經世致用思想等等；它的負價值是使國人

存有嚴重的服從心態，對權威和權力的迷信，個人自信心的缺乏」等等。〔註45〕如上所言，中國缺乏或淡化國家觀念，倒是民族觀念、殺身成仁和經世致用積極入世的思想（俠——士傳統）影響中國文化和文學至深，現代文學就是明證。第四，附帶說一下，專制與反專制的鬥爭，造成中國文人經世致用的言志詩學中存在一種言志——暴力的關係，如黃帝「以與炎帝戰於阪泉之野。三戰，然後得其志。」（《史記‧五帝本紀》）陳涉的「燕雀安知鴻鵠之志哉！」（《史記‧陳涉世家》）「小子安知壯士志哉！」（《後漢書‧班超傳》）黃巢的「他年我若爲青帝，報與桃花一處開」（《題菊花》），這些「志」都與暴力、報國、政治等相聯繫，值得關注。本來《論語》的士「志於道」一語便以經世致用、積極入世的精神志於聖道與王道，將「內聖」與「外王」結合，偏於「外王」（不用則浮於海），如此文人、士大夫在治世便成爲權力階層或權力階層的幫凶，在亂世則如上所言反抗專制或尋求新勢力的保護，大都與隱性或顯性的政治、暴力有關。

綜上所述，中國古代文學（文化）中的尚武精神或暴力傾向存在著幾種類型：一、英勇輕死；二、崇尚「武德」，以武止武；三、不軌正義，以武犯禁；四、尚力好勇，行俠仗義，捨生取義；五、復仇意識；六、功名功利意識、經世致用；七、頌揚戰爭；八、棄文尚武，尚武愛國；九、嗜血欲望，欣賞殺戮；十、反抗專制。總之，都融合「俠」與「士」兩種因素（只是有時略有偏重罷了）。正因此，本文將中國的尚武歷史因子概括爲「俠——士」傳統，即「俠」與「士」的結合。因爲實際上，單純的俠士或尚武傳統並非孤立的，它是以中國儒家的「士」的主流文化和思想爲基礎或因子的，而且如上所言，歷史上「俠」與「士」存在著精神上的相通性（如殺身成仁、捨生取義言必信行必果等等）。這種意義上的「俠士」分爲幾種類型：一是文武雙全的「國士」傳統。二是以武爲主，尚武報國的「俠士」傳統（如荊軻）。三是我行我素、尚武任俠、快意恩仇的個人化的「俠客」傳統。四是俠與士互相幫助的俠、士的黏合化傳統。五是「不武」而「尚武」的士俠傳統，例如宋以後直到中國現代文學的「士」（知識分子）大多數是在不能武的基礎上充滿尚武暴力傾向的，就中國現代作家而言，即使作家沒受到「俠」文化影響，但是當現代作家以「士」的積極入世思想、急功近利意識和殺身成仁精

〔註45〕張岱年、方克立主編：《中國文化概論》，北京師範大學出版社，1994年版，第72頁。

神，與日本影響、民族自強情緒結合，便趨向暴力啓蒙，換言之，這是以「士」致「俠」，以「文」尙「武」；如果現代作家曾受「俠」文化影響，他們也是俠的崇尙與士的使命（思想）結合，難以截然分開，只是這些不會武的作家，他們作爲「士」的積極入世思想、急功近利意識和殺身成仁精神更濃罷了。總之，不能武的「士」或者現代作家的以文尙武的心態、傾向和想像是中國「俠──士傳統」的特色，甚至是重中之重。而這幾種「俠──士」，其精神支柱皆是「義」（本來俠、士皆重義），它融合俠義、義氣、名義、仁義、道義、階級正義、民族大義等等，使得中國文化（文學）正義凜然、崇武尙義。這些模式對中國近現代文學影響深遠，不容忽略。而綜觀中國歷史、文化、文學，作爲整體的公開的尙武之風雖然自秦漢唐以來逐漸衰弱以至消亡，但遭逢亂世，「士」的使命與「俠」的渴求合流於「士」之一身，遂發爲尙武尙力之文學，顯「俠──士」之精神。因此，在一定程度上，「俠──士」傳統已成爲中國人（尤其士人）的思想因子，成爲中國文學的審美特徵之一。

二

　　談及中國現代文學「暴力敘事」的歷史起源，傳統「俠──士」文化的內在聯繫，往往容易得到國內學界的普遍認同；而日本「尙武」精神的外來影響，卻因民族情感問題常常遭到人們的主觀拒斥。這種強烈的歷史偏見，實際上有大礙於中國現代文學的縱深研究。

　　日本「尙武」文化歷史悠久，延續至今。有史以前的日本民族，乃是倭奴族、眞古斯族、印度支那族、印度勒吉亞族、漢族等幾種民族的混合。先住民族中占優勢的，不能不推眞古斯族，他們就是原始的日本人。這一族人在島上很有力量，文化的程度比較進步。他們用武力漸次征服倭奴族，有反抗的就被打敗，不抗則和，漸次和島上的各民族混合融化，於是人種的統一漸漸形成。〔註46〕但是用殺伐而統一的日本民族（人種）卻因島國的封閉環境而保留了原始氏族部落社會遺傳的殺伐之氣，經久不衰。從公元 645 年開始，日本實施大化改新，接受了中國唐朝的政治制度和儒家文化，仿傚中國的以文治國的治國方略，在之後長達 4 個世紀的時間裏，壓制了尙武傳統。但是到了平安時代後期，日本社會重新出現了以武藝和戰鬥爲職業的武士，

〔註46〕謝六逸：《日本文學史》上卷，據北新書局，1929 年版影印，上海書店，1991
　　　　年版，第 1～2 頁。

他們崇尚武力和武士道，最終憑藉武力，武士的首領源賴朝於1192年在鐮倉建立了以武力為統治基礎的武士政權，從此以尚武為主要特徵的武士統治日本長達 700 年之久。〔註47〕並且接續了日本的尚武傳統，使日本文化的尚武特色更為明顯。可以說，從日本江戶時代的儒家學者那裏開始，就在研究、比較中日文化的差異，並不無自豪地指出日本文化的獨特性在於「尚武」。如貝原益軒在《武訓》中指出中日兩國習俗相異，中國重文，日本尚武，儘管在文化上日本不如中國，但是日本的優勢與獨特在於「日本應是世界上最優秀的武國」（貝原益軒：《武訓》，《武士道全書》第二卷，1943 年版，第 278 頁）而中村元恒則認為中國是文國，日本是武國。文國尚文，武國尚武，文國尚孝，武國尚忠，並將「以武為尊」視為日本文化的優越性。（中村元恒：《尚武論》，《武士道全書》第六卷，1943 年版，第 334～343 頁）〔註48〕無論是從最初的重武輕文（武主文輔），還是到江戶時代的文武合一，「文」的重視程度的提高，並不影響「武」（尚武精神）的主流價值觀地位。無論是原來封建制度下食祿報恩的「奴道」，還是後來成為統治階級的道德（「主道」），都不改「尚武」特色。關於這一點，日本著名學者、思想家福澤渝吉進行了一番歷史性的探尋，他認為在日本古代，膂力與智力並用機會很少，前者只用於戰鬥，產生尚武風俗，偏重權力。古代以神權統治，民智不開，至尊至強集於最高權力；而中古武人執政時代，形成至尊未必至強，至強未必至尊的情況。而這種「至強」與「至尊」分離的局面並沒稀釋其原來的「尚武」色彩，使得日本的戰國時代的武士佩刀風俗延至太平時代。〔註49〕從此亦足見「尚武」乃日本文化的鮮明特色。

　　福澤渝吉所提到的「刀」正是日本尚武文化的象徵。它是特權和階層的標誌，也是力量與英勇的象徵。武士很小就開始學習使刀。年滿 5 歲後，將舉行重要的授刀（小刀）儀式，年滿 15 歲，他就能自豪地擁有一柄足以勝任任何工作的刀了，這刀帶給他自尊和責任感。日本的許多神社和家庭都對珍藏的刀，進行頂禮膜拜。〔註50〕日本武士道的崇拜者新渡戶稻造就曾對日本

〔註47〕王志：《從「輕武」與「尚武」看中日兩國傳統文化的差異》，《南昌航空大學學報》，2008 年，第 1 期。

〔註48〕轉引自王志：《從「輕武」與「尚武」看中日兩國傳統文化的差異》，《南昌航空大學學報》，2008 年，第 1 期。

〔註49〕福澤渝吉：《文明論概略》，商務印書館，1982 年版，第 15～25 頁。

〔註50〕《日本四書》，綫裝書局，2006 年版，第 251 頁。

刀驚歎不已：「（刀匠）是有靈感的藝術家。刀匠的作坊就像一座聖殿。……
日本人的刀劍為何帶有蕭殺之氣，是否因為刀匠的靈魂或者刀的守護神附於
其中？作為完美的藝術品，歐洲的名劍都比不上日本的刀；可是，日本的刀
是超乎藝術的。刀身冰森森的，一出鞘，大氣中的水蒸氣就凝聚在它的表面，
它那光潔無瑕的紋理，寒光閃閃。它那無與倫比的刀刃和弧線，是純美與至
勇的結合，令人既敬畏又恐怖。」〔註 51〕這簡直是把日本刀神聖化了，簡直
是一首關於日本刀的讚美詩。

　　日本尚武文化這把「刀」要依靠教育和修養這把「火」來進行冶煉，正
如美國人類學家本尼迪克特在其著作《菊與刀》中所指出的那樣：教育或修
養就是磨掉「身上的銹」，它會使人變成一把鋒利的刀。日本的尚武教育正是
要使人變成一把「刀」。幕府制定的《武家諸法度》第一條就明文規定：「文
武弓馬之道，宜專精習。」武士教育是以武為主，以文為輔，武士所接受的
教育是以尚無為中心的武士道教育，這一點在為數甚多的近世武家家訓中體
現得甚為明顯。如「武是重要之職分，可第一學武，第二學文。治世不忘亂，
此重要之道，故萬事應以專勵武事為先，此乃第一職分」（《羽太家訓》）「公
私之勤有暇時學文，凡弓馬武道之事可晝夜專精習之」。（《訓誡書》）〔註 52〕
日本近世各藩國要在武功、文治上競爭，因此各藩主爭先恐後招請有文學武
藝的學者，務必要使自己家臣子弟能夠文武雙全，使得武士不僅能夠上馬「戰
鬥」，也能夠下馬「治理」，但其中「尚武」仍是核心。這種尚武教育不僅要
造成「勇武之藝」，還要造成「英勇之精神」，不僅要造成「武士之勇」，還要
造成「國民之勇」。因此，對兒童和女性也一樣施以尚武教育。嬰兒還在母親
懷抱裏的時候，就不斷地給他講軍人冒險的故事。幼兒園裏有著豐富的關於
勇氣的故事。對於女性也施加尚武教育，讓她們「從性的脆弱裏解放出來，
並使自己擁有與最勇敢強大的男人同樣的剛毅不屈。」〔註 53〕中國近現代的
留日學生發現在日本的教育具有鮮明的尚武愛國特點：日本從小學生起就培
養以參軍保國為第一榮耀的民族意識，教育注重發揚武士道精神。1903 年的
《湖北學生界》第 3 期發表了《國民教育》一文，指出「日本子弟以學陸軍

〔註 51〕《日本四書》，線裝書局，2006 年版，第 252 頁。
〔註 52〕轉引自王志：《從「輕武」與「尚武」看中日兩國傳統文化的差異》，《南昌航
　　　　空大學學報》，2008 年，第 1 期。
〔註 53〕《日本四書》，線裝書局，2006 年版，第 216～217，253 頁。

為榮，父母皆以子弟當軍人為榮，視身家性命甚微者，蓋其受國民教育甚深也。」簡言之日本強調尚武愛國精神，以求爭雄於世界。〔註 54〕

　　日本尚武文化這把「刀」要以忠、義、勇、恥、精神等來勤加擦拭，以使其保持光潔與鋒利。所謂「忠」就是忠於主家（主君），後來發展為忠於國家，日本人尤其武士、軍人必須為國家，或者為國家的統治者，生死以赴，義不容辭，忘我的獻身主君如剖腹殉葬被視為最高的「忠」。所謂「義」就是義不容辭地去履行的對他人應盡的道德規範，「『義』與『勇』是武士之德的一對孿生兒」，如果沒有「勇氣和堅忍精神，『正義之道』很容易成為怯懦者的安樂窩」。〔註 55〕可見日本的「義」是「無勇不義」，與孔子的「見義不為，非勇也」（義重於勇）相反，或者說日本著重「勇」，中國強調「義」。日本勇可分為「勇武」和「見義勇為」之「勇」，當生則生，當死即死，方為真勇。福澤渝吉則將「勇」分為潛在之勇與表面之勇：「富貴不能淫、貧賤不能移、威武不能屈，無論遇到什麼困難，都巍然不動、固以自守，同時尋找可乘之機征服對手，此為潛在之勇，乃智者之所為。而一怒之下不顧千萬之小道理，最終忘其自我、訴諸手段以達目的者，謂之表面之勇。兩者均可奏其特殊之功效，不可以時間與場合之不同而厚此薄彼。」他提倡人生要有超越道理之界限，近乎獸類之爭的「獸勇」。〔註 56〕這正是日本尚武文化的反映。而所謂「恥」即是榮譽感或者羞恥感，是與日本武士（日本人）強烈的家族感緊密相關的，聲名受到任何侵害都被視作羞恥。為了所謂榮譽，芝麻蒜皮般的小事就能讓武士拔刀相向，誓要報復，可見榮譽感與復仇的聯繫。日本岡倉由三郎的《日本的生活與思想》認為「對於日本人公私生活中常見的報復，我們可以把它看作是一個有潔癖的民族正在進行的一場場晨浴」以此洗刷榮譽受損的污穢。在公眾場合，一再強調這種「晨浴」式的報復理想，是日本的傳統。〔註 57〕復仇者的邏輯是「以眼還眼，以牙還牙」，但只有那些為君、父、長者或恩人而行的復仇才被認為是正當的、正義的。日本封建時代，「仇討」即復仇不但是社會上讚美，並且藩主還特別許可。日本文學家，往往把復仇

〔註 54〕楊曉：《中日近代教育關係史》，人民教育出版社，2004 年版，第 140 頁。

〔註 55〕《日本四書》，綫裝書局，2006 年版，第 214～215 頁。

〔註 56〕福澤渝吉：《福翁百話──福澤渝吉隨筆集》，上海三聯書店，1993 年版，第 107～108 頁。

〔註 57〕本尼迪克特：《菊與刀》，《日本四書》，綫裝書局，2006 年版，第 101～102 頁。

的事實當做最好的題材，讚美復仇者的性格與行為。許多日本人都認為復仇是日本人最高尚的精神，是日本人最優美的性格。明治維新以後，日本人在民族生存競爭場裏能夠占優勢，也很大程度由這遺傳的道德觀念造成。總之，復仇者的精神和身體完全是受「種族保存」的原則支配。〔註58〕忠、義、勇、恥四者，統於三端，曰尚武（勇、仇），曰尚群（國、族），曰尚精神，三端如一。尤其是「精神」，日本人鼓吹精神戰勝物質，精神永恒，精神力量高於一切，軍艦、大炮、佩刀都是日本尚武精神的象徵。〔註59〕

日本的尚武文化在其文學中表現得甚為充分。

日本上古文學（公元前660～公元794年）有很多英雄傳說，如神武天皇東征，目弱王的復仇等，殆與連年的戰事相關。中古文學（公元794～1186年）時期即平安時代的社會中心是貴族，在文學上反映出來的，不外是寫宮廷、貴族生活，男女相愛的詩文，殆與當時仿傚中國以文治國政策，壓制尚武傳統有關。但是平安時代後期，日本社會又重新出現以武藝和戰鬥為業的武士，1192年鎌倉幕府之後直至明治維新時期，日本的武士統治長達700之久，含近古、近代兩個時期。近古時代（1190～1603年）的社會中堅是武士，武士的精神就是武士道。這時代的文學以描寫戰亂與武士的「戰記物語」為最出色。最早的「戰記物語」是《保元物語》和《平治物語》，之後是「戰記物語」的代表作《平家物語》，它被譽為日本文學史上最優秀的「國民敘事文學作品」。「戰記物語」的另一形態不寫「大規模的武士階級的集團搏鬥，而是專門刻畫武士個人歷盡艱辛、波瀾起伏的一生。」〔註60〕如成書於15世紀初期至中期的《義經記》敘述源氏的大將源義經的傳奇人生，而成書於14世紀初的《曾我物語》寫武士曾我兄弟為父報仇的故事。《曾我物語》的通行本有十二卷，曾我兄弟的復仇是「武士道」的楷模，因此在後代「曾我物」的通俗文藝興盛一時，影響巨大。當時的「戰記物語」具有幾種性質：它的成立是「國民的」，不是「個人的」；它的內容，最能發揮國民的性格（如尊王忠君，尊重家名，尚武任俠等）；它的結構、表現形式是民眾的；它對於後世文學（如劇本、小說、狂言、謠曲等）的影響很大，有功於日本國民思想的

〔註58〕《日本四書》，線裝書局，2006年版，第286頁。
〔註59〕《日本四書》，線裝書局，2006年版，第16頁。
〔註60〕謝志宇：《20世紀日本文學史——以小說為中心》，浙江大學出版社，2005年版，第36頁。

培養，以及國民文學發達的促進。〔註61〕簡言之，「戰記物語」對日本文學以及日本人的精神結構都產生了令人難以置信的影響。近代文學時期（1603～1867）的國民道德，「仍以武士道德為基礎。武士以忠孝，守節，任俠，輕死諸德為主，當時的中下階級的人，對於紀敘這些武士道德的故事，特別有一種興趣。」〔註62〕到了明治維新之後的現代文學時期（1867～），民眾對於江戶趣味（對於武士道、俠客義士的崇拜）尚念念不忘，雖然明治九年（1876年）頒布廢刀令，嚴禁士民佩刀，但這一法令卻正彰顯了日本尚武風氣之盛。這種風氣即使到了大正時期（1912～）之後仍不衰弱（持續至今）。例如大眾文學作家中裏介山的《大菩薩嶺》，吉川英治的《鳴門秘帖》《宮本善藏》等都主張尚武，特別是《宮本善藏》還提倡「劍禪合一」，把劍提到一種「道」的高度。1895年中日甲午戰爭之後，日本有人開始提倡國粹主義、日本主義、國家主義。大正時期（1912～1925），即使是文壇領袖、浪漫主義作家森鷗外也寫了《興津彌五右衛門的遺書》、《阿部家族》等與日本尚武文化密切相關的作品；即使是新現實主義作家菊池寬也以武士為題材，寫了《忠直卿的行狀》、《恩仇度外》、《一個復仇的故事》、《復仇三則》等小說。當時從權力階層到作家群體不少人還祭起了所謂「以刀為象徵的日本精神」。到昭和時期的1935年，非無產階級的《日本浪漫派》創刊，宣揚國家主義；1936年，日本國內大談日本式的傳統。總之，無論是傳統的近700年的武士政權（武士道）還是明治維新後（1867年至今）的國家主義（文化），日本文化都聚焦於「尚武」二字。「尚武」從制度演變為風俗、文化與精神，日本人連平和互助的習性都是為了幫助「尚武」大顯其用，如「最消極的『浮世派文學藝術』當中，都含著不少殺伐氣」，如茶道是為了培養精神力量、積蓄力量。〔註63〕

　　日本「尚武」文化是一種獨特的文化形態，日本學者新渡戶稻造的《武士道》（1899）、中國學者戴季陶的《日本論》（1928）以及美國學者本尼迪克特的《菊與刀》（1944）等著述，都曾對此做過極為精細的考證研究。日本「尚武」文化的獨特性是由於日本的地理、宗教及其對他國文化的選擇所造成的。從地理上看，日本是一個狹隘的島國，幾面環海，地理條件的惡劣使得日本

〔註61〕謝六逸：《日本文學史》上卷，據北新書局，1929年版影印，上海書店，1991年版，第140頁。

〔註62〕謝六逸：《日本文學史》下卷，據北新書局，1929年版影印，上海書店，1991年版，第3頁。

〔註63〕《日本四書》，綫裝書局，2006年版，第287、224頁。

人培養出一種尚武風習以對抗自然；領土面積小而又藩國林立，養成日本人
的高度警戒的尚武之風。簡言之，「島國的封閉性使日本人的血液中長期保留
了原始氏族社會遺傳下來的殺伐氣和好戰性格。」〔註64〕而這種性格和日本
的神道教一脉相通，「直接淵源於日本固有神道的思想行為是尚武」。〔註65〕
日本原始神道教崇拜的三種神器是鏡、玉、劍，分別象徵著智、仁、勇三種
力量，其中對劍（勇）的崇拜可說是貫穿日本的各個歷史時期，亦足見尚武
之風與神道思想的密切關係。日本神道除了對劍（勇）的崇拜之外，還崇拜
自然與祖先，「神道的自然崇拜，使國土深入我們內心的靈魂；而它的祖先崇
拜，則使得皇室，一個世系到另一個世系，成為整個民族的共同祖先」，這便
造成了一個「族」或「國」的觀念，造成日本民族感情生活中兩個最重要的
特徵是「愛國與忠心」。〔註66〕神道教使日本人迷信他們的國家是世界無比的
國家，他們的皇室是世界無比的統治者，他們的民族是世界最優秀的「神選
民族」，「日本國體的精華就是古來的神道」。日本德川時代著名學者山鹿素行
受神道教的影響，在日本的地理環境與尚武思想之間搭橋牽線，他堅決認為
日本「大八洲的生成，出自於瓊矛，形狀和瓊矛相似，所以叫細千足國。日
本的雄武真是應該的了。『那天地開闢的時候，有多少的靈物，都不用他，偏
要這天瓊矛來開創，就是尊重武德，表揚雄義的緣故。』天瓊矛是男子陽具
的象徵，這一種創世思想淵源於男性崇拜，是很明白的。就這思想和歷史的
系統看來，也可以曉得日本的尚武思想軍國主義並不是由於中國思想，印度
思想，純是由日本宗法社會的神權迷信來的。」例如日本的創世傳說也很奇
特：天神下了一個詔書給依邪那歧命、依邪那美命兩位尊神，要他把那個飄
蕩的國土修理堅固。又賜他一根「天沼矛」。這兩個尊神領了詔書，站在天浮
橋的上面，把「天沼矛」往下面的海水裏一攪，抽起來的時候矛尖上的海水
滴了下去，積了起來便成了一個島，這就叫做淤能棋呂島。而「天沼矛」就
是男子生殖器的象徵。〔註67〕所以，福澤渝吉說「日本是神權政府的基礎上
配合武力的國家」〔註68〕，此言極是。曾經留日的現代作家郁達夫更加斷言；

〔註64〕 王志：《從「輕武」與「尚武」看中日兩國傳統文化的差異》，《南昌航空大學
　　　　學報》，2008 年，第 1 期。
〔註65〕 《日本四書》，綫裝書局，2006 年版，第 360 頁。
〔註66〕 《日本四書》，綫裝書局，2006 年版，第 211 頁。
〔註67〕 《日本四書》，綫裝書局，2006 年版，第 272～287 頁。
〔註68〕 福澤渝吉：《文明論概略》，商務印書館，1982 年版，第 18 頁。

日本的「祖先崇拜的教義，卻是由軍人崇拜上來的。因爲他們都只在說是神的子孫，是神武天皇的直系，……神武天皇卻是一位軍神。日本的政治、宗教、道德，都出於一源，就是一個『神道』；而這神道，就只有一個教人崇拜軍部，盲從軍部的唯一理論。」〔註69〕而這正是日本尚武文化的獨特所在。

同時，日本尚武文化具有廣收博取性，既對中國傳統的儒佛兩家思想有所取捨，又對西方現代哲學有所改造，它是帶著自身的尚武傾向去選擇、接受與轉化中西文化的。日本人對中國儒家取其「以直報怨」「殺身成仁」「有文事者，必有武備」等方面，「成爲其尚武思想的理論基礎」。〔註70〕或者借孔子的學說來造成日本民族的中心思想，因爲尚武精神中的榮譽感使日本人無法容忍自己作爲劣等民族的地位〔註71〕，民族觀念也正是日本尚武文化的一個表現。此二者（尚武、民族）在柴四郎的《佳人之奇遇》中得以融合：「鄉國之慘既如是，殺身成仁是丈夫。寧爲玉碎忠義鬼，不願瓦全亡國奴。好除獨夫興新政，凱歌與眾還舊都。」而對佛教，日本人吸收其「親死而輕生」或「無我」思想，要「像死一樣活著」，〔註72〕不逃避「死」，不留戀「生」，勇敢地去死。另一方面，日本人受佛教釋迦牟尼捨身飼虎等的影響，在哀愁、愁悶的情緒中融合救世、尚武的思想：如郭沫若曾經深有感觸「只有真正地瞭解得深切的慈悲的人，才能有真切的救世的情緒。……日本人在還懂得『物之哀』的時候，他們的國勢是蒸蒸日上的。」他指出日俄戰爭的名將乃木希典卻有一首哀愁的七絕《金州城外》（山川草木轉荒涼，十里風腥新戰場。征馬不前人不語，金州城外立斜陽），「他是指揮作戰的武人，而在戰勝之餘，卻做出了這樣一首表示著十分深切的哀愁的詩，怎麼也要令人肅然起敬。他之所以能夠有叱咤三軍的力量，不也就是出於這兒的嗎？」〔註73〕哀愁或愁悶與救世、尚武聯繫的思想對留日學生如魯迅、郭沫若等影響甚巨，或多或少導致他們在五四後期的哀愁、苦悶與仿徨中轉向革命，下文再述，此不贅言。

〔註69〕 郁達夫：《郁達夫全集》第 9 卷，浙江大學出版社，2007 年版，第 22～23 頁。

〔註70〕 山鹿素行：《治平要錄》，轉引自潘俊峰：《日本軍事思想研究》，軍事科學出版社，1992 年版，第 95～96 頁。

〔註71〕 《日本四書》，綫裝書局，2006 年版，第 265～273 頁。

〔註72〕 《日本四書》，綫裝書局，2006 年版，第 210、163 頁。

〔註73〕 郭沫若：《郭沫若全集·文學編》第 12 卷，人民文學出版社，1992 年版，第 235 頁。

　　此外，日本接受西方文化也是以其尚武文化爲基礎的。日本對西方文化
的接受首先是被武力脅迫的。1853 年，美國總統派東印度艦隊司令培理率軍
艦四艘，於 6 月 3 日脅逼日本開港通商，1854 年 1 月，培理又率軍艦，以武
力脅迫幕府談判簽約。1868 年 4 月，明治政府發布施政綱領，提倡「文明開
化」，努力學習西方，發展教育；改革封建軍制，建立近代化軍隊。1873 年頒
布徵兵令，在「國民皆兵」的口號下，建立常備軍，強調效忠天皇，並貫徹
武士道精神。「自此，日本走上文明開化、富國強兵之道。」〔註74〕其次，日
本接受西方文化時相對偏重其「尚武」一面。如明治維新時期偉大的思想家
福澤渝吉談「西洋文明的來源」時，對文藝復興、基督教精神、啓蒙運動的
影響避而不談，對西洋歷史上各種各樣的戰爭卻大談特談，認爲憑藉武力與
野蠻的日耳曼人「創始了個人的自由和發展個性的風氣」〔註75〕，這明顯是
對西方文明的嚴重曲解。他還在其《勸學篇》中倡導「一身獨立，一國獨立」，
後來「國」的成分加深，他更強調學問對於「富國強兵」的必要，主張日本
的獨自國體和擴張國權，這種傾向發展到「脫亞入歐論」和「征韓論」，直接
鼓吹侵略，「對待支那、朝鮮之辦法，不必因其爲鄰邦而稍有顧慮，只能按西
洋人對待此類國家之辦法對待之。」〔註76〕福澤渝吉這種源於狹隘民族主義
的、擴張主義的言論，對日本帝國主義的形成及發展起了推波助瀾的作用。
日本文學研究專家謝六逸指出「輸入日本的歐美思想」有英美的功利思想、
德國的國家主義（強者必發達的進化論國家主義）、法國的自由思想（導致法
國大革命）和基督教精神〔註77〕，這四種思想除了基督教精神之外，都對日
本尚武文化、軍國主義起了巨大的推動作用。如日本的「自由民權運動」，配
合著日本原來的尚武精神，高舉革命旗幟，要顛覆專制政府。暴力革命運動
雖然失敗，但文學革命運動卻聲勢浩大。當時在廣大民眾要求自由民主的運
動日益高漲的形勢下，從明治十年（1877 年）起，陸續出現了大量的翻譯作
品，其中最多的是革命作品，如描寫法國資產階級民主革命的《自由之凱歌》、

〔註74〕謝志宇：《20 世紀日本文學史——以小說爲中心》，浙江大學出版社，2005 年
　　　　版，第 57～60 頁。
〔註75〕福澤渝吉：《文明論概略》，商務印書館，1982 年版，第 123 頁。
〔註76〕福澤渝吉：《福翁百話——福澤渝吉隨筆集》，上海三聯書店，1993 年版，第
　　　　4 頁。
〔註77〕謝六逸：《日本文學史》下卷，據北新書局，1929 年版影印，上海書店，1991
　　　　年版，第 41～43 頁。

《西洋血潮小暴風》等，敘述俄國虛無黨運動的《鬼啾啾》、《消滅虛無黨奇談》等；而譯者爲了滿足政治鬥爭的需要，就連與自由民主等口號無關的古典文學作品，都冠以政治色彩很強的詞語或題目，如莎士比亞的《裘力斯‧凱撒》被翻譯爲《自由大刀餘波銳鋒》，席勒的《威廉‧退爾》被翻譯爲《哲爾自由譚》，托爾斯泰的《戰爭與和平》被翻譯爲《北歐血戰餘塵》。而創作方面則形成政治小說潮流，著名的有矢野龍溪的《經國美談》、東海散士的《佳人之奇遇》，以及《汗血千里駒》、《南海血潮之曙》等等。〔註78〕而近代德國國家主義的政治哲學很受日本人歡迎，自日俄戰爭後到歐戰終結十幾年當中，日本思想界最受感動的就是達爾文的進化論、普拉丘克一流的武力主義、尼采一派的超人哲學，以及馬克思的鬥爭主義。〔註79〕而這些思想正與日本文化的尚武精神不謀而合，在所難免要受歡迎。單拿尼采的唯意志論超人哲學而言，日本學者伊藤虎丸有更深入的認識。他認爲「日清戰爭勝利，使日本國民意識昂揚，產生『擴張主義』；另一方面，日清戰後迅速進行產業社會化，產生煩悶、懷疑情緒。」所以當時的尼采形象（1897年引入日本），一方面是民族主義的青年「英雄主義」的尼采的「面目」，另一方面是懷疑、煩悶、苦惱、憂鬱的尼采的另一面。但無論如何，當時引入尼采是爲了淡化基督教的滲透，使國民恢復勇氣，積極奮進。〔註80〕總之，日本在本來尚武文化的基礎上注重選擇、吸收尚武力、尚強權、尚鬥爭的學說，進而將西方現代文明的核心價值曲解爲「尚武」精神。日本學的是西方的「姿態」，但「精神」仍是日本的。

從上可知，一部日本文化史，幾乎就是一部尚武的歷史。日本尚武文化從最初的武士道得以產生的社會階層中，以多種方式向下滲透，爲全體日本人催生了道德規範，逐漸從精英階層的光榮，演變成全體國民的抱負和滋養品。日本文化的尚武精神，由制度變爲道德，再演變爲信仰。到了明治時代，當「尚武」精神與「維新」思想融爲一體時，很快便「造成一種維新時期中的政治道德的基礎」。〔註81〕這是導致日本自「明治維新」運動以來，「尚武」文化高度發達的主客觀原因。

〔註78〕陳德文：《日本現代文學史》，南京大學出版社，1991年版，第5～9頁。
〔註79〕《日本四書》，綫裝書局，2006年版，第287頁。
〔註80〕伊藤虎丸：《魯迅、創造社與日本文學》，北京大學出版社，1995年版，第51～53頁。
〔註81〕《日本四書》，綫裝書局，2006年版，第259～277頁。

　　綜上所述，如果說中國「俠——士」傳統重點在於「義」，那麼日本尚武精神重點則在於「力」：即使同樣是「義」，從「義」的內容上看，日本是「無勇不義」，與孔子的「見義不爲，非勇也」（義重於勇）相反；而且，從「義」的走向上看，中國傾向民族大義，而日本「脫亞入歐」，走向軍國主義擴張的「不義」暴力。所以說日本著重「力」，中國強調「義」。日本的「力」是無勇不義的勇力，是尊崇軍人的武力愛國力，是精神戰勝物質的精神力，是好戰尚武的鬥爭力，是神道崇拜的神力。這是中日尚武文化的一大差異。另一方面，日本尚武精神附著在日本民族身上，在武士執政 700 年中所獲得的能量絕不可能嘎然中止，它一直至今都是日本國的動力之源，是轉型日本的指導原則，是新日本的建設力量，雖然作爲一種制度和道德體系，它已經死了，但作爲一種活著的德性，它的能量和活力，依然通過許多渠道可以感覺到。〔註82〕而這正是中國與日本文化的尚武傾向的另一區別，中國自秦漢唐以來就幾乎處於斷流狀態，而日本則一直汹涌澎湃，至少也是水源充足，將近 700 年的武士政權，再加上明治維新之後，「將文化上的國粹主義與政治上的民族主義結合起來」，〔註83〕使尚武精神蔚爲大觀，也爲留日的中國學人提供了深刻的精神資源，成爲現代中國將「不武」的第二天性恢復爲「尚武」的最初天性的歷史契機，這使得中國作家把「尚武」激情引入文學，使得文學的人文啓蒙成爲政治啓蒙。

第二節　晚清學人的「尚武」思想

　　日本學者吉田精一對日本自明治維新依賴憑藉武力乃至強大的事實有著清醒的認識：「日本自從明治以來經歷了三個時期的變化。第一期是從明治維新到日清戰爭爲止，是我國忍受著不平等條約的時期；第二期是由日清戰爭而廢除了外國在我國的治外法權，在國際法上我國成了和其他國家對等的國家，但儘管如此，還有許多國家把日本看作是劣等國家；第三期，日本由於日俄戰爭而成了世界的強國，進入了在國際法上應該佔有優等地位的時期。」〔註84〕

〔註82〕《日本四書》，綫裝書局，2006 年版，第 263～268 頁。
〔註83〕葉渭渠、唐月梅：《日本文學史》近代卷，經濟日報出版社，2000 年版，第 11 頁。
〔註84〕吉田精一著，齊幹譯：《現代日本文學史》，上海人民出版社，1976 年版，第 50 頁。

言語之間充溢自豪。關於這一點，中國學人表示了高度的贊同：「日本民族之所以有今天，完全是幾次戰爭的結果。……就國內來說，倒幕府廢封建的完全成功是明治元年之戰、九年之戰、十年之戰的成績，廢除不平等條約二十七八年戰爭的成績，取得世界強國的地位是三十七八年之戰的成績，這幾件重大事實，是我們不能不注意的。」〔註85〕言語之間不無敬佩、艷羨之意。「彼日本崛起於數十年之間，今且戰勝世界一強國之俄羅斯，爲全球人所注目」「日本以區區三島，縣琉球，割臺灣，脅高麗，逼上國，西方之雄者，……咸屏息重足，莫敢藐視。嗚呼！真豪杰之國哉」，〔註86〕對日本簡直佩服得五體投地。

的確，如美國學者任達所言：「直到 1894 至 1895 年開始覺醒前，中國公眾意識的視野中，日本仍未存在。」〔註87〕甲午戰前，朝野上下一片盲目樂觀，「方倭事初期，中外論者皆輕視東洋小國，以爲不足深憂。」〔註88〕但是1895 年，中國在甲午一役中慘敗於「蕞爾小國」日本，其震動、恥辱與刺激遠較半個多世紀以前的鴉片戰爭敗於強國英國要強烈萬分，也就是作爲所謂「天朝大國」的中國居然到了連小國都不如的不可收拾的境地。正如梁啓超在《戊戌政變記》反省的一樣：「吾國四千餘年大夢之喚醒，實自甲午戰敗，割臺灣，償二百兆以後始也。」老大帝國「始知國力遠遜於日本，但日本在數十年前固無赫赫之名於世界，而竟一戰勝我，則明治維新有以致之。」〔註89〕1895 年成爲中日關係史上一個重要轉折點，徹底改變了中國人的日本觀。有識之士紛紛提出要仿傚日本，以圖自強。蔡元培就曾斷言：「甲午一役，在我國的新教育史上，卻不失爲一服極有力的強心劑」。〔註90〕而光緒三十一年（1905 年）日本戰敗沙俄的消息，不但使世界各國大吃一驚，更使中國人民大吃一驚。「於是日本成了中國人學習的唯一目標，尤其是統治階級中，上上下下都以師事日本爲最緊要的任務，最大的希望所在。」〔註91〕這從 1896 年

〔註85〕 《日本四書》，綫裝書局，2006 年版，第 313 頁。

〔註86〕 《梁啓超全集》，北京出版社，1999 年版，第 1376、110 頁。

〔註87〕 任達：《新政革命與日本——中國，1898～1912》，轉引自方長安：《選擇‧接受‧轉化——晚清至 20 世紀 30 年代初中國文學流變與日本文學關係》，武漢大學出版社，2003 年版，第 2 頁。

〔註88〕 中國史學會編：《中日戰爭》（三），上海：新知識出版社，1956 年版，第 111頁。

〔註89〕 梁啓超：《梁啓超全集》，北京出版社，1999 年版，第 181 頁。

〔註90〕 汪向榮：《日本教習》，中國青年出版社，2000 年版，第 195 頁。

〔註91〕 《日本教習》，中國青年出版社，2000 年版，第 59 頁。

只有 13 人留學日本，而 1905 年驟然上升至 8000 人這一客觀數據，就可以看出日本「尚武」而致強的事實對中國人的強大震撼。

簡言之，1895 年以前，日本尚未進入中國公眾的關注視野。但在甲午戰爭與日俄戰爭之後，日本「蕞爾小國」憑藉武力迅速崛起，並一舉戰勝了西方強大帝國的超級刺激性，不僅重創了中國人的民族自尊，同時也使他們在痛苦而深刻的自我反省中，最終完成了由「學西洋」到「學東洋」的觀念轉變；並直接導致了中國派遣學生到日本留學的政策，以及中國人留學日本的滾滾浪潮。距離甲午中日戰爭結束只有三年，1898 年張之洞鑒於日本尚武而強大的事實，在其《勸學篇》中大倡游學東洋：「日本小國耳，何興之暴也？伊藤、山縣、本、陸奧諸人，皆二十年前出洋之學生也，憤其國爲西洋所脅，率其徒百餘人，分詣德、法、英諸國，或學政治、工商，或學水、陸兵法。學成而歸，用爲將相，政事一變，雄視東方。……至游學之國，西洋不如東洋，一路近省費，可多遣；一去華近，易考察；一東文近於中文，易通曉；一西書甚繁，凡西學不切要者，東人已刪節而酌改之。中東情勢風俗相近，易仿行，事半功倍，無過於此。」〔註92〕除了經濟、距離、文字、教材之外，張之洞有兩點思考頗爲人注意：一是中日兩國「情勢風俗相近」，既然日本能將其傳統文化與西方的制度、思想成功對接，中國仿傚日本亦能「事半功倍」地達到此一效果。二是日本尚武而強，雄視東方，靠的是赴洋學實學、兵學的留學生在明治維新中的大顯身手。這裏隱含著對留日的效率、專業和目的的建議，前兩者都得到了應驗，只是張之洞萬萬沒有想到深受日本尚武之風影響的留日學生不僅沒有成爲清朝的建設者，反而成爲了清朝的掘墓人。但是，不可否認的是，《勸學篇》刊行之後，清朝的政策與中國人的熱望一拍即合，中國掀起了爲救國而游學日本的大潮。日本學者實滕惠秀根據歷史資料統計，中國學生留日始於 1896 年，當年有 13 人，1897 年 9 人，1898 年 18 人，1899 年 207 人，1900 年人數不明，1901 年 280 人，1902 年約 500 人，1903 年約 1000 人，1904 年約 1300 人，1905 年約 8000 人，1906 年約 8000 人，1907 年約 7000 人，1908 年約 4000 人，1909 年約 4000 人，1910 年、1911 年人數不明，1912 年約 1400 人，1913 年約 2000 人，1914 年約 5000 人，至 1937 年共約 9 萬人，再加上未統計出的 1900 年、1910 年、1911 年、1915 年、1917 年，1924～1926 年共 8 年內的隱性人數，估

〔註92〕張之洞等：《勸學篇‧勸學篇書後》，湖北人民出版社，2002 年版，第 137～138 頁。

計總數不少於 11 萬。〔註93〕試想一下，如此龐大的留日隊伍，面對日本濃厚的「尚武」習俗以及「尚武」教育，加之日本因「尚武」而強大的客觀事實，中國留學生不受其影響幾乎是不可能的；而這種「影響」連同國內學校的日式啓蒙教育，便在一定程度上奠定了後來中國現代文學審美價值的思想基礎。

一

在晚清學人當中，無論是流亡日本的志士、留日學生，還是本土派，推崇「尚武」精神，或者主張暴力革命者甚多，如張之洞、林紓、梁啓超、嚴復、章太炎、陳天華、鄒容、蔡鍔、魯迅、李群、楊度、蔣智由等人皆是。他們雖然都自詡「女俠」或「劍客」，但骨子裏卻表示著對日本「尚武」文化的思想認同，並以此進行政治、思想啓蒙。

一是從「厲國強兵」著眼，強調國民素質建設，鼓吹尚武精神。

首先從「比較意識」、「病夫意識」、「競爭意識」和「重審意識」批判中國賤武右文的傳統，探討中國尚武精神流失之深層原因。晚清學人受日本尚武而強的事實影響，不約而同地從中外尤其是中日比較視野重審中國傳統。早在 1897 年，梁啓超就高度震驚於「日本以區區三島，縣琉球，割臺灣，脅高麗，逼上國，西方之雄者，……咸屏息重足，莫敢藐視」而致強大的事實；並瞭解日本強大「其始乃不過起於數藩士之論議，一夫倡，百夫和；一夫趨，百夫走；一夫死，百夫繼。……其一二定大難，立大功，赫赫於域外者不必道，乃至僧而亦俠，醫而亦俠，婦女而亦俠，荊、聶肩比，朱、郭斗量，攘夷之刀，縱橫於腰間」〔註94〕的舉國尚武任俠的歷史。但是當他 1899 年冬臘之間，信步遊上野，看到日本兵卒入營出營之時，親友家族相與迎送，以之為光榮，這種榮耀，有甚於中國入學中舉簪花時。以當兵為榮還情有可原，最令他震驚的是日本人竟以戰死為榮（有的送行標幟上題曰「祈戰死」）。這就令他從「事實」的震驚的瞭解過渡到「親身體驗」後的深思：「日本國俗與中國國俗有大相異者一端，曰尚武與右文是也。中國歷代詩歌皆言從軍苦，日本之詩歌無不言從軍樂。吾嘗見甲午、乙未間，日本報章所載贈人從軍詩，皆祝其勿生還者也。」〔註95〕之後他更反覆鼓吹尚武精神，從 1899 年的《中

〔註93〕實藤惠秀：《中國人留學日本史》，三聯書店，1983 年版，第 451 頁。
〔註94〕梁啓超：《記東俠》，《梁啓超全集》，北京出版社，1999 年版，第 110 頁。
〔註95〕《祈戰死》，《梁啓超全集》，第 356 頁。

國魂安在乎》、《答客難》到 1900 年的《中國積弱溯源論》，從 1902 年的《新民說‧論尚武》、《斯巴達小志》、《新中國未來記》到 1904 年的《中國武士道》，都可以聽到這種尚武之聲。在這多種比較和深刻體驗之後，梁啓超將日本強大的根本原因確定爲「尚武」：「我東鄰之日本，其人數僅當我之十分之一耳，然其人剽疾輕死，日取其所謂武士道大和魂者，發揮而光大之。……入隊之旗，祈其戰死，從軍之什，祝勿生還，好武雄風，舉國一致。且庚子之役，其軍隊之勇銳，戰鬥之強力，且冠絕聯軍，使白人俯首傾倒。近且汲汲於體育之事，務使國民皆具軍人之本領，皆蓄軍人之精神。彼日本區區三島，興立僅三十年耳，顧乃能一戰勝我，取威定霸，屹然雄立於東洋之上也，曰惟尚武故。」〔註96〕從尚武傳統（武士道、大和魂）到尚武風俗（祈戰死）、尚武教育、尚武影響和尚武功績幾大方面高度肯定日本。

　　日本尚武而強，中國尚文而弱，從表面上是一種「國力」的比較，但從深層看則是一種「精神」的比較。「國力」之弱給人緊迫感，「精神」之病卻給人恥辱感。中國人被稱爲「東亞病夫」，使梁啓超等人深具「病夫意識」，知國人之「病」而痛感其「恥」：「二千年之腐氣敗習，深入於國民之腦，遂使群國之人，奄奄如病夫」，「我以病夫聞於世界，手足癱瘓，已盡失防護之機能」，「無人不中此惡毒，如疫症之傳染，如肺病之遺種」，「合四萬萬人，而不能得一完備之體格。嗚呼！其人皆爲病夫，其國安得不爲病國也！」〔註97〕「病夫」會加重爲「病國」，「個體之病」會傳染爲「國體之病」，在恥辱中埋藏著深深的恐懼與自卑。而要想從這種恐懼與自卑中達到中華民族與中國人精神的自立自強，並不是喊兩句「吾恥其言，吾憤其言」〔註98〕就能一蹴而就的，必須在「重審意識」與「競爭意識」中提倡尚武精神，以求尚武而強。

　　「重審意識」是從重審傳統中求自強，「競爭意識」是從現實危機中求自強。

　　梁啓超在其《論尚武》中指出：「強者非一日而強也，弱者非一日而弱也，履霜堅冰，由來漸矣。」以其爲代表的晚清學人對中國賤武右文的傳統進行了深刻的反思，將中國自秦漢以來尚武精神的流失、國人文弱怯懦的原因統於四端。一由國勢之一統。梁啓超遠觀之戰國，近驗之歐洲，從中得出「戰

〔註96〕《論尚武》，《梁啓超全集》，第 709 頁。
〔註97〕《論尚武》，《梁啓超全集》，第 711～713 頁。
〔註98〕梁啓超：《中國之武士道‧自敍》，《梁啓超全集》，第 1383 頁。

國尊武，一統右文」的結論。他從人的欲望立論，認爲有欲必爭，多欲多爭，人與人爭，國與國爭，是故「列國並立，首重國防，人鶩於勇力，士競於武功」。但是自秦以來，「一統之世，則養欲給求而無所與競，閉關高枕而無所與爭」，因而久而久之，導致「向者之勇力武功，無所復用，其心漸弛，其氣漸柔，其骨漸脆，其力漸弱」，「習以禮樂揖讓，而相尚以文雅」的「文弱」局面與「文弱」精神，以及雖有異種他族環繞，但鄙之爲蠻夷而不屑與爭，雖被侵擾亦「不肯萃全力而與之競勝」，因而「即有材武桀勇者，亦閒置而無所用武，且以粗魯莽悍，見屏於上流社會之外」的「重文輕武」風習，使得「武事廢墮，民氣柔靡」。〔註99〕二由於儒教之流失。梁啓超認爲孔子亦注重尚武，不專以儒緩爲教，「見義不爲，謂之無勇；戰陣無勇，斥爲非孝：曷嘗不以剛強剽勁聳發民氣哉」。但尚武精神的式微在於「後世賤儒，便於藏身」，矯枉過正，不法其陽剛，而法其陰柔，最終使「雌柔無動」的老道之學篡奪孔學（儒學）之正統，以致社會上養成「以強勇爲喜事，以冒險爲輕躁，以任俠爲大戒」的崇尚「柔弱爲善」、「以忍爲上」的柔靡風氣。〔註100〕蔡鍔也認爲孔派主動，主進取，主剛，主魂，主實，主責任，主群，主爭競，主博愛，而老派主靜，主保守，主柔，主魄，主虛，主放棄，主退讓，主自私，「要而論之，孔派含尚武之精神，老派含賤武之精神是也。」後世賤儒「劉、孔、韓、周、朱、程之徒，名爲孔派之功臣，實則孔派之蟊賊」而謂之「老派」可也。〔註101〕總之，陽儒陰道、外儒內道（皆非先秦儒道）的文化造成了中國尚武精神之流失。三由於霸者之摧蕩。梁啓超指出霸者（歷代開國皇帝）定鼎之初，因深知「天下可以力征經營，我可以武力奪之他人者，他人亦將可以武力奪之我也」，於是莫不以偃武修文爲第一要義，銷兵甲，興禮樂，文致太平，而對於其不利的「驍雄之士，強武有力之人」，「有游俠任氣之風，萃材桀不馴之徒」，則「不能不去之以自安」。要達此目的，統治者一般採取「鋤」和「柔」兩種辦法。「鋤」即殺也，其敢不柔弱者殺無赦，以使一人剛強而萬夫皆柔弱，秦皇、漢景、漢高、宋祖皆用此術。「柔」即使文弱也，柔之以律令別策、詩賦辭章、帖括楷法、簿書期會，此柔之手段也；柔之既久，以致「柔其材力，柔其筋骨，柔其言論，乃至柔其思想，柔其精神」，此「柔」

〔註99〕 《論尚武》，《梁啓超全集》，第 710～711 頁。
〔註100〕 《論尚武》，《梁啓超全集》，第 711 頁。
〔註101〕 《蔡松坡集》，上海人民出版社，1984 年版，第 19 頁。

之目的也。長此以來，使天下之人士少「喑鳴叱咤、慷慨悲歌之豪氣」，乃至「士氣索矣，人心死矣」。〔註102〕四由於習俗之濡染。中國之習俗，有「好鐵不打釘，好男不當兵」的普遍的社會心理和價值取向；有諷刺好武喜功、拓邊開釁，皆言從軍苦、戰爭慘，寫才子佳人，演亡國哀思的學人議論、文學藝術（令人「垂首喪志，氣奪神沮」，「雄心頹損，豪氣銷磨」）；也有不肖惡少無賴的軍人、武士形象。綜之幾者，風氣之所熏，見聞之所染，日積月累，久之遂形爲「輕武」的第二天性、集體無意識和柔弱之文化。

　　梁啓超發表《論尚武》的同一年（1902年），留學生蔡鍔在《新民叢報》上發表了他的長文《軍國民篇》，將中國尙文積弱的原因歸納爲教育、學派、文學、風俗、體魄、武器、鄭聲、國勢等八個方面，他的分析與梁啓超的大同小異而又相對瑣碎，但是關於教育的影響，則比梁啓超談得要具體深入。他指出中國傳統教育缺乏軍國民主義教育，恒常對人「授以仁義禮智，三綱五常之高義，強以龜行鼉步之禮節，或讀以靡靡無謂之辭章，不數年遂使英穎之青年化爲八十老翁，行同槁木，心如死灰。受病最深者，愈爲世所推崇，乃復將其類我之技，遺毒來者，代代相承，無有已時」，「中國之教育，在摧殘青年之才力，使之將來足備一奴隸之資格」〔註103〕鑒於「今日之病，在國力孱弱，生氣銷沉」，蔡鍔大聲疾呼：「居今日而不以軍國民主義普及四萬萬，則中國眞亡矣。」〔註104〕

　　如果說「重審意識」努力挖掘病根，破舊以求新求強，那麼「競爭意識」則是從現實危機中尋找出路，強國保種。受嚴復《天演論》（進化論）與日本加藤弘之社會達爾文主義有關物競天擇、適者生存、社會進化、民族競爭等思想的影響，晚清學人和留學生的「競爭意識」特別強烈。梁啓超是其代表。「昔英將威士勒之言曰：『中國人有可以蹂躪全球之資格。』我負此資格而不能自信，不能奮其勇力，完此資格，以興列強相見於競爭之戰場，惟是日懼外人之分割，日畏外人之干涉，……吾望我同胞奮其雄心，鼓其勇氣，勿畏首畏尾以自餒也！」「生存競爭，優勝劣敗，吾望我同胞練其筋骨，習於勇力，無奄然頹憊以坐廢也！」希望同胞明生存競爭、優勝劣汰之理，奮雄心，鼓勇力，力圖在競爭中立於不敗之地。但是傳統文化的輕武積弊讓其深感中國

〔註102〕《論尚武》，《梁啓超全集》，第711頁。
〔註103〕《軍國民篇》，曾業英編：《蔡松坡集》，上海人民出版社，1984年，第18頁。
〔註104〕《蔡松坡集》，上海人民出版社，1984年，第15頁。

競爭力之弱：「犯而不校，誠昔賢聖德之事，然以此道處生存競爭、弱肉強食之世，以此道對鷙悍剽疾、虎視鷹擊之人，是猶強盜入室，加刃其頸，而猶與之高談道德，豈惟不適於生存，不亦更增其恥辱邪？」中國的傳統文化已經無法適應生存競爭，以往的「盛德」變成了迂腐和恥辱。這種尚文傳統養成柔脆無骨、頹憊無氣、刀刺不傷、火熱不痛之民族。而「柔脆無骨之人，豈能一日立於天演之界？」「立國者苟無尚武之國民，鐵血之主義，則雖有文明，雖有智識，雖有眾民，雖有廣土，必無以自立於競爭劇烈之舞臺。」「我不速拔文弱之惡根，一雪不武之積恥，二十世紀競爭之場，寧復有支那人種立足之地哉！」〔註105〕「率天下而為無骨無血無氣之怪物，而弱肉強食之禍，將不知終極也」〔註106〕從「一日」、「速拔」等詞可見中國在國際競爭中的危機已經迫在眉燃，刻不容緩，中國行將失去「立足之地」。更為可怕的是，中國如不「速拔文弱之惡根」，以尚武求自強，將會跌入「亡國滅種」的深淵，因為歐洲文武兩面皆勝於中國，中華民族連蠻族「藐茲小丑，且不能抗，況今日迫我之白人，挾文明之利器，受完備之訓練，以帝國之主義，為民族之運動，其雄武堅勁，絕非匈奴、突厥、女真、蒙古之比，曷怪其一敗再敗而卒無以自立也。」〔註107〕「彼西洋者，無法與法並用而皆有以勝我者也。」若中國被其征服，彼等不但不會像匈奴等蠻族一樣被中國同化，反而「彼法日勝而吾法日消矣」。〔註108〕面對被西方侵略、瓜分的危機，中國不能不尚武以增強競爭力。換言之，「比較意識」、「病夫意識」、「重審意識」和「競爭意識」綜合成一種「危機意識」，它導引出尚武的手段與精神，旨在「自強」、「自立」。

其次，提倡建設尚武文化精神，以求民族自強自立。

如上所言，梁啓超在日本尚武而強的客觀事實、歷史面前，在親身體驗日本的尚武風俗之後，形成一種「比較意識」而大力鼓吹尚武精神。「日本魂者何？武士道是也。日本之所以能立國維新，果以是也。」「日本魂者，謂尚武之精神是也。嗚呼，吾國民果何時始有此精神乎？吾中國魂果安在乎？」〔註109〕梁啓超之外，其他晚清學人也稱頌日本的尚武精神，如蔡鍔「大和魂者，

〔註105〕《論尚武》，《梁啓超全集》，北京出版社，1999 年版，第 709～713。
〔註106〕《中國積弱溯源論》，《梁啓超全集》，第 418 頁。
〔註107〕《論尚武》，《梁啓超全集》，第 710 頁。
〔註108〕王栻主編：《嚴復集》第一冊詩文（上），中華書局，1986 年版，第 11 頁。
〔註109〕《梁啓超全集》，第 357、419 頁。

日本尚武精神之謂也」〔註110〕，如蔣智由「彼日本崛起數十年之間，今且戰勝世界一強國之俄羅斯，爲全球人注目。而歐洲人考其所以強盛之原因，咸曰由於其向所固有之武士道。而日本亦自解釋其性質剛強之元素，曰武士道。武士道，於是其國之人咸以武士道爲國粹，今後益當保守而發達之。」如楊度「國民乎，其有以武士道之精神，……而發大光明於世界，使已死之中國變而爲更生之中國，與日本武士道同彪炳與地球之上。」〔註111〕要以言之，晚清學人是將「尚武」作爲一種文化精神、民族性格看待的，「尚武者國民之元氣，國家所恃以成立，而文明所賴以維持者也」，而提倡中國的「尚武精神」是「以補精神教育之一缺點」。〔註112〕

將「尚武」視爲文化精神、民族性格，有著深刻的歷史背景。自鴉片戰爭始，不少憂國憂民之士就認識到整軍經武、加強國防的重要性，如林則徐、魏源等「師夷長技以制夷」，洋務運動注重革新軍事裝備和軍事技術，以達到消除內患、抵禦外侮的目的，但是，甲午戰爭，擁有近代化軍事裝備的北洋水師卻一敗塗地。這種血的教訓啓發人們，擁有強大的軍事裝備並不意味著擁有了強大的軍隊，擁有尚武的外形並不等於擁有尚武的精神。但是即使甲午戰敗，個別人仍執迷不悟，仍從制度、器物方面看待尚武與軍事，「練兵爲第一大事，然不教之於學堂，技藝不能精也；不學之於外洋，藝雖精，習不化也。」講求「兵日雄，船日多，炮臺日固，軍械日富，鐵路日通，則各國相視而不肯先動。」〔註113〕或者將尚武的「民力」等同一般的「武力」或「體力」：「今者論一國富強之效，而以其民之手足體力爲之基」，「練民筋骸，鼓民血氣」「血氣體力之強」或者標舉以文明勝的「德慧術智之強」，輕視以體質勝的「鷙悍長大之強」，將「民力」與「民智」、「民德」分開。〔註114〕鑒於此，有識之士呼籲尚武形式與尚武精神的融合，尤以後者爲重。「吾聞吾國之講求武事，數十年矣。購艦練兵，置廠製械，整軍經武，至勤且久；然卒一燼而盡者何也？曰：彼所謂武，形式也；吾所謂武，精神也。無精神而徒有

〔註110〕《蔡松坡集》，上海人民出版社，1984 年，第 16 頁。
〔註111〕《梁啓超全集》，第 1376、1383 頁。
〔註112〕《梁啓超全集》第 709、1386 頁。
〔註113〕張之洞等：《勸學篇·勸學篇書後》，湖北人民出版社，2002 年版，第 189～212 頁。
〔註114〕王栻主編：《嚴復集》第一冊詩文（上），中華書局，1986 年版，第 10～27 頁。

形式，是蒙羊質以虎皮」，與猛獸搏鬥只落得弱肉強食的下場。〔註115〕「習洋操也，購炮艦也，興海軍也，增兵餉也，凡注重客觀而喪闕主觀者，此皆武士之形式也」，但是更重要的是，「沉雄強毅，不屈不撓，小敵不侮，大敵不懼，有冒險進取之性質，獨立不羈之氣概。凡注重主觀而不徒騖夫客觀」的「尚武之精神」。〔註116〕

　　而要養成「尚武之精神」，則須一、重「力」；二、重「國」。此二者與上述所言的日本尚武精神相仿，殆與晚清學人受日本尚武文化薰陶有關。

　　關於「力」，梁啓超在其《論尚武》一文中提出「三力說」，可視爲尚武精神的內核。「誠欲養尚武之精神，則不可不備具三力」，即「心力」、「膽力」、「體力」。所謂「心力」，是指處在「艱險畏怖之境」，人們由平日的「心力渙散」一改而爲「心力專凝」狀態，「境迫而心奮」、「情急而力摯」，化弱爲強，死裏求生，具此「心力」，則能「報大仇，雪大恥，革大難，定大計，任大事」。所謂「膽力」，「由自信而發生者也」，惟有膽力者無難境，無畏途，「自古英雄豪杰，立不世之奇功，成建國之偉業」，皆由敢「冒大險，夷大難」的膽力而來。國之興亡亦需膽力，國民自信其興則國興，國民自信其亡則國亡。而所謂「體力」，是指健康強固之體魄，具有完備體格的強健的人種。「人種不強，國何將賴？」故須「練其筋骨，習於勇力」。〔註117〕北游的《國民新靈魂》（1903）其中言及三種「魂」與尚武精神之「力」相關，一爲山海魂，注重冒險進取之精神；一爲軍人魂，「以鐵血爲主義」，注重培養「軍人之精神」；一爲游俠魂，「儒者有死容而俠者多生氣，儒者尚空言而俠者重實際，儒者計禍福而俠者忘利害，儒者蹈故常而俠者多創異。」要求具備俠骨、俠心、俠腸；或者「合儒而崇俠」，「同死生，輕利害」。〔註118〕連章太炎也推崇「感慨奮厲，矜一節以自雄」「舉俠士而並包之」的「儒俠」。〔註119〕

　　關於「國」。梁啓超思考頗深，他認爲「尚武之風由人民愛國心與自愛心，兩者和合而成也。」「今日所最要者，則製造中國魂是也。中國魂者何？兵魂是也。有有魂之兵，斯爲有魂之國。夫所謂愛國心與自愛心也，則兵之魂也。」

〔註115〕《論尚武》，《梁啓超全集》，北京出版社，1999 年版，第 712 頁。

〔註116〕《論尚武主義》，《東方雜誌》第 2 期，1905 年 6 月 27 日。

〔註117〕《論尚武》，《梁啓超全集》，北京出版社，1999 年版，第 712～713 頁。

〔註118〕《辛亥革命前十年間時論選集》第一卷下册，三聯書店，1978 年版，第 573、83 頁。

〔註119〕《儒俠》，章炳麟《訄書》，華夏出版社，2002 年版，第 27 頁。

（《中國魂安在乎》）換言之，「尚武」文化旨在立人，培養與打造一種勇猛強悍的民族人格。（梁啓超的詩歌《讀陸放翁集・其一》「詩界千年靡靡風，兵魂銷盡國魂空。集中什九從軍樂，亙古男兒一放翁。」就是此觀點的確證）「民質能尚武，則其國強，強則存，民質不尚武，則其國弱，弱則亡」，「國之有尚武精神，譬之則國魂也」〔註120〕將尚武精神奉爲國魂，可謂贊譽有加。而梁啓超的名文《少年中國說》就將那種崇尚以強力建國的精神抒發得淋漓盡致：少年「惟盛氣也，故豪壯。……惟豪壯也，故冒險。……惟冒險也，故能造世界。……老年人如瘠牛，少年人如乳虎。老年人如僧，少年人如俠。……少年強則國強，少年獨立則國獨立；少年自由則國自由，少年進步則國進步；少年勝於歐洲則國勝於歐洲，少年雄於地球則國雄於地球。……壯哉我中國少年，與國無疆！」林紓也是晚清學人中將尚武精神與國家聯繫得比較緊密的一個。他在《〈鬼山狼俠傳〉敘》中認爲「盜俠氣概，吾民苟用以禦外侮，則於社會又未嘗無益」，「雖賊性至厲，然用以振作積弱之社會，頗足鼓動其死氣」，應該「以尚武精神振作凡陋」，「令梟俠之士，學識交臻，知順逆，明強弱，人人以國恥爭，不以私憤爭」；在《〈撒克遜劫後英雄略〉序》中，他贊頌英雄的「復仇念國之心」。〔註121〕而在《〈英孝子火山報仇錄〉序》之中，他從主人公「知行孝而復母仇」私仇，推斷其「必知矢忠以報國恥」，希望「世士圖雪國恥」，一如孝子之圖報親仇。在其他場合，他主張「人人尚武，能自立，故國力因以強偉。」他甚至譯書「冀天下尚武」，「爲振作志氣，愛國保種之一助」；他的尚武復國仇之心在日常生活中也顯露無遺，他爲自己垂垂老矣，「不能肆力復我國仇，日苞其愛國之淚」。〔註122〕林紓是以一雪國恥的心態來寫這些序言的，故而將復私仇與復國仇相連，將「賊性俠氣」與「以國恥爭」打通。這種尚武愛國的情懷在其他學人身上也體現頗多。他們或者倡導「振武」、「禦侮」、「救亡」，使「黃衫豪客，不獨成匕首之助」；〔註123〕或者爲中國多有仗義報仇者，少有「如東洋之武士道，能動人國家思想者」而

〔註120〕《論尚武主義》，《東方雜誌》第二期，1905 年 6 月 27 日。
〔註121〕陳平原、夏曉虹編：《二十世紀中國小說理論資料》第一卷（1897～1916），
　　　　北京大學出版社，1997 年版，第 159～161 頁。
〔註122〕陳平原、夏曉虹編：《二十世紀中國小說理論資料》第一卷（1897～1916），
　　　　第 292、44、185 頁。
〔註123〕陳平原、夏曉虹編：《二十世紀中國小說理論資料》第一卷（1897～1916），
　　　　北京大學出版社，1997 年版，第 369 頁。

悲憤。〔註124〕也有人認爲如果爲國家者開誠心布公道，日討國人而訓之，以國事之艱屯，國辱之可恥教育人，「使人人知己與國家之關係，則向之所謂鄉僻愚民、會匪、鹽梟、海盜、標客本爲地方大害者，皆可利用以扞禦外侮，則何日本之足羨，白種之足畏哉！」〔註125〕將尚武的地方大害用來禦外侮雪國恥，其論雖謬，但其情有可原。就連翻譯家嚴復也把尚武、愛國、富強、進化等諸因素合而爲一，他在翻譯赫胥黎的《進化論與倫理學》時也把題目改爲《天演論》，是因爲他不想把「治功」（倫理）和「天演」並置起來從而暗示兩者的對立，他認爲倫理仍然是進化的一個異常重要卻完全合符自然的組成部分（倫理因而具有了物競天擇、適者生存、弱肉強食般強大的進化力量）；所以，與赫胥黎夢想一個更加美好、仁慈的社會不同，嚴復則夢想一個更加強大的中國，一個更團結的──並且，因此而更加尚武的──「社會有機體」。〔註126〕更有甚者，嚴復出於富強的思想，「出自對軍事力量和經濟力量的共同關注，而將斯賓塞理論中的工業階段等同於斯賓塞理論中可能已宣布終結了的軍事階段」，〔註127〕嚴重歪曲西方理論，這不能不說與日本尚武而強的事實啓發無關。也因此，在西方主要用於自然界的達爾文主義，被中國用於社會強大和民族獨立，變成社會達爾文主義。還有學人倡導尚武愛國的軍國民主義，除了蔡鍔的《軍國民篇》，脫羈的《軍國民主義》亦有此思想，他認爲「有尚武精神而國家思想薄弱者，可謂之軍人而不得謂之軍國民；有愛國熱心而不能堪軍旅之艱辛者，可謂之國民亦不得謂之軍國民。故軍國民者，以國民而兼爲軍人，有尚武精神而有國家之思想者也。」〔註128〕〔139〕這種「主義」比梁啓超的尚武文化精神要狹隘，有鼓吹軍國主義的嫌疑。

應該說，梁啓超等人推崇的尚武精神或受日本尚武而強大的事實影響，或是親身體驗、經歷日本尚武風俗之後的心靈震動。他們的一系列尚武雄文

〔註124〕陳平原、夏曉虹編：《二十世紀中國小説理論資料》第一卷（1897～1916），北京大學出版社，1997年版，第228頁。

〔註125〕崇有：《論中國民氣之可用》，《辛亥革命前十年間時論選集》第一卷下冊，三聯書店，1978年版，第939頁。

〔註126〕浦嘉瑉著、鍾永強譯：《中國和達爾文》，江蘇人民出版社，2008年版，167～171頁。

〔註127〕本杰明·史華茲著、葉美鳳譯：《尋求富強：嚴復與西方》，江蘇人民出版社，2010年版，序言第2頁。

〔註128〕脫羈：《軍國民主義》，轉引自劉一兵：《清末尚武思潮述論》，《歷史檔案》，2003年，第4期。

（尤其是梁啓超）在國內和留日學生中產生了深刻的影響，引起了廣泛的共鳴與響應。例如 1904 年，並無留日經歷的陳去病等人創辦《二十世紀大舞臺》雜誌，陳去病在該刊發表《論戲劇之有益》一文，他大聲疾呼「苟有大俠，獨能慨然捨其身爲社會用，不惜垢圬以善爲組織名班，或編《明季禆史》而演《漢族滅亡記》，或採歐美近事而演《維新話歷史》隨俗嗜好，徐爲轉移，而潛以尙武精神、民族主義，一一振起而發揮之，以表厥目的。夫如是而謂民情不感動，士氣不奮發者，吾不信也。」特別是龐大的留日學生隊伍，深受日本文化的影響，對日本的尙武精神、風俗等有著深切的體察，因此，他們不僅大力提倡「養成尙武精神、實行愛國主義」，而且還組織各種團體，舉行各種活動，創辦多種報刊，努力宣傳和實踐尙武精神。就報刊方面而言，有留日學生創辦的《浙江潮》、《江蘇》、《新湖南》、《湖北學生界》、《游學譯編》等，而國內從影響較大的《東方雜誌》到地處浙東一隅的《萃新報》都對尙武精神鼓吹甚力。〔註 129〕

二

　　二是從政體變革著眼，倡導暴力革命原則。

　　與以上的尙武文化精神有著深刻的日本資源一樣，倡導暴力革命的學人們也深受日本尙武文化（特別是其中的民族意識、國家觀念）影響。汪向榮認爲留日學生在他們的留學期間，受到了日本的教育，加深了他們的民族意識、國家觀念。〔註 130〕日本學者實藤惠秀也指出如孫中山所言，中國人的鄉黨觀念強而國家觀念弱，可是當留學生到了日本後，深受日本人愛國觀念的刺激，由原來的鄉黨意識改變爲國民、民族意識。〔註 131〕1903 年，留日學生發表《勸同鄉父老遣子弟航洋游學書》號召中國人到日本留學，以求學救國爲己任，甚至不惜反滿革命；「日本留學生之排滿流血是也。夫滿洲與漢，以本非同種而分滿漢之名者也。今日非我漢種人爲皇上，而滿洲人爲皇上，內地之人，亦誰不知之。」並對空言「革命排滿流血」而不實行之者痛表憤慨。〔註 132〕如此便在事實上與張之洞的「借游學存清廷」論大相徑庭，改變了清政府的留學目

〔註 129〕劉一兵：《清末尙武思潮述論》，《歷史檔案》，2003 年版，第 4 期。
〔註 130〕汪向榮：《日本教習》，中國青年出版社，2000 年版，第 214 頁。
〔註 131〕實藤惠秀：《中國人留學日本史》，三聯書店，1983 年版，第 167、423 頁。
〔註 132〕《辛亥革命前十年間時論選集》第一卷上冊，第 391～392 頁。

的與留學方向。另外，中國國內的日式教育以及中譯日籍都對晚清士人的「革命」思想產生了不可忽視的推動力量。如日本穗積八束的《國民教育愛國心》一書，被忠實地譯為中文，由北京大學堂官書局發行，且用為教科書。而日本愛國人物的傳記，也有很多中譯本。出版者的目的顯然都是為了向國人宣傳日本人的愛國精神。1903 年，暴力革命的健將章炳麟和蔡元培等在上海組織了愛國學社，「愛國」一詞是中國過去所未用過的，相信是在日本誕生的新詞。〔註133〕換言之，在晚清學人的心目中，「愛國」是與「革命」聯繫在一起的，留日學生愛國而排滿，「愛國學社」卻組織革命就是很明顯的證明。

談起「愛國」、「民族主義」，不能不提借助其名氣和報刊大倡尚武文化精神的梁啓超。其實早在 1899 年，他在震驚於日本尚武之風而寫的《中國魂安在乎》就談及「愛國」一詞：「尚武之風由人民愛國心與自愛心，兩者和合而成也」，這個詞按上述說法應該是受日本風氣影響而在日本誕生的。而「民族」、「民族主義」兩詞也是清末從日本傳入我國的。對於這個問題，馮天瑜闡釋得甚為清楚：他指出古漢語並無「民族」一詞，「民族」作為漢字新語是入華傳教士郭實臘開其端（1837 年），在其編輯的《東西洋每月統計傳》創譯「以色列民族」一語，王韜 1874 年在所著《洋務在用其所長》中也出現「民族」一詞，但二者在當時並未產生影響；而日本盛其勢，因為至清末，伴隨著近代民族國家觀念的勃興，日製「民族」一詞傳入中國，逐漸為人使用，如康有為、梁啓超、孫中山等等皆使用之。辛亥革命後，民族主義超越「排滿」，「民族」一詞自此廣泛使用，成為常用漢字詞。〔註 134〕就梁啓超而言，「民族」一詞最早見於 1899 年他親身體驗了日本尚武習俗之後而寫的《東籍月旦》一文；1901 年 10 月，他受日本民族主義學者的日譯西學影響，發表了《國家思想變遷異同論》，指出：「民族主義者，世界最光明正大公平之主義也。不使他族侵略之自由，我亦毋侵他族之自由。其在於本國也，人之獨立，其在於世界也，國之獨立。」這是梁啓超本人也是中國人第一次使用「民族主義」一詞，並解釋其含義。自此以後，「民族主義」這一新概念才被人們熟知並得以廣泛使用。〔註 135〕梁啓超使用「愛國」、「民族主義」兩詞本意在保存清廷以實行君主立憲，提倡「大民族主義」以反抗

〔註 133〕實藤惠秀：《中國人留學日本史》，三聯書店，1983 年版，第 424 頁。
〔註 134〕馮天瑜：《新語探源》，中華書局，2004 年版，第 396～397 頁。
〔註 135〕楊思信：《文化民族主義與近代中國》，人民出版社，2003 年版，第 2 頁。

帝國主義，但適得其反卻對排滿革命思潮起了推波助瀾的作用。這大概與在
清朝政治腐敗無能、列強瓜分中國的危機之中，深受日本尚武文化、民族主
義影響的留日學生、流亡志士、國內人士的心聲一拍即合有關。就連梁啓超
本人也由於血氣方剛、奴於異族統治的憤慨、受日本民族主義薰染等原因，
與革命黨人過從甚密，思想逐漸激進，如1899年5月，原先尊光緒帝為「聖
明之客帝」、力主維新的章炳麟，就經梁啓超的介紹，在日本橫濱《清議報》
館認識了孫中山，之後章炳麟認識到靠改良無法從根本上解決中國的積弱問
題，走上了革命之路。章炳麟的思想轉變對梁啓超的思想是一種刺激，所以
他在1900年的《中國積弱溯源論》就一針見血地指出「民賊之以奴隸視吾
民」，對獨夫民賊痛恨至極，在1902年的《釋革》雖然反對以暴易暴之「革
命」，提倡「改革」，但文末「中國之當大變革者豈惟政治，然政治上尚不得
變不得革，又遑論其餘哉」一句，在苦悶與絕望中多少能讀出一點「願其滅
亡」的革命與暴力情緒。只是由於其師康有為的干涉，他才「迷途知返」，
再主維新，「尚武」而不「革命」。

　　正是深受日本民族主義尚武精神的直接間接影響，留日學生、晚清學人
「破喉裂嗓」大倡暴力革命，使濃烈的尚武思潮找到一個爆發點和突破口，
甚至以革命為最大幸福：「革命者，今日支那民族最大之幸福也，民族主義則
求此最大幸福之線引也。」〔註136〕本來，「尚武」的外形用於軍事，但近代化
的軍隊卻敗於小國日本，這種事實刺激了「尚武」的兩種走向，一是如上所
言的塑造尚武文化精神，另一方面卻從民族、政體著眼，倡言革命。所以，「革
命」應是尚武的合理發展，以所尚之「武」配合革命理論，便形成晚清學人
的暴力革命啓蒙思想。

　　晚清學人的暴力革命思想，大致而言，分為三個方面。

　　第一方面是以革命去除奴隸地位與奴隸根性。章太炎的宏篇名文《駁康
有為論革命書》怒不可遏地指出「漢人無民權，而滿洲有民權，且有貴族之
權」，奴隸不能徒以形式察之，就連曾、左諸人也是「爵不過通侯，位不過虛
名之內閣」，且須「諂事官文，始得保全首領」的備受壓抑歧視的奴隸而已，
唯革命能去此種奴隸之地位。〔註137〕而鄒容在其《革命軍》中則從奴隸地位

〔註136〕《民族主義之教育》（1903）《辛亥革命前十年間時論選集》第一卷上冊，三
　　　　聯書店，1960年版，第406頁。
〔註137〕章太炎：《章太炎學術文化隨筆》，中國青年出版社，1999年版，第77～79頁。

與奴隸根性雙管齊下。他大聲疾呼：曾、左、李者，中國人奴隸之代表也；舉一國之人，無一不爲奴隸，舉一國之人，無一不爲奴隸之奴隸。漢種雖眾，但適足爲他種人之奴隸。此之爲奴隸之歷史與地位。而且「中國人，奴隸也。奴隸無自由，無思想」，反而自我陶醉：「奴才好！奴才好！勿管內政與外交，大家鼓裏且睡覺。……奴才好！奴才樂！但有強者我便服。……奴才好！奴才好！奴才到處皆爲家，何必保種與保國！」奴隸根性已經深入骨髓。唯因如此，便需以革命換血換骨：「掃除數千年種種之專制政體，脫去數千年種種之奴隸性質」，願同胞萬眾一心，以砥以礪，「拔去奴隸之根性，以進爲中國之國民」。總之，「革命必先去奴隸之根性」，「除奴隸而爲主人」，否則弱肉強食，列強侵略瓜分，「我同胞其將由今日之奴隸，以進爲數重奴隸，由數重奴隸而猿猴，而野豕，而蚌介，而荒荒大陸，絕無人烟之沙漠也」，踏入亡國滅種、萬劫不復的深淵。

第二方面是極力推崇革命、排滿觀念。「立憲有二難，而革命獨有一難，均之難也，難易相較，則無寧取其少難而差易者矣。」革命具有正確性、可行性。「公理之未明，即以革命明之；舊俗之俱在，即以革命去之。革命非天雄、犬黃之猛劑，而實補瀉兼備之良藥矣」，既明革命之效，必倡革命之仇，所以「漢族之仇滿洲，則當仇其全部」。〔註138〕鄒容更是破嗓裂喉，將革命推崇到無以復加的地步。「我中國今日欲脫滿洲人之羈縛，不可不革命；我中國欲獨立，不可不革命；我中國欲與世界列強並雄，不可不革命；我中國欲長存於二十世紀之新世界上，不可不革命；我中國欲爲地球上名國，地球上主人翁，不可不革命。」「革命者，天演之公例也。革命者，世界之公理也。」「革命！得之則生，不得則死，毋退步，毋中立，毋徘徊。」〔註139〕自稱「激烈派第一人」的劉師培卻以日本爲榜樣，放聲「革命」：中國的政府壞得不堪，十八省的山河都被異族佔了去，「中國的人民不實行革命，斷斷不能立國」，日本的吉田松陰、高山正之等人都主張「破壞」，所以「無論什麼暴動的事情都可以出來做，就是把天下鬧得落花流水，也不失爲好漢」，要「不怕殺頭」，「排滿革命」。〔註140〕陳天華的《猛回頭》則主張不要怕滿清專制政體佈下的

〔註138〕《章太炎學術文化隨筆》，中國青年出版社，1999 年版，第 75～83 頁。
〔註139〕鄒容：《革命軍》，華夏出版社，2002 年版，第 7～10 頁。
〔註140〕《論激烈的好處》，《辛亥革命前十年間時論選集》第一卷下冊，三聯書店，1978 年版，第 888～889 頁。

—84—

天羅地網，誓要復政權，雪仇恥。更有人吶喊：「革命亦革命，非革命亦革命矣。」「滿珠王氣今已無，君不革命非丈夫」。〔註141〕光復會的誓詞「光復漢族，還我山河」，華興會的宗旨「驅除韃虜，復興中華」（口號「同心撲滿，當面算清」），同盟會的綱領「驅除韃虜，恢復中華」等等都體現了這種仇滿革命思想。

　　第三方面是崇尚血腥暴力復仇行為。如章太炎的《駁康有為論革命書》（1903），就誓言錚錚：「漢族之仇滿洲，則當仇其全部」，即使「流血成河，死人如麻」；也要「確固堅厲、重然諾、輕死生」。〔註142〕這種以武力推翻滿清王朝的革命主張，很快便得到了社會各界的積極響應。這種「尚武」與「暴力」的激情吶喊，顯然早已超越了傳統「俠士」的個人英雄色彩，而與他東渡日本的經歷有著直接關係。鄒容更是高聲呼籲國人：「革命殺人放火」，要「張九世復仇之義，作十年血戰之期，磨吾刃，建吾旗，各出其九死一生之魄力，以驅逐凌辱我之滿洲人，壓制我之滿洲人，屠殺我之滿洲人，奸淫我之滿洲人，以恢復我聲明文物之祖國，以收回我天賦之權利，以挽回我有生以來之自由，以購取人人平等之幸福。」〔註143〕如果說章太炎的「輕死生」還是一種暴力革命的道德，鄒容的「復仇」「革命殺人放火」還與「人權」、「自由」、「平等」不離不棄，那麼陳天華《警世鐘》的暴力復仇則更多是一種「暴力崇拜」或「暴力宣洩」：

> 讀書的放了筆，耕田的放了犁耙，做生意的放了職事，做手藝的放了器具，齊把刀子磨快，子藥上足，同飲一杯血酒，呼的呼，喊的喊，萬眾直前，殺那洋鬼子，殺投降那洋鬼子的二毛子。滿人若是幫助洋人殺我們，便先把滿人殺盡；那些賊官若是幫助洋人殺我們，便先把那賊官殺盡。手執鋼刀九十九，殺盡仇人方罷手。我所最親愛的同胞，我所最親愛的同胞，向前去，殺！向前去，殺！殺！殺！殺我累世的國仇，殺我新來的大敵，殺我媚外的漢奸。殺！殺！殺！

〔註144〕

應該說，除了深感外族侵凌之恥外，留學日本而被尚武輕死的「日本的國魂」

〔註141〕《辛亥革命前十年間時論選集》第一卷下冊，第562～565頁。
〔註142〕章太炎：《章太炎學術文化隨筆》，中國青年出版社，1999年版，第75～80、115頁。
〔註143〕鄒容：《革命軍》，華夏出版社，2002年版，第31頁。
〔註144〕陳天華：《陳天華集》，湖南人民出版社，1982年版，第71頁。

〔註145〕影響，使陳天華寫出了以上滿紙血腥、殺聲震天的崇尚暴力的文字。這與章太炎、鄒容等人的暴力復仇文字只有量的區別，而沒有質的不同，都深受日本尚武文化感染。

三

三是從顛覆傳統著眼，鼓吹殺人時髦、殺人興邦的怪論。

以上的推崇血腥暴力復仇，流血成河，殺人如麻，還是實行革命、雪國恥所不得不用的暴力手段，在以暴易暴、以暴止暴中多少能聽到「革命」的正義的聲音，是以「革命」之暴力行「仁者能惡」的主張。但是當國人激憤的心態遭逢日本尚武文化的刺激，便肆意發泄為殺人時髦、殺人興邦的暴戾言論，顛覆傳統的仁學儒義。

白話道人林懈在其《國民意見書》（1904）中極力主張刺客殺人是「當今頂時髦的事體」，勸國人「學一學」。他鑒於「現在還是鼓吹革命時代共預備革命時代，並非實行革命時代」，而推崇刺客的時代意義，大肆宣揚作刺客「成功容易」「名譽光榮」「促使進化」的諸多好處，誘導國人放膽做刺客，練習武健的體魄，把什麼皇帝、官吏像「趕殺雞犬一樣」趕了殺了，並學習自製炸藥、毒藥，形成一種普遍於社會的「刺客的風氣」「刺客的教育」。簡言之，刺殺「殺人不為非法」，是一種「光榮」的「時髦」，〔註146〕它「使人快，使人歆羨，使人崇拜」。〔註147〕應該說，這種以刺殺為時髦的思想與當時流入日本而後傳入中國的無政府主義思想不無關係，但作者偏重「刺殺」的一面而非「無政府」、人類關懷的一面，足見其與日本尚武文化的關係非淺。

而李群發表在《清議報》上的《殺人篇》（1901），〔註148〕就偏執地強調「殺人興國」說：「是故今日支那之興也，則第一義曰殺人」。因為在他看來「殺人」可以改良「人種」：中國人性質「曰柔順，曰巧滑，曰苟且偷安，喻以利則為排外之舉動，逼於勢則為外軍之順民，總之畏死二字，足以盡之矣」，

〔註145〕陳天華：《陳天華集》，湖南人民出版社，1982年版，第81頁。

〔註146〕《辛亥革命前十年間時論選集》第一卷下冊，三聯書店，1978年版，第912～918頁。

〔註147〕《辛亥革命前十年間時論選集》第一卷上冊，三聯書店，1960年版，第369頁。

〔註148〕張枬、王忍之編：《辛亥革命前十年間時論選集》第一卷（上冊），三聯書店，1960年版，1978年印。

他們「因循苟安之習牢不可破，觀望徘徊，不肯身先發難，所以然者畏殺而已，畏殺者畏死而矣」，他們不管國亡滅種，只爲苟且偷生，中國人「性根之毒，種之者二千年矣，一旦欲摧磨洗濯之，則非以毒攻毒不可。」新舊之交，殺氣彌綸，「支那而欲興也，苟無英雄豪傑者出，以震蕩摧磨洗濯之，吾知奴隸之性質必不能除，而獨立之精神必不能振。」所以，以殺人來「以毒攻毒」，可以改良人種。

另一方面，他認爲殺人可以興國。

中國將亡，「亡而存之，有術焉，是惟殺人。」「今日支那之興也，則第一義曰殺人。」他極力主張「志殺人之志，學殺人之學，事殺人之事，以死而生黃種之無量數」，顛覆中國傳統的仁義道德，或者將中國傳統的仁義道德變成鮮血淋漓，以嗜血爲快。

更爲可怕的是，他甚至認爲慈禧、張之洞的殺人行爲有功於中國。

> 中國改革，倡於戊戌，當是時，眞僞雜糅，人人言保國，人人言維新，一鬨而已。自六烈士之殺，而新舊涇渭於是分矣：而志士之氣，乃激而愈奮，不動不止矣。則支那士氣之第一震，西太后殺人之效也。自漢口之難作，而志士乃愈切齒椎心，欲得而甘心矣。則支那士氣之第二震，張之洞殺人之效也。自此以後，無論頑黨若何其熾，網羅若何其密，而改革之勢，年盛一年者，可決計也。則支那之興，號曰西太后、張之洞殺人之功也，亦無不可也。此就對面言之也。若夫志士之殺人，則亦有樂乎此矣。人而爲我殺也，則積極之利順也不待言矣。不幸而吾爲人殺，則仇仇愈結愈深，殺機愈釀愈烈，殺機愈釀愈烈而文明之期愈迫愈近。擲一人之頭以易千萬人之頭，流一人之血以致千萬人之血，以千萬人之頭之血造億萬世之文明，以度無量數之眾生，何其重也！……志士固有樂於此矣！吾願志士勿自餒，而日祝張之洞、西太后盡出其殺人之技，以造中國也。〔註149〕

要而言之，李群視慈禧太后與張之洞的殺人行爲，完全有助於中國社會的改革與進步，並希望借「張之洞、西太后盡出其殺人之技，以造中國也」。這種推崇「殺人」不問正邪的極端思想，雖然可以理解爲當時革命者的激憤心態，但除了其「輕生死」的傳統文化因素之外，「殺人」不分善惡卻是日本「尚武」

〔註149〕以上皆見李群《殺人篇》，《辛亥革命前十年間時論選集》第一卷上冊，第21～25頁。

文化的本質特徵。（因爲日本人拒絕善惡之分，他們把靈魂分爲「溫和的」靈魂與「粗暴的」靈魂兩種，認爲二者都必需，也都是善的）〔註150〕

四

在晚清學人之中，魯迅是比較特殊的一個。而他的暴力啓蒙思想，更是豐富而複雜。學界論及晚清時期的魯迅，爲了表明魯迅的人文精神追求，往往把魯迅從晚清政治、暴力中孤立出來，以魯迅的反對富國強兵、反對獸性愛國爲由否定魯迅的暴力傾向，這是一種極不客觀的做法。

事實上，晚清魯迅的暴力尚武傾向是十分濃烈的，或者說是十分複雜的。

一方面，他反對富國強兵論。在 1907 年的《文化偏至論》中，他反對重複洋務派「富國強兵」論的所謂「金鐵主義」（「金」指金錢，即經濟；「鐵」指鐵炮，即軍事），認爲這不過是「借新文明之名，以大遂其私欲」的行爲，對這些「競言武事」的「輕才小慧之徒」深表反感。〔註151〕同時，出於弱小民族自尊和被侵略的憤慨，他也抨擊「獸性愛國」思想。「惟武力之恃而狼藉人之自由，雖云愛國，顧爲獸愛。」〔註152〕「嗜殺戮攻奪，思廓其國威於天下者，獸性之愛國也。」「獸性愛國之士，必生於強大之邦，勢力強盛，威足以淩天下，則孤尊自國，蔑視異方，執進化留良之言，攻小弱以逞欲」。換言之，魯迅批判以愛國之名行侵略之實的「獸性愛國」，反對以進化論的優勝劣汰、弱肉強食理論將侵略合理化的「獸性愛國」。〔註153〕

針對富國強兵論的只重尚武的「形式」，魯迅提倡尚武的「精神」。如他 1903 年的《斯巴達之魂》即是推崇尚武精神之作，其他如《摩羅詩力說》（1907）的「義俠之性」「貴力尚強」，《中國地質略論》（1903）的「豪俠之士」，《破惡聲論》（1908）的「武健有力」也包含著尚武之精神。

針對借用進化論的「獸性愛國」論，他首先強調進化論雖與「殺機」（競爭）有關，「如殺機之昉，與有生偕；平和之名，等於無有」「人類既出而後，

〔註150〕〔美〕本尼迪克特：《菊與刀》，摘自《日本四書》，線裝書局，2006 年版，第 121 頁。

〔註151〕《文化偏至論》，《魯迅全集》第 1 卷，人民文學出版社，1981 年版，第 44～46 頁。

〔註152〕《摩羅詩力說》，《魯迅全集》第 1 卷，人民文學出版社，1981 年版，第 88～89 頁。

〔註153〕《破惡聲論》，《魯迅全集》第 8 卷，人民文學出版社，1981 年版，第 32 頁。

無時無物，不禀殺機」，但是進化是爲了進步與文明，「生民之始，既以武健勇烈，抗拒戰鬥，漸進於文明」「人得是力，乃以發生，乃以曼衍，乃以上徵，乃至於人所能至之極點」（《摩羅詩力說》），並非爲了侵略，故而反對「執進化留良之言，攻小弱以逞欲」的獸性愛國。而面對侵略，必須頑強「自衛」與「戰鬥」：「而今而後，所當有利兵堅盾，環衛其身，⋯⋯此則所以自衛而已，非效侵略者之行，非將以侵略人也」，「今茲敢告華土壯者曰，勇健有力，果毅不怯鬥，固人生宜有事，特此則以自臧，而非用以搏噬無辜之國。」〔註154〕爲了盡表抗敵自衛之意，魯迅讚賞製造火藥拯救法國的戰士型或志士型的科學家，「武人撫劍而視太空，政家飲淚而悲來日，束手銜恨，俟天運矣。而時之振作其國人者何人？震怖其外敵者又何人？曰，科學也。其時學者，無不儘其心力，竭其智慧，見兵士不足，則補以發明，武具不足，則補以發明，當防守之際，即知有科學者在，而後之戰勝必矣。⋯⋯法國爾時，實生二物，曰：科學與愛國。」〔註155〕將「科學」與「暴力」打通，是魯迅與其他晚清學人的不同之處，同時也表明了魯迅的暴力啓蒙情結之深。這種以科學救亡，以科學戰鬥的思想，後來被夏衍的《法西斯細菌》等作品發展爲反對以科學殺人（侵略），支持以科學作戰的悖論式思想。

　　仰慕尚武精神，主張戰鬥自衛，這兩種暴力傾向在《摩羅詩力說》的「精神界之戰士」中兼而有之。「摩羅詩人」或「精神界之戰士」首先是「戰士」，他們不少人曾參加過暴力戰鬥，臺陀開納（特沃多・柯爾納）投筆從戎，「將捨所有福祉歡欣，爲宗國戰死」，拜倫援助希臘民族獨立，雪萊曾參加愛爾蘭民族獨立運動，密茨凱維支爲爭取波蘭獨立而奮鬥，裴多菲參加起義戰死沙場，等等。他們高呼「渴血渴血，復仇復仇」，他們「破壞復仇，無所顧忌」，「精神鬱勃，莫可抑制，力戰而斃，亦必自救其精神；不克厥敵，戰則不止」。（《摩羅詩力說》）「精神界之戰士」其次是「精神界」的戰士。他們無論是否曾在戰場上戰鬥，「執兵流血」，但都崇尚強力與自由、個性，抗拒凡庸社會對他們的「精神虐殺」「精神暴力」。魯迅反對「以眾虐獨」者「滅裂個性」〔註156〕，痛斥「借眾以凌寡，託言眾治，壓制尤烈於暴君」，「託平等之名」，而行「庸凡涼薄」、壓制「卓爾不群之士」之

〔註154〕《破惡聲論》，《魯迅全集》第 8 卷，第 33～34 頁。
〔註155〕《科學史教篇》，《魯迅全集》第 1 卷，第 34～35 頁。
〔註156〕《破惡聲論》，《魯迅全集》第 8 卷，第 26 頁。

實，或「殺之以物質而圍之以多數」，使「個人之性，剝奪無餘」的精神壓制、精神虐殺。（《文化偏至論》）因而魯迅主張「掊物質而張靈明，任個人而排眾數」「以反動破壞充其精神，以獲新生爲其希望，專向舊有之文明，而加以掊擊掃蕩」，號召「改革而胎，反抗爲本」〔註157〕「爭天抗俗」「立意在反抗，指歸在動作」「舉全力以抗社會」〔註158〕的「反抗精神」，贊許「欲自強，而並頌強者」「欲自強，而力抗強者」的「圖強」、「自強」的強力意志，尊崇「貴力而尚強，尊己而好戰」〔註159〕的戰鬥精神。總之，「精神界之戰士」在現實層面是血戰沙場的戰士，反抗政治壓制與侵略的「政治暴力」或「軍事暴力」，而在精神層面則是敢於進行文明批評與社會批評，標舉力感、個性與精神的「戰士」，他們以其反抗精神、強力意志和個性力量對抗凡庸社會（精神）、舊有文明的「精神虐殺」或「精神圍攻」，以造成「新人」、「新精神」、「新文明」。（精神虐殺現象在魯迅小說中比比皆是）而魯迅呼喚「精神界之戰士」，「尊個性而張精神」的「立人」思想，旨歸在「立國」：「生存兩間，角逐列國是務，其首在立人」〔註160〕，「發國人之內曜，人各有己，不隨風波，而中國亦以立」〔註161〕「國人之自覺至，個性張，沙聚之邦，由是轉爲人國。」〔註162〕

魯迅提倡尚武精神、力感、勇敢戰鬥與日本尚武文化的關係自不待言，單就「精神界之戰士」說，也應與日本尚武文化中的文化民族主義、福澤諭吉的「一人獨立，一國獨立」、重精神輕物質的特徵不無關係，與魯迅留學日本多年，深受日本尚武文化薰陶存在著千絲萬縷的聯繫，他將習武、排滿、參加光復會的暴力傾向轉移到文學中來了。

尚武、革命、尚殺，推崇「精神界之戰士」，皆與日本尚武文化的尚武力（力感）、崇國族、非善惡、重精神諸特點暗合，從此可見晚清學人的尚武傾向和暴力啓蒙思想與日本尚武文化存在著千絲萬縷的聯繫。這是晚清學人受

〔註157〕《文化偏至論》，《魯迅全集》第 1 卷，第 46～55 頁。
〔註158〕《摩羅詩力說》，《魯迅全集》第 1 卷，人民文學出版社，1981 年版，第 66、99 頁。
〔註159〕《摩羅詩力說》，《魯迅全集》第 1 卷，人民文學出版社，1981 年版，第 78～81 頁。
〔註160〕《文化偏至論》，《魯迅全集》第 1 卷，人民文學出版社，1981 年版，第 57 頁。
〔註161〕《破惡聲論》，《魯迅全集》第 8 卷，第 25 頁。
〔註162〕《文化偏至論》，《魯迅全集》第 1 卷，第 56 頁。

日本因「尚武」而強大的事實、「尚武」風俗、「尚武」教育，或受中譯日籍、國內日式教育風氣影響所致。他們以推崇「暴力」去進行思想文化啓蒙，達到民族自立自強的「暴力啓蒙」傾向，決定了後來的文學發展的性質或走向。

第三節　晚清文學的「尚武」類型

　　在日本「尚武」文化的影響之下，晚清出現了一大批充斥著「暴力敘事」的文學作品，它們形成的主題模式大致如下。

一、尚武愛國

　　晚清單純寫尚武（武術）的作品不少，如林紓的《舒南雲》寫雲南人士舒南雲，武藝超群，力能搏虎，最終與女扮男裝的獵虎者成婚；《傅眉史》則寫呂居翰學得少林武技，歸家侍母，於戰亂中救鄰女傅眉史，最後喜結良緣。蘇曼殊的《焚劍記》寫晚清志士獨孤粲遭逢亂世，仗劍遠遊，行俠仗義，殺賊救眉娘，爲蔣少軒復仇。尚武因而輕文。如憂患餘生的《鄰女語》就從中國村民市人對演練新軍觀之甚少興趣缺乏，而大歎「中國人竟無尚武的精神」。亡國遺民之一的《多少頭顱》則爲國人平時不尚武或不重體育，空有報國之志，而無報國之力而痛心疾首。懷仁的《盧梭魂》更讓強如虎把教書先生的四書五經、古文唐詩等連撕帶扯，甚至「吃書生」，表現出對文人的極端輕蔑：「官家的心味臭，妓女的心味臊，惟有那書生的心，既然有了臭味，其中還又帶些臊味。這三樣人的心，要算書生心是最壞了的。……（心）有點酸味的便知他是個咬文嚼字的書生；有點辣味的，便知他是個興風作浪的書生。其中還有最不易辨出來的，起初吃了，也沒有什麼壞味，一到回過味來的時候，也臭、也臊、也酸、也辣，那便知他是個假道學的書生了。……但凡遇著書生，總是送到馬棚裏，破開膽子，下了一些料豆，和著血拌起來，請他那匹坐騎當作一頓犒賞。」〔註163〕之所以如此仇視書生，是因爲「百無一用是書生」，書生不武，靈魂庸陋，爲國之累。

　　但「尚武」須與「愛國」相聯才是眞正的「尚武」。梁啓超的《新中國未來記》大倡「養成義勇」之風；因爲「處今日帝國主義盛行之世，非取軍國

〔註163〕《中國近代小說大系・東歐女豪傑等》，百花洲文藝出版社，1991 年版，第657～658 頁。

民主義，不足以自立。本會人人當體此意，各以國防爲第一義務。凡本黨所設之學校，皆須用嚴格之兵式體操。凡本黨員所設之工藝廠乃至墾殖開礦等專業，集工傭稍多者，亦須常教以軍事思想。凡本黨員在其鄉里實行自治制度者，皆當用團練之制，部勒桑梓，務使他日國家一下徵兵令，則舉國皆爲小戎馴鐵之選。」〔註164〕即以軍事教育普及於國民之中，實行軍國民主義，將今日能尙武的國民，在危急之時，變作能戰愛國的國民。這是「尙武」以「愛國」的教育，此其一。

其二是尙武愛國的實踐。

1902 年，黃遵憲一口氣寫出了《軍歌二十四章》，包括《出軍歌》、《軍中歌》、《旋軍歌》各八章，每章的結束句均爲三個重疊的字，二十四個叠字連綴起來就是：「鼓勇同行，敢戰必勝，死戰向前，縱橫莫抗，旋師定約，張我國權。」有學者指出：「黃遵憲的『歌詞』創作對近代詩壇的影響不容忽視。一方面，在他的影響下，近代詩壇出現了「歌詞」創作的熱潮，丘逢甲、梁啓超、康有爲、高旭、馬君武、秋瑾、金松岑、楊度等人都寫有『歌詞』體的詩歌；另一方面，在黃遵憲《出軍歌》、《幼稚園上學歌》的示範下，隨著新式學堂教育的發展，又出現了『學堂樂歌』。」〔註165〕

這兩種歌詞創作或多或少都體現出愛國或者尙武的一面。例如黃遵憲的《出軍歌》：

> 四千餘歲古國古，是我完全土。二十世紀誰爲主？是我神明冑。
> 君看黃龍萬旗舞，鼓鼓鼓！
> 一輪紅日東方涌，約我黃人捧。感生帝降天神種，今有億萬眾。
> 地球蹴踏六種動，勇勇勇！
> 南蠻北狄復西戎，泱泱大國風。婉蜒海水環其東，拱護中央中。
> 稱天可汗萬國雄，同同同！
> 綿綿翼翼萬里城，中有五嶽撐。黃河浩浩流水聲，能令海若驚。
> 東西禹步橫庚庚，行行行！
> 怒攪海翻喜山撼，萬鬼同一膽。弱肉磨牙急欲啖，四鄰虎眈眈。
> 今日死生求出險，敢敢敢！

〔註164〕《新中國未來記》，《梁啓超全集》，北京出版社，1999 年版，第 5614 頁。
〔註165〕郭延禮：《關於黃遵憲「新派詩」的評價問題》，《文史哲》，2007 年版，第 5 期。

剖我心肝挖我眼，勒我供貢獻。計口緡錢四萬萬，民實何仇怨。

國勢衰微人種賤，戰戰戰！

國軌海王權盡失，無地畫禹迹。病夫睡漢不成國，卻要供奴役。

雪恥報仇在今日，必必必！

一戰再戰曳兵遁，三戰無餘燼。八國旗揚笳鼓競，張拳空冒刃。

打破天荒決人勝，勝勝勝！

這首詩一方面爲祖國的「古國古」「大國風」「萬國雄」而自豪自信，但是另一方面則爲「國勢衰微」「不成國」而黯然神傷，遂轉而大聲疾呼「鼓勇同行，敢戰必勝」「雪恥報仇，打破天荒」的精神，希冀恢復大國雄風，希冀積弱之國進化爲強盛之國。

　　而于右任的《雜感》同樣「國」、「力」交響：「地球戰場耳，物競微乎微。嗟嗟老祖國，孤軍入重圍。誰作祈戰死，重開血路飛。」又如他的《從軍樂》「中華之魂死不死，中華之危竟至此？……大呼四萬萬六千萬同胞，伐鼓撼金齊奮起。」極力渲染了不怕犧牲，浴血奮戰，爲國捐軀的精神。而秋瑾1904年東渡日本後，受日本尚武文化的影響，詩風大變，不僅慷慨悲壯，而且經常出現兵器血刃等暴力意象，詩文中常見刀光劍影，僅從其題目如《劍歌》、《紅毛刀歌》、《寶刀歌》、《寶劍歌》、《日本鈴木文學士寶刀歌》、《寶劍詩》就可以看出。在不以刀劍命題的詩中也可見寒光凜凜：「不惜千金買寶刀，貂裘換酒也堪豪。」（《對酒》）「醉摩挲長劍作龍吟，聲悲咽」（《滿江紅》），「儒士思投筆，閨人欲負戈」（《感事》）。而一旦尚武的心事與國事相聯，便凝聚成她憂國憂民的情懷：或者爲國家而捨棄個人幸福，「如許傷心家國恨，那堪客裏度春風？」（《日人石井君索和即用原韻》）或者投筆從戎，力挽狂瀾，「竟有危巢燕，應憐故國駝！東侵憂未已，西望計如何？儒士思投筆，閨人欲負戈。誰爲濟時彥？相與挽頹波。」（《感事》）或者雖然深愛紅毛寶刀的「斫地一聲海水立，露鋒三寸陰風號」的鋒芒畢露，但「紅毛」所代表的敵國形象激起她民族自強的豪氣：「英靈渴欲飲戰血，也如塊壘需酒澆。紅毛紅毛爾休驕，爾器誠利吾寧拋。自強在人不在器，區區一刀焉足豪？」（《紅毛刀歌》）或者面對著祖國遭外國侵略的奇恥大辱，而壯懷激烈，「濁酒不銷憂國淚，救時應仗出群才。拼將十萬頭顱血，須把乾坤力挽回。」（《黃海舟中日人索句並見日俄戰爭地圖》）「北上聯軍八國眾，把我江山又贈送。白鬼西來做警鐘，漢人驚破奴才夢。」在危難之際希望實行「赤鐵主義」，死裏求生，援助祖國：

「赤鐵主義當今日，百萬頭顱等一毛。……輕生七尺何昂藏？誓將死裏求生路，世界和平賴武裝。……寶刀之歌壯肝膽，死國靈魂喚起多。……莫嫌尺鐵非英物，救國奇功賴爾收。」（《寶刀歌》）〔註166〕

　　就正宗的「敘事」文學小說而言，「暴力敘事」、尚武愛國比比皆是。如曾樸的《孽海花》第三十三回寫甲午之戰中劉永福部隊血戰臺南，吳彭年、徐驤、鄭姑姑等裏應內合，殺退日軍的故事，同仇敵愾之氣，躍然紙上。亡國遺民之一的《多少頭顱》則寫經不識將軍率部英勇抗敵，兵敗自殺（日本式的剖腹自殺）。蔡元培的《新年夢》寫於1904年的日俄戰爭初期，小說奇思妙想，主張聯日抗俄，援助日本，如此則不僅日本海戰的成功一半屬於我國，而且可以立時收回滿洲；為達此目的，要使軍人具有純粹的愛國心，更要購買兵艦，用潛艇、飛行艇狂轟濫炸，消滅敵人。他如此尚武愛國，不愧為主張刺殺暴力的光復會領袖。憂患餘生（連夢青）的《鄰女語》寫庚子國變、義和團大亂、八國聯軍入侵，無能無恥無德的官員紛紛逃難南方，而江蘇「豪傑」金堅（金不磨）堅忍凝定，文武雙全，聞京變卻毀家紓難變賣家產，慷慨北行以圖救國，盡顯尚武救國之意；又對「重文輕武」風俗和「科甲出身，最無膽識「的頹廢局面大加鞭撻。在這些同類型的小說中，最值得注意的是魯迅的《斯巴達之魂》和中國男兒軒轅正裔的《瓜分慘禍預言記》。《斯巴達之魂》寫於1903年（中國留日學生組織拒俄義勇隊之後），應是與之相呼應之作，以斯巴達（當時日本源源引入西方尚武事迹，復影響留日學生）的精魂激發中國人的精魂，即提倡尚武愛國精神。小說寫三百斯巴達軍遭遇萬餘波斯軍。斯巴達王黎河尼佗認為希臘存亡，繫此死戰，但是沒有一名斯巴達將士願意退避，皆欲一履戰地，不勝則死，就連盟軍中的七百剎司駭人亦誓與同生死，同苦戰，同名譽。此大無畏大無敵之勁旅，於左海右山，危不容足之峽間，與波斯軍交戰，吶喊格擊，鮮血倒流，如鳴潮飛沫，奔騰噴薄於荒磯，士氣如山，盡皆戰死，而七百剎司駭人，亦擲頭顱，灑熱血，以分其無量名譽。而且，惟斯巴達女子能生男兒，惟斯巴達女子能支配男兒。斯巴達戰士克力泰士念及妻子懷孕在家而詐死還鄉，其妻涅烈娜以死力諫丈夫重回戰場誓死報國。這種「為國為民」的精魂更在國葬時激發國民精神，足見斯巴達武德之卓絕，「斯巴達之魂」的震撼力。因此，魯迅譯撰完此文之後，大為感慨：「斯巴達將士殊死戰，全軍殲焉。兵氣蕭森，鬼雄晝嘯，

〔註166〕以上皆見《秋瑾集》，上海古籍出版社，1991年版。

迨浦累皆之役，大仇斯復，迄今讀史，猶懍懍有生氣也。我今掇其逸事，貽我青年。嗚呼！世有不甘自下於巾幗之男子乎？必有擲筆而起者矣。」以斯巴達的歷史激勵國人投筆從戎、抗爭復仇、尚武愛國，呼籲國人學習「斯巴達之魂」，塑造「中國魂」。這對魯迅以後的創作影響深遠。而中國男兒軒轅正裔，光視其筆名就能感受到衝天的男兒氣概，其小說《瓜分慘禍預言記》亦充滿男兒本色，或者強調力戰救國，或者用亡國慘象警醒國人自強。一是呼籲力戰救國。面對「辱我、侮我、打我、殺我」的列強，曾子興等人呼籲國人與其等他們來屠殺殘暴而死，不如集合起來，極力一戰。如果大家同心協力，前仆後繼，也未必保不住這個地方。即使失敗而死，亦死得轟轟烈烈，因救國而死，必將正氣衝霄。在「為國死呵！為國死呵！男兒呀！男兒呀！男兒為國死呵！」的精神鼓舞中，人們與英兵累次大戰，一片血誠，甘心殉死。夏震歐、華永年更是率領群雄，共同對敵，以國為家，捨身存國。二是以亡國慘況警醒國人愛國圖強：「只見大街路上有殘椽敗瓦，地上堆積著屍骸，斷頭破腦，裂腹流腸，及那殘手缺足的，色色都有。那地上的人血，好不滑人。又見鬼火如球，遠近亂滾。黑夜裏西風颯颯，鴉鵲無聞，只聽啾啾鬼泣之聲，那滿地屍骸，都隱隱有坐立哀啼之狀，甚是怕人。」亡國之慘，慘莫如是。究其深因，是中國人愛國觀念缺乏，不知無國必無家之理，故而倡導愛國衛國：「人人愛著自己的國家，覺得比自己的性命還可愛，人人寧捨著自己的性命，以衛國家，……雖是死了，也有餘榮。」〔註167〕

二、革命仇滿，暴力抗爭

晚清尚武之風，有愛國的一面，也有革命排滿的一面。當時尚武思潮對流血、破壞、武力的認可，也恰與當時還在興起的武力反清革命相契合，結果使得尚武反清革命成為煊赫一時的潮流。〔註168〕〔180〕當時新知識階層受日本尚武文化、民族觀念影響，借助清末明初的民族悲劇「揚州十日」、「嘉定三屠」，以及選錄《明夷待訪錄》內《原君》、《原臣》等單行本數種，印成小冊子，散發到各地，以圖喚醒時人的反滿革命情緒。鑒於這種做法影響面

〔註167〕《瓜分慘禍預言記》，《中國近代小說大系‧東歐女豪杰等》，百花洲文藝出版社，1991年版，第352～353頁。
〔註168〕忻平、趙泉民：《論辛亥革命時期‧新知識階層的尚武意識》，《學術月刊》，2001年版，第9期。

有限，遊日革命派孫中山遣人創辦報刊，1900 年 1 月 25 日，《中國日報》問世，此後鼓吹革命排滿者日眾，尤其受日本尙武文化薰染的留日學生更是高談革命，放言無忌。1903 年 4 月，留日學生聽到沙俄拒絕從中國東北撤軍的消息後，組成抗俄鐵血隊和拒俄義勇隊，後改爲留日學生軍，圖謀以武裝抗擊俄軍。但在遭受清政府的鎭壓之後，一腔愛國反帝熱情逆轉爲反滿（革命）之志。所以，這種革命聲音在 1903 年後的晚清文學中驟然較前壯大，並不足怪。

晚清文學中存在著明顯的革命仇滿，暴力抗爭的潮流。如上單正平的《晚清民族主義與文學轉型》所言，甲午戰爭是中國民族主義爆發與文學轉型的引線，民族主義情緒讓晚清學人塑造「黃帝」神話，鼓吹狹隘民族（種族）主義，其中充斥著民族自尊與仇恨、希望與暴力。據本人考察，這單從晚清文學中的人名、地名就可以窺一斑而知全豹。例如人名，充滿著「黃」「漢」「滿」等種族意象，「華」「夏」「國」「中」等國家意象，「武」「勝」「仇」「強」「屠」等尙武暴力意象，試述如下。如《瓜分慘禍預言記》中的人名有黃烈、黃勃、黃克傳、黃盛、唐人輝、黃雄、艾滿、黃克金、仇達；黃光華、華永年、夏震歐、夏光、萬國聞、夏存一、國榮、夏光、華得興、華得金、花強中、王愛中、軒轅適；雷轟、馬起、秦大勇、武士道、歐陽震、李必勝、成仁、史光、應不降、屠靖仇。陳天華《獅子吼》中的人名有魯漢卿、宗孟、祖黃、唐必昌、華再興、文明種、唐鏡世、念祖、肖祖、繩祖；女鍾（女中豪傑之意）、武爲貴、任有功、張威、賽武松饒雄、梅鐵生、石開頑、狄必攘、馬世英。冷情女史的《洗恥記》中的人名有明易民、鈕乾坤、江漢，葛明華（革命花）、遲柔花（自由花）、艾子柔（愛自由），仇牧（仇滿）、薩牧、鐵血、狄梅、瞿暴。懷仁的《盧梭魂》中的人名有朱胄、東方英、華裕後、華復、華旺、黃福、黃人瑞、胡畋，武立國、強如虎、強大漢等。蘇曼殊、陳獨秀的《慘世界》中的人名有明男德、華賤、滿周苛等。再如地名，則五花八門，有民權村、聚英館、興華邦、獨立國、漢國、文明樓、愛國茶園、漢河、起義村、曼殊國（滿族國或滿洲國）、唐人國、漢縣、漢堡、漢山、漢江、自由峽、獨立峰、獨立廳、翊漢、建中、興中府、強家寨，等等。總之，這些人名、地名萬變不離其宗，都充斥著革命、仇滿、興漢、光華、尙武等等象徵性意義。

在梁啓超的《新中國未來記》中，黃克強（維新派）與李去病（革命派）

舌戰辯論應否革命，但黃克強始終說服不了李去病，實際上暗示了或反襯了革命之必要：

> （例如黃克強反對民族主義）李去病說：「你說我們中國現在的主權，是在自己的民族，還是在別一個民族呢？拿破侖反抗這個主義，便在十九世紀初年也站不住，難道哥哥反對這個主義，倒想在二十世紀初年站得住嗎？」

> （李去病反對黃克強的平和運動，主張革命）「不是用雷霆霹靂手段，做那西醫治瘟疫蟲的方法，把他（即像牛欄及糞溺一樣的中國——引者注）鏟到乾乾淨淨，這地方往後還能住得麼？」

> （黃克強主張平和、不忍之心）「我們拼著這個身手出來做國事，豈不是為著這點不忍人之心嗎？殺一個人來救一個人，尚且不可，何況殺現在大多數的人，來救將來大少數的呢？……若到革命起來，一定是玉石俱焚，不能逃免的，卻是民賊不過少數，人民倒占多數。」

> （李去病反駁）「今日的中國，破壞也破壞，不破壞也要破壞，所分別的，只看是民賊去破壞他，還是亂民去破壞他，還是仁人君子去破壞他。若是仁人君子去做那破壞事業，倒還可以一面破壞，一面建設，或者把中國轉得過來。不然，那些民賊亂民，始終還是要破壞的，那卻真不堪設想了。」〔註169〕

可以說，這種辯論反映了梁啓超在維新與革命之間動搖、矛盾的內心世界，從他對仁人君子的破壞（一面破壞，一面建設）與民賊的破壞（只破壞不建設）的區分之中，隱約可見其對革命的肯定，這也是梁啓超們辯論不過章太炎等而要求講和的深層原因。

　　而深受日本尚武文化浸染的秋瑾則索性不辯論，「革命沒商量」，秋瑾自稱鑒湖女俠，易字競雄，其尚武精神不僅用於反帝愛國，亦用於民族革命。她痛感漢族被滿清壓迫的傷心歷史：「崑崙一脈傳驕子，二百餘年漢聲死。低頭異族胡衣冠，腥膻污人祖宗恥。」大聲疾呼：「裂眦嚙指爭傳檄，大叫同胞聲激烈。積恥從頭速洗清，毋令黃冑終沉滅。……打破從前奴隸關，驚回大地繁華

〔註169〕以上梁啓超：《新中國未來記》，《梁啓超全集》，北京出版社，1999年版，第5620～5623頁。

夢。」號召同胞「前仆後繼人應在，如君不愧軒轅孫！」（《弔吳烈士樾》）革
命的豪情令她熱血沸騰，整裝待發：「雄心壯志銷難盡，惹得旁人笑熱魔。」（《感
時》）「蒼天有意磨英骨，青眼何人識使君？歎息風雲多變幻，存亡家國總關情。
英雄身世飄零慣，惆悵龍泉夜夜鳴。」（《柬某君》）雖然略有愁懷難抒，英雄
氣短之時：「國破方知人種賤，義高不礙客囊貧。經營恨未酬同志，把酒悲歌
涕淚橫」（《感懷》）「祖國陸沉人有責，天涯漂泊我無家。一腔熱血愁回首，腸
斷難為五月花」（《感時》）。但是她憑著一腔熱血大呼驅逐滿奴、恢復中華：「畫
工須畫雲中龍，為人須為人中雄。豪杰羞伍草木腐，懷抱豈與常人同？」表明
其英雄懷抱。「不懼仇人氣焰高，頻傾赤血救同胞。……協力同心驅滿奴，宗
旨同時意氣洽。危局如斯敢惜身？願以生命作犧牲。……好將十萬頭顱血，一
洗腥膻祖國塵。……霹靂一震陰霾開，光復祖業休徘徊。他年獨立旗飛處，我
願為君擊柝來。」（《贈蔣鹿珊先生言志且為他日成功之鴻爪也》）則將其同心
協力、勇於犧牲的決心和革命必勝的信念表現得淋漓盡致。

　　而她的《寶劍歌》具有寶劍一樣的凜凜寒光，要化革命的「熱血」為「鐵
血」；也要如武士一樣仗劍復仇，一雪國恥：

> 炎帝世系傷中絕，茫茫國恨何時雪？世無平權只強權，話到興亡眥欲
> 裂。千金市得寶劍來，公理不恃恃赤鐵。死生一事付鴻毛，人生到此
> 方英杰。饑時欲啖仇人頭，渴時欲飲匈奴血。俠骨崚嶒傲九州，不信
> 大剛剛則折。血染斑斑已化碧，漢王誅暴由三尺。五胡亂晉南北分，
> 衣冠文弱難辭責。君不見劍氣棱棱貫斗牛？胸中了了舊恩仇。……按
> 劍相顧讀史書，書中誤國多奸賊。中原忽化牧羊場，咄咄腥風吹禹域。
> 除卻干將與莫邪，世界伊誰開暗黑？斬盡妖魔百鬼藏，澄清天下本天
> 職。他年成敗利鈍不計較，但恃鐵血主義報祖國。〔註170〕

這首詩可謂集大成之作，它將對兵戈血刃的讚美，對強權鐵血的崇尚，對革
命仇滿（胡）的堅信，對啖頭飲血的刻骨仇恨的張揚融為對寶劍這種暴力意
象的大肆渲染。這種理直氣壯的推崇暴力詩文，給同時或以後的作家，製造
了一種極大的心理暗示和心理投影。1907 年，包天笑甚至以秋瑾（易名「秋
瑜」）為主人公，寫作了四回（因故未完）的小說《碧血幕》，歌頌秋瑾投身
革命、捨身救國的志向，其仰慕之情，溢於言表。

　　詩歌以外，就小說而言，陳天華的《獅子吼》可作暴力革命敘事的代

〔註170〕以上皆見《秋瑾集》，上海古籍出版社，1991 年版。

表。小說「楔子」中寫敘述者夢中得好友寄來神奇鐵函殘書（混沌人種的歷史），得知一個被稱作「天朝」的混沌國，其最末一朝，被東北方的野蠻人佔領，後者對混沌國國民肆意侵凌，後來又有更加強大的蠶食國、鯨吞國、狐媚國等前來瓜分，混沌國國遂亡國滅種。接著敘述者又夢到因為與友人華人夢援助抗洋義勇軍而失散，敘述者來到一座深山，山中成群的虎狼追之咬之，他痛苦的喊叫驚醒了深山中的睡獅，睡獅大吼一聲，追風逐電似的追擊那些吃人的虎狼。敘述者後來得到漢人始祖軒轅黃帝所贈的《光復紀事本末》一書，並被賜還陽，重?光復盛事。敘述者夢醒後，原書尚在，遂將原書的正史體裁改為小說，取名《獅子吼》。很明顯，小說「楔子」以寓言、夢幻的形式，從歷史與現實兩方面重申了中華面臨滿清壓制、列強瓜分的危機，並表達了作者喚醒國人重振神威、進行種族革命的啟蒙意願，並預言了中華必定復興的理想圖景。這就為下文墊定了基調，使全文洋溢著一種革命氣息。而為了探索民族自立自強的道路，讓中華這頭雄獅猛醒，重振雄風，小說虛構了一個烏托邦「民權村」。它與革命有著如下的聯繫：一、從歷史傳統上，民權村有著抗清、抗英的光榮歷史，是作者實踐其革命理想的最佳選擇。二、從以現代文化加強革命的目的上，民權村「要排滿自強，必先講求新學」，不僅宣揚獨立自治，提倡婦女解放，還設立學校教授現代文化或宣傳革命真理，提倡民族主義、國民教育，而且為了將革命精神發揚光大，還派孫念祖、孫肖祖留洋學習先進的制度、技術與軍事知識，孫繩祖到內地開辦報館，甚至連民權村總教習文明種也遊歷內地，大開民智，以求培養更廣大的革命隊伍。總之，從精神、觀念、知識、實踐諸方面宣揚革命理念，增強革命力量，打造革命的「現代性」。值得注意是兩位革命導師，文明種受留日學生的影響，赴日留學，遂變激烈，從原先的專重舊學一變而為大講新學與革命，後到民權村當總教習，宣揚革命道理；而馬世英則用《黃帝魂》、《浙江潮》、《江蘇》、《湖北學界》、《游學譯編》等留日學生書報中的新學、革命學說開導康鏡世，將康原來的仇洋、頑固開通為仇滿、激進、現代。簡言之，由革命導師、革命學生領袖再到其領導下的革命隊伍，均受日本文化影響，便使「革命」帶上「日本」色彩，這應與作者陳天華的留日學生身份不無關係。三、注重尚武精神，推崇暴力實踐。不僅民權村振起尚武精神，以「為同胞報仇」，在民權村之外的革命聖地也一樣如此，所以才有康濟時的武力超群，康鏡世的文武兼備，

石開頑的獨鬥群賊，等等。即使單從民權村聚英館的尚武章程，如練習體操，講習軍事，軍事演習，開運動會等就能窺見革命隊伍尚武之風的濃烈。而從革命者的串連組織、發展會黨、伺機暴動的緊張狀態，則可見革命精神的高漲、革命暴力的一觸即發。作者將上述幾個特徵集中在青年革命領袖狄必攘身上，以塑造新時代的革命英雄。狄必攘「生得沉重嚴密，武力絕倫」，十三歲時能舉五百斤的大石，在民權村三年一屆的運動會上，每每技壓群雄。兼受現代文明教育，而變得文武兼備，智勇雙全。他不僅使聚英館的青年學生們被造就成能文能武、銳意進取的英雄群體，還深入內地，暗結英豪，聯絡會黨與東西洋留學生共同革命。可以說，他是「英雄」與「領袖」的一體化，他的文武雙全的「現代英雄」形象符合作者的「種族想像」（中華復興有賴於這種注入新血的強健而文明的種族），同時也寄託了作者革命成功、中華復興的希望，而這也正是作者將其命名為「狄必攘」的用意所在。小說雖未寫完，但綜合其暴力傾向而言，必有《警世鐘》「手執鋼刀九十九，殺盡仇人方罷手」的同仇敵愾、一往無前，也應有《猛回頭》的「猛睡獅，夢中醒，向天一吼；百獸驚，龍蛇走，魑魅逃藏。……雪仇恥，驅外族，復我冠裳」的吐氣揚眉，自立自強。

與《獅子吼》一樣同倡革命仇滿的還有《洗恥記》《盧梭魂》《洪秀全演義》《瓜分慘禍預言記》等等小說。懷仁的《盧梭魂》讓敘述人用神仙所送的書教化世人的故事結構，以及「驅盡曼殊人，奪回唐國地」（即驅除韃虜，恢復中華）的革命目的均與《獅子吼》類似，此不贅述。冷情女史的《洗恥記》以《革命軍》、《猛回頭》等書籍宣傳革命，寫明易民、仇牧等英雄輕生死、爭自由，誓復漢國，加之每一回都用革命詩文結束，誠為慷慨激昂之作。身為早期同盟會會員的黃小配（黃世仲），其《洪秀全演義》歌頌了太平天國的農民起義，從「種族革命」的角度重構這段歷史，以激起國人「為種族爭，為民族死」的復仇情緒，為辛亥革命的思想宣傳開闢了道路。此書一出，章太炎指出其作用在言「國家種族之事，聞者俞多，則興起者俞廣」；馮自由評曰：「其發揮種族觀念之影響，可謂至深且巨」；阿英直言其「頗富於革命思想」。（程翔章選注：《中國近代文學作品選》，華中師範大學出版社 2003 年版，第 437～446 頁）該書雖有歪曲歷史之嫌，但其革命排滿之志真切可鑒。但是，誠如雨果《九三年》所言：「絕對正確的革命之上，有著絕對正確的人道主義」，當種族革命排斥了人道主義和理

性，就可能會演變成嗜血成狂的狹隘民族主義或恐怖民族主義。這表現為兩種暴力傾向，一種是對仇人的傾向，一種是對不革命者的傾向。其一，對仇人，如《瓜分慘禍預言記》第七回「復故仇血肉紛飛」，革命志士們想起當初滿人入關時的揚州十日、嘉定三屠、奸淫擄掠等刻骨仇恨，也以牙還牙、如法炮製，且殺且食且奸，殺得個血流成河、片甲不留，以此「報得二百餘年的大恨」，其實是對革命的「熱血」變成復仇的「冷血」了。其二對不革命者，在輕蔑中埋藏著痛恨，以致「不革命者不得好死」，儼然成為一種奇特的「革命邏輯」。如《瓜分慘禍預言記》中做順民者被敵人斬作肉醬，怕充義兵的陳大時等被活吃，而只顧個人享樂而不革命的吳鍾清夫婦一個被輪奸割乳而死，一個被刀砍死，作者以此警醒「天下那戀妻小的」應以此為戒，從速革命，反抗，否則死有餘辜。《多少頭顱》也對這種「樂得快，死得快」者大加諷刺。令人奇怪的是，作者對這種不革命者的慘死下筆千言，樂在其中。總之，這兩種狹隘民族主義暴力傾向體現了作者二元對立、一元獨尊的革命理學或暴力理學，存革命之天理，滅仇人與不革命者之人欲（人命）。這種思維模式對後世文學產生了巨大的影響，至少在三十年代和新中國文學可以聽到相似的聲音。

　　另一種革命思想是「存天理，改人心」，以革命來改造國民性。如蘇曼殊1903年的《慘世界》後七回脫離雨果原著，大加改編，寫明男德革命「救世憐人的慈悲心事，到底終身一絲不減。」〔註171〕但是他對范桶作革命啟蒙，范桶卻熟睡不聽，加上華賤貪財忘恩，滿周苛仗勢作惡，連店主人也詐他錢財，國民的劣根性已經到了非拔除不可的地步。所以他認為非用狠辣的手段，破壞這腐敗的舊世界，另造一種公道的新世界不可。面對這「好慘的世界」，他憂慮若不快快設法拯救同胞，再過幾年，國人之心將不知腐敗到何等地步。他更建議克德與其報私仇，「不如索性大起義兵，將這班滿朝文武，揀那黑心肝的，殺個乾淨，那不但報了私仇，而且替這全國的人，消了許多不平的冤恨。」〔註172〕換言之，他的革命目的是「革心」，是改造國民性，是慈悲為懷，普渡眾生；這殆與蘇曼殊的「佛性」關係密切。（而具「佛性」又要「革命」，大概與其留日經歷相關）但歸根到底，「革心」仍舊依靠「革命」，擺脫不掉對「暴力」手段的崇尚。

〔註171〕柳亞子編：《蘇曼殊集》，上海北新書局，1929年版，第154頁。
〔註172〕柳亞子編：《蘇曼殊集》，上海北新書局，1929年版，第244頁。

　　在晚清的革命小說中，能夠於「革命」之中加添「人生」況味，在「暴力」之中見出「愛力」的，是一組仿照古代「英雄美人」模式的「革命+戀愛」小說，但它們都顯示出「革命至上」的政治追求。如周瘦鵑的《眞假愛情》寫鄭亮在個人愛情與革命事業發生矛盾衝突時，毅然放棄愛情，獻身革命的故事。類似的小說還有《愛國鴛鴦記》《莫叫兒女誤英雄》《爲國犧牲》等等。另一種是「革命」與「戀愛」比翼齊飛，互不妨礙。如劍秋的《好男兒》寫情侶傅亞俠與朱婉娘先後投義軍參加革命，一個躍馬疆場，一個作戰地看護，然而以戰死爲榮的同志軍首領亞俠最終血染沙場，重傷而逝，軍中皆譽之曰「好男兒」。但是死亡拆散了革命伴侶，卻拆散不了革命愛情，愛情因革命而更高尚。還有一種類型是愛情失敗，激向革命。如徐枕亞的《玉梨魂》敘述何夢霞在舊愛白梨影殉情，妻子崔筠倩鬱鬱寡歡而夭亡的重重打擊之下，將原來的「我有倚天孤劍在，贈君跨海斬長鯨」「今日人才東渡日紛紛，爾何不隨驥尾」以及「擲杯四顧憤然起」的少年壯懷男兒氣概激發出來，也認識到「情之爲用大矣，可放可卷，能屈能伸，下之極於男女戀愛之私，上之極於家國存亡之大，作用雖不同，而根於情則一也。故能流血者，必多情人，……能爲兒女之愛情而流血者，必能爲國家之愛情而流血」。〔註173〕於是東渡日本求學，後參加革命，英勇作戰，壯烈犧牲，名爲殉國，實則殉情：殉於兒女之私情，亦殉於國家之大愛。實現其爲情而流血的男兒本色、革命情愫。

　　應該說，以革命改造國民性，書寫革命與愛情的交織，在晚清高度政治化的尚武愛國與革命仇滿的「暴力敘事」的滔天熱浪之中，不失爲一股涼風，在眾多的「政治啓蒙」之中，這種「人文啓蒙」不失爲一種調味劑。但它們也只是短暫的逃離，它們對暴力手段和革命至上原則的追求表現出其對革命「正道」的回歸。

三、殺人救國

　　前述李群《殺人篇》的殺人不問正邪理論被拋棄，但其殺人可以改良人種、殺人興邦理論卻被繼承了下來。如軒轅正裔的《瓜分慘禍預言記》對叛徒任不顯評價爲「下賤之種」，恐怕其種植於國內，「俾傳了壞種，更將良種染壞，爲患非細」，故而同意殺之，「以戒天下後世之吝金帛，棄國家，背本

〔註173〕徐枕亞：《玉梨魂》，江西人民出版社，1986年版，第147頁。

群，甘降服之敗類」，因為「賤種漸絕，只剩良種，各各相安，便可永無戰爭滅國之禍。」換言之，殺人（賤種）有利於改良人種，有利於國家安寧。

　　發表於1904年《新新小說》第一號的冷血（陳景韓）的《俠客談・刀餘生傳》可謂描述「殺人救國」的極端之作。小說寫盜首經歷嫉妒之教育界（士界）、無遠慮之商界與權不專一之政界，對國是絕望而心不死。因偶入盜界，遂將其關懷國是的不死之心改造盜界，使充滿暴力的「強盜之道」一變而為救國救人的「殺人理論」。為了殺劣存優，盜首制訂了聳人聽聞、慘無人道的「殺人譜」：

> 鴉片烟鬼殺、小脚婦殺、年過五十者殺、殘疾者殺、抱傳染病者殺、身體肥大者殺、侏儒者殺、軀幹斜曲者殺、骨柴瘦無力者殺、面雪白無血色者殺、目斜視或近視者殺、口常不合者殺。（其人心思必收檢）齒色不潔淨者殺、手爪長多垢者殺、手底無堅肉脚底無厚皮者殺，（此數皆為懶惰之證），氣足者殺、目定者殺、口急或音不清者殺、眉蹙者殺、多痰嚏者殺、走路成方步者殺，（多自大）與人言搖頭者殺、（多予智）無事時常搖其體或兩腿者殺、（腦筋已讀八股讀壞）與人言未交語先嬉笑者殺、（貢媚已慣）右膝合前屈者殺、（請安已慣故）兩膝蓋有堅肉者殺、（屈膝已慣故）齒常外露者殺、（多言多笑者故）力不能自舉其身者殺。

總之，體質不健、習慣不良、品德不佳、文化不新、精神不剛者皆應殺，以此殺人法將我國四萬萬淘汰至二萬萬，甚至淘汰至一萬萬，如果有一萬萬強練之民，國家在競爭激烈的世界上已算強者，再稍加休養生息，不出十年百年，必復四萬萬良種，國亦稱雄。否則，聽天由命，自然淘汰，腐敗不除，根基不固，隨世沉浮，見隙修補，人種將劣上加劣，乃至滅種滅國。小說將「社會批評」與「文明批評」融合，實為佳構。

　　一言以蔽之，盜首（作者）認識到「世界至今日，競爭愈激烈，淘汰亦愈甚。外來之種族，力量強我數十倍，聽其天然之淘汰，勢必不盡滅不止。」所以變本加厲地將殺人合理化和絕對化：「我故用此殺人之法以救人，與其淘汰於人，不如我先自為之淘汰。與其聽天演之淘汰，不如用我人力之淘汰。」以使「劣根去，善種傳」，以達「救我民，救我國，欲立我國我民於萬國萬民之上」的變革目的。〔註174〕這種「殺人救國」理論雖與當時中國亡國滅種、

〔註174〕冷血：《俠客談・刀餘生傳》，《新新小說》第一號，1904年版。

岌岌可危的局面不無關係，但與當時日本流行、回傳我國的加藤弘之的社會達爾文主義關係更深，特別當這種主義與日本的尚武文化結合（日本選擇它亦基於其與尚武文化有相通的一面），影響留日學人，復影響國內學人，遂形成一種「弱肉強食，除劣存優」的社會思潮。例如梁啓超就曾在《論民族競爭之大勢》中認爲世界物競天擇，優勝劣敗，惟有強權，而無平權，強者自強自優而翦滅劣者弱者，也不能謂之無道。梁啓超甚至呼籲以死求進化，利種族的「死亡觀」，他在《進化論革命者頡德之學說》中指出通過縮短舊的生命從而爲新一代讓出道路，死亡具有推動社會進步的積極作用。《俠客談・刀餘生傳》亦同此理，小說以一種極端的方式與李群、梁啓超等人相呼應，並警醒國人：要想不被淘汰，只有自強方能自立，至少可以像「今日不過四千萬」的日本一樣堅立一方，列強不敢藐視。小說發表時，日俄戰爭還未開始，作者已對日本尚武而強的戰績如此推崇備至，可以推想當以後作者獲知日本竟連強俄都打敗的消息時，極有可能「漫捲詩書喜欲狂」，更加對日本的尚武文化頂禮膜拜。總之，這種以大暴爲大仁，以大無理爲大有理的「殺人理論」，究其實質，是在民族自強情緒與日本尚武文化雙重影響下的「自強理學」，即存自強天理，滅弱劣者之命，也是中國傳統文化殺身成仁、舍生取義、爭於力、群體意識以及生命意識淡薄等等觀念的「現代」演繹與「東洋」復現，而且是一種變形的、極端的呈現，它將以上的「尚武愛國」「革命仇滿」的暴力抗爭、「殺人理性」歪曲發展爲「殺人救國」的非理性，或者說將前兩者的「政治理性」，演變爲「人種理性」，以「理性」之名行「非理性」之實。

四、暴力——文化啓蒙

所謂「暴力——文化啓蒙」，換言之是以推行或表現「暴力」來進行文化啓蒙。本來，上述《俠客談・刀餘生傳》就蘊含著「文化啓蒙」，只是被濃厚的「政治啓蒙」色彩遮蓋而顯得顏色暗淡罷了。也正因爲在晚清文學中，過於強烈的政治啓蒙激情往往在文學作品中喧賓奪主，狂轟濫炸，一瀉千里，故而物極必反，個別具有文化啓蒙意味的作品的出現也便順理成章，在所難免。

刊載於 1902 年《新民叢報》第 5 期的《虞初今語・人肉樓》便是一部深具文化啓蒙意味的作品。小說講的是「華胥國」人「天治子」偕童子同遊至「須陀」，童子暗覺此地怪異而伺機遁去，但「天治子」在化裝探訪中，卻被「押焦」來的野蠻人捉至「人肉樓」，察其習性待日後以食之。「天治子」發

現人肉樓上堆滿自古至今被肢解的屍體，甚為恐怖。其童子亦為「須陀」的
一位非凡童子所提醒，回國急報華胥帝，一舉掃蕩「須陀」，亦令「須陀」人
醒悟其為「捫焦」人所食之實情，吃人者首領老嫗逃走村野，後為村夫執殺。
小說中的故事情節，既暗示了中國傳統文明是一種充滿著暴力殺戮的「吃人」
文明（這恐怕對魯迅的《狂人日記》具有一定影響），殺人吃人之多，使得強
健智慧者（目炯炯而心昭昭者）所剩無幾，思想啓蒙受到嚴重壓制，種族嚴
重退化，中國變成由聾啞盲跛肥鈍者所象徵的病弱愚昧的中國，這是一種典
型的「野蠻烹文明」的「吃人」文化。小說同時又寓含著期待高等文明（華
胥國）對落後文明（須陀）的暴力拯救，以及須陀人覺醒後對「專食我種」
的捫焦人的暴力反抗，並最終推翻其暴力統治。（從小說中的暗示，如從須陀
人有數億人，有比干、方孝孺、伍子胥等人，可知「須陀」即指中國；而從
「捫焦」的諧音，及其佔領須陀數百年的歷史，可知「捫焦」即滿洲，也便
知老嫗即慈禧，少年即光緒帝，推翻「捫焦」即推翻滿洲清朝。小說所設計
的符號寓意明確，具有很強的現實政治意味）總之，小說存在著文化啓蒙與
政治啓蒙的雙重意味，寓意豐富而複雜。

　　魯迅的《狂人日記》恐怕在一定程度上受《虞初今語・人肉樓》影響。
從時間上看，《人肉樓》刊載於 1902 年 5 月，而魯迅是在此之前的 1902 年 2
月就到日本留學了，很有可能看過《人肉樓》。從實物上看，據周作人的回憶：
「魯迅更廣泛的與新民叢報相接觸，乃是壬寅（1902）年二月到了日本以後
的事情。其時梁任公亡命日本，在橫濱辦《清議報》，後來繼以《新民叢報》，
風行一時，因為康梁雖然原來都是保皇的，但梁任公畢竟較為思想開通些，
他的攻擊西太后看上去接近排滿，而且如他自己所說，『筆鋒常帶情感』，很
能打動一般青年的心，所以有很大的勢力。癸卯（1903）年三月魯迅寄給我
一包書，內中便有《清議報彙編》八大冊，《新民叢報》及《新小說》各三冊。」
〔註175〕根據其中魯迅的留學時間、梁啓超廣泛的影響及魯迅的讀《新民叢報》
等信息，可以推測魯迅極有可能讀過《人肉樓》。而且從作品內部看，《狂人
日記》將中國文化概括為「吃人」，與《人肉樓》的「吃人」意象甚為相似，
也表明魯迅可能曾是《人肉樓》的讀者。全面比較兩部小說在內容、形式等
方面的異同，不是本文的目的。單從「啓蒙」來看，《狂人日記》明顯比《人

〔註175〕周作人：《魯迅的青年時代》，《魯迅回憶錄》（專著，中冊），北京出版社，1999
　　　　年版，第 843 頁。

肉樓》要「憂憤深廣」：一、《人肉樓》的吃人者主要是捫焦人和能與老嫗旁坐的須陀人（走狗），被吃者是須陀人，吃人者與被吃者涇渭分明，吃人者是統治者，被吃者是被統治者，「政治啟蒙」的意味更濃。而《狂人日記》則吃人者同時也是被吃者，以此揭示中國文化人人相吃、人人被吃的「吃人」實質，頗具人性關懷，「文化啟蒙」的意味濃厚。二、《狂人日記》從農村和家庭這兩個中國最基本的文化密碼切入，而《人肉樓》則從表層的政治（統治、戰爭）著眼。三、《狂人日記》注重文化啟蒙的艱巨性與悲壯性，甚至連孩子也難救乃至不可救。〔註176〕而《人肉樓》則將文化啟蒙看得輕而易舉，一場暴力戰爭，速戰速決，思想文化啟蒙也便從而馬到成功。這種將「文化啟蒙」簡單化的傾向，應與當時洶涌澎湃的政治激情不無關係。

　　與《虞初今語・人肉樓》同樣關注暴力——文化啟蒙的是劉鶚的《老殘遊記》，所異者《虞初今語・人肉樓》的文化象徵布於全篇，而《老殘遊記》則用於局部。「老殘」二字當然是人物的名字，但又何嘗不意味著「老弱病殘」或者「又老又殘」的衰敗不振是「東亞病夫」式的中國與中國人的總體特徵呢？故而，「老殘遊記」就意味著主人公在「老弱病殘」「又老又殘」的中國的奇異遊歷。更具象徵意蘊的是小說一開始就寫「危船一夢」，以一艘在驚濤駭浪之中破舊不堪、行將沉沒的大船象徵著積弱難返的老大中國。這艘大船的總體特點有幾個：一是「危」：雖有二十三四丈長，但破壞的地方不少：東邊有一塊，約有三丈長短，已經破壞，浪花直灌進去；東邊還有一塊破損，約長一丈，水波亦漸漸侵入；其餘的地方，無一處沒有傷痕；且在洪波巨浪之中，危險至極。二是「重」：船身吃載很重，貨物太多，男女不計其數。三是「困」：船上人被風吹浪打，又濕又寒，又饑又怕，一派民不聊生、困頓途窮的氣象。四是「散」：八個管帆的雖是認真管理，只是各管各的帆，彷彿在八隻船上似的，彼此不相關照，象徵著中國官僚機構缺乏合作精神、全局意識，各人自掃門前雪，莫管他人瓦上霜，自私自利，最終難逃船沉帆沒的厄運。五是「惡」：水手們在那坐船的男男女女堆裏亂竄，搜刮他們的乾糧，並剝他們的衣服，不知想法敷衍著早點泊岸，反在那裏蹂躪人們，作威作福。換言之，「水手」象徵著中國的下層官吏，他們沒有國家觀念，只圖中飽私囊，欺壓百姓。這是下層官吏的「惡」。而代表上層統治者的駕駛者則凶殘成性，濫殺無辜，「船上殺了幾個人，拋下海」。六是「偽」：如船上有一種「英雄豪

〔註176〕黎保榮：《懷疑與拯救的張力》，《暨南學報》，2007年版，第5期。

杰」在高談闊論的演說：「你們各人均是出了船錢坐船的，況且這船也就是你
們祖遺的公司產業，現在已被這幾個駕駛人弄的破壞不堪，你們全家老幼性
命都在船上，難道都在這裏等死不成？就不想個法兒挽回挽回嗎？真真該死
奴才！」眾人被他罵得直口無言。內中有被他「喚醒」的數人認為他說的都
是他們「肺腑中欲說說不出的話」，向他請教辦法，爭取主動，擺脫「奴才」
身份。這時，便顯出那「英雄豪杰」的「假啓蒙，真謀私」的醜陋面目來：「你
們知道現在是非錢不行的世界了，你們大家斂幾個錢來，我們捨出自己的精
神，拼著幾個人流血，替你們掙個萬世安穩自由的基業」，其實不過是「用幾
句文明的辭頭騙幾個錢用用」罷了。但當他一旦斂了許多錢，馬上找了一個
眾人傷害不著的地方，高聲吶喊：讓「你們這些沒血性的人，涼血種類的畜
生」，趕緊去殺掌舵的、管船的。當一些不懂事的少年依他的話行動被殺之後，
他又高呼：「你們為什麼沒有團體？若是全船人一齊動手，還怕打不過他們
麼？」總之是「只管自己斂錢，叫別人流血」的偽君子、假啓蒙者，是貌似
「熱血」實質「冷血」的新種「奴才」。七是「愚」：船上的男女任人擺佈，
或作幫凶，是愚昧庸眾的象徵。

　　面對如此積重難返的危險局面，小說提供了兩種可能的解決辦法。第一
種辦法是文化啓蒙與拯救。老殘認為駕駛的人並未曾錯，只因過慣太平日子，
難抗狂風巨浪，兼之未曾預備方浼，遇上陰天便失卻了方向感，所以才會越
走越錯。上上之策是「送他一個羅盤，他有了方向，便會走了。再將這有風
浪與無風浪時駕駛不同之處，告知船主，他們依了我們的話，豈不立刻就登
彼岸了嗎？」於是追上大船，將一個「最準的向盤，一個紀限儀，並幾件行
船要用的的對象」呈上。這種做法表明作者要以西方現代科學、文化改造中
國，拯救中國，因為外國羅盤為風浪中探索前行的中國標明了正確的「方向」，
而與之相配的紀限儀等對象所象徵的現代科學、文化則是確保「方向」正確
的諸種「手段」或「策略」。老殘（敘述者）對此充滿自信，相當樂觀，以為
憑此可以「立刻就登彼岸」，在極短的時間內獲得最大的效果。這是一種典型
的「中體西用」的洋務派的觀點，所以才會在認為「駕駛的人並未曾錯」並
依靠「船主」的思想基礎上，進行表面的革新，以為決定了正確的「方向」，
採取了現代的「手段」（策略），就可以達到「轉危為安」「化險為夷」、自立
自保的目的。但是，老殘（敘述者）沒有想到，當船還是那樣一艘破船，船
上人的精神世界還是那樣的平庸醜陋，又處於驚濤駭浪之中，即使在西方羅

盤、紀限儀等現代科學、文化的幫助之下勉強靠岸，中國這一艘破船還是如魯迅所言，是「修補了再修補」的凄慘局面，而且難以安全穩健地再次出發，船將失去船的作用而成爲一堆廢鐵、一架空殼，中國將難以自保自強。

　　然而，作品一旦完成就有脫離獨立於作者的特徵。雖然在現實世界的作者和該作品的基調都主張對清政府統治實行「可批判但不可推翻」的原則，否定革命，在「中體西用」的方針下依賴西方科學進行救國。但是，這種依靠「明君」、「明術」的洋務救國思想，卻被小說中的情節實行了具象化的顛覆。當老殘他們把羅盤等物送上船時，馬上引起全船人的反對。一是代表下層官吏的下等水手的反對。他們咆哮道：「船主！船主！千萬不可爲這人所惑！他們用的是外國向盤，一定是洋鬼子差遣來的漢奸！他們是天主教！他們將這隻大船已經賣與洋鬼子了，所以才有這個向盤。請船主趕緊將這三人綁去殺了，以除後患。倘與他們多說幾句話，再用了他們的向盤，就算收了洋鬼子的定錢，他就要來拿我們的船了！」一是代表假啓蒙者的「演說的英雄豪杰」的反對，他在那裏喊道：「這是賣船的漢奸！快殺，快殺！」還有代表庸眾的船上乘客的反對，他們聽了前兩種人的話，俱爲之震動，怒火中燒。即使是「和氣」的船主舵工，他們的「猶疑不定」也不過是一種不明言的反對（愚昧或怯懦）罷了，他們以「眾怒難犯」而拒絕了老殘等的善意幫助。當老殘他們三人垂淚回到小船，船上的人的「暴力意圖」馬上變成了「暴力實踐」：大船上的人，餘怒未息，看三人上了小船，忙用被浪打碎了的斷椿破板打下船去。他們這只小小漁船，禁不住幾百個人的用力亂砸，頃刻之間，漁船被打得粉碎，沉下海中去了。

　　面對如此一發不可收拾的局面，面對幫人反被殺戮的苦況，其中蘊含的絕望與激憤，以及「時日曷喪，吾與汝偕亡」的暴力傾向是隱約可見的，而這便爲「暴力拯救」或「暴力革命」的解決辦法提供了土壤或可能性，是一種在「作者聲音」籠罩下巧妙出逃的「作品聲音」。例如，他們看見船上殺了幾個人，拋下海去，捩過舵來，又向東邊去了。章伯氣得兩脚直跳，罵道：「好好的一船人，無窮性命，無緣無故斷送在這幾個駕駛的人手裏，豈不冤枉！」遂主張「何不駕一隻（漁船）去，將那幾個駕駛的人打死，換上幾個？豈不救了一船人的性命？何等功德！何等痛快！」這很明顯是一種「革命救國」的思想。即使是老殘，他也認爲「此計甚妙」，只是考慮到「船上駕駛的不下二百人，我們三人要去殺他，恐怕只會送死」而暫不實行，也就是說，老殘

並不是不贊成革命，只是因為革命的力量不足、革命的時機未成熟而另謀他計罷了。這是「船外的革命」。至於「船上的革命」，如幾個少年受到鼓動而革命，只是仍然因為革命的力量不足、沒有雄才大略的革命領袖的領導以及缺乏深謀遠慮的革命藍圖等緣故，而被「殺的殺了，拋下海的拋下海了」；即使是那個「英雄豪杰」，被諷刺為「只管自己斂錢，叫別人流血」，但是言外之意是如果他「既斂錢，又親自流血」則會被認可，如果他「不斂錢，又親自流血」則更被高度贊同，換言之，老殘他們並非不主張革命，而是反對假革命，可以肯定當有「敢於親自流血」的革命英雄出現，老殘他們即使不大張旗鼓地支持革命，至少也不會反對。這就是「作品聲音」超出「作者聲音」的地方，雖然這種聲音比較微弱，但終究是一種難得的聲音，它使作品在「文化啟蒙」（科學救國、國民性批判）的主要維度之外，以「政治啟蒙」（激憤心態、革命救國）這一維度平添了生氣。

在梳理晚清文學資料時，我們把那一時代「尚武」精神與「暴力」啟蒙的社會激情，歸結為以下五個方面的歷史原因：一是源自於傳統文化的「尚武」因子，即「殺身成仁」、「捨生取義」的「俠──士」風範；二是源自於東洋文化的「尚武」觀念，以及日本憑藉武力崛起而對中國人所產生的心靈震撼；三是源自於民族自卑的壓抑情緒，即認為只有「尚武」與「強兵」，中國才能擺脫亡國之危；（梁啟超《論尚武》、嚴復《原強》皆有此意）四是源自於「誤讀」西方的「語盲」狀態〔註177〕：關於這一點，嚴復、梁啟超、魯迅、蔣光慈、藏原惟人、林同濟等都有相似見解，他們認為這直接影響了譯者素質（即不懂原文，見梁啟超《五十年中國進化概論》），以及翻譯後果，〔或者不懂原文會把臭草當芳蘭（魯迅《雜憶》），或者錯漏百出、嚴重誤讀（蔣光慈《異邦與故國》）〕因不懂西文而跟從東洋人，主觀上將西方現代文明的核心價值曲解為是「尚武」精神。如嚴復感歎「兼通中西文字」和具備專門知識的「譯才則至為寥落。復所知者，亦不能盡一手之指」，茫茫中國之大，嚴復只舉出了四位真正的譯才，雖然當時中國優秀的翻譯人才不只四人，但是嚴復的憂慮的確反映了當時中國優秀西語翻譯人才的嚴重缺乏。〔註178〕又如梁啟超就曾在《五十年中國進化概論》中公開聲明晚清學人如康、梁等「中

〔註177〕宋劍華：《五四文學精神資源新論》，《中國社會科學》，2006 年版，第 1 期。
〔註178〕郭延禮：《文學經典的翻譯與解讀》，山東教育出版社，2007 年版，第 214～217 頁。

國學問是有底子的，外國文卻一字不懂。他們不能告訴人『外國學問是什麼，應該怎麼學法』」，另外他在《清代學術概論》、《論學日本文之益》、《東籍月旦‧敘論》等文中也聲言他們不通西文，因而不精通西學。解決之道是通過日譯西學瞭解西方，但如此瞭解的便是日本人眼中的西方。因此，梁啓超等人雖也提及荷馬、但丁、莎士比亞等文人學士，但出現的頻率相當低，他們更感興趣的是拿破侖、俾斯麥、加布爾、華盛頓、大彼得、摩西、麥堅尼、哥倫布、格蘭斯頓、立溫斯頓、納爾遜等等英雄豪杰。就連林紓也不僅大聲疾呼「尚武」，還接連不斷地翻譯大量的「尚武」作品，造成巨大影響。五是因爲國家觀念、民族主義思想的影響。這有先秦國家觀念的重新激活、自古以來民族觀念的噴發，以及日本國家觀念和民族主義思想（比一般的民族觀念更有國家意識）的滲透等原因，國家一語激成暴力（梁漱溟語）。關於此，不能不提《文學興國策》這一本影響甚巨的書。甲午戰爭之後的 1896 年，日本尚武而強的事實本來就令中國人大爲震驚，那時廣學會出版了林樂知編輯的《文學興國策》，它彙集了日本駐美公使森有禮 19 世紀 70 年代徵求到的美國名流對日本改革的建議，以日本富強之途在振興文學爲口號，使得原本就相信「文學治國」的中國文人或士大夫趨之若鶩，並導致中國的經世致用發展爲改造社會，中國的「文學治國」發展爲「文學救國」，中國的文學作品發展爲以文學做教科書，並且直接影響了晚清作家的救國思想甚至文學觀念（如梁啓超的詩界革命、小說界革命和文界革命等主張就受其啓發），在「文學救國論」提出後，政治功利成爲最爲重要的價值標準。〔註 179〕這是中國人的國家觀念受到日本間接影響的證明，另外陳獨秀的例子則是受日本直接影響的證明，他在日本留學期間，在 1904 年的《說國家》一文中自稱第一次知「國家」。而留日的蔣智由 1902 年創作的《盧騷》一詩有「文字收功日，全球革命潮」的句子，也不能不說與這種文學救國思想毫無關係。這五個原因集爲一體，經梁啓超等人的大肆宣揚和秋瑾等人的具體實踐，更伴隨著後來成爲新文學主體的留日學生隊伍的思想認同，中國現代文學全力去推崇「暴力敘事」的審美傾向性，已經是大勢所趨在所難免。

〔註 179〕袁進：《中國文學的近代變革》，廣西師範大學出版社，2006 年版，第 254～264 頁。

第二章 五四時期：東洋文化對新文學的影響

第一節 五四新文學作家與東洋文化背景

「五四」新文學激進主義表現為以矯枉過正、狂飆突進、摧枯拉朽的力量攻擊傳統宣揚西化，但是由於新文學作家對西學的膚淺認知以及中國缺乏西方五百年的人文主義傳統、缺乏西方的宗教神學文化積澱，五四運動很快退潮，人文啟蒙趨於無效，由是更加激進地崇尚暴力啟蒙或政治啟蒙。但是有兩點更值得注意：一是五四新文學從發難期到後期都不只是人文啟蒙，反而充滿力感，推崇暴力，尤其後期從「棄醫從文」走向「棄文尚武」，更彰顯其「戰士」風格；二是這種充滿力感的五四激進主義的精神資源主要不是西方，而更多是洶涌澎湃的日本尚武文化精神與作為暗涌的中國傳統文化精神，它們與民族自強情緒一起打造了狂猛力感與烈烈雄風。

一

作為中國現代文學的開創形態，五四新文學激進主義的啟蒙價值觀，同樣與日本近代文化有著不可分割的密切聯繫。

一、新文學作家的日本留學背景。（相關表格附於「附錄」）如果我們稍加考察便可以發現，五四新文學的主力陣容，幾乎都具有東洋文化的深刻背景：《新青年》雜誌的七位編委，有五人曾去過日本；前後期「創造社」的作家詩人，幾乎都是從日本留學歸來；就連兩大新文學的代表性人物，魯迅與

郭沫若也是如此。所以，郭沫若在《桌子的跳舞》一文中，曾不無自豪地聲稱：「中國文壇大半是日本留學生建築成的。創造社的主要作家是日本留學生，語絲派的也是一樣。此外有些從歐美回來的彗星和國內奮起的新人，他們的努力和他們的建樹，總還沒有前兩派的勢力浩大，而且多是受了前兩派的影響。就因爲這樣，中國的新文藝是深受了日本的洗禮的。」〔註1〕實際上郭沫若這段話，並沒有什麼自我炫耀的誇張之意，而是旨在揭示新文學的歷史源流。

　　而中國新文學作家深受「日本的洗禮」，不僅是受日本文學的洗禮，就其「尚武」意識而言，更多受日本尚武文化的洗禮。例如根據當時留學生的《留學生鑒》，留學生的日常教育、生活竟與日本的尚武文化有著驚人的相似性：如《留學生鑒》第一章「立志」注重立誌之方針、堅韌之志操，第二章「勤勉」注重勤勉之動力、勤勉之順序，第三章「忍耐」注重忍耐力和忍耐之必要，第十一章「運動」注重運動之方法、體操、擊劍、散步、食後之運動、大運動，第二十一章「劍舞」注重劍舞之法式、舞者以及吟聲者、劍舞用之詩，第六章「讀書」注重讀書之快樂、讀書之方法，第十五章「讀書法」注重讀書之時期、書籍之選擇、讀書之方法等。而這些與日本武士道的教育課程及對武士的品質要求極爲相似，武士道的教育課程主要由擊劍、箭術、柔道、馬術、矛術、兵法、道德、文學以及歷史等組成，與以上《留學生鑒》的「運動」、「劍舞」、「讀書」等皆注重文武兩方面的培養；而對武士的品德要求如剋制、勤習、榮譽、堅韌等等則與《留學生鑒》的「忍耐」、「勤勉」、「立志」等相仿。總之，留日學生對日本的認識相當深刻，在教育、生活、思想等方面的「尚武」體驗對其日後的文學創作或暴力傾向影響甚大。加之日本連對西方文化的選擇也注重其「尚武」的一面，或誤讀爲「尚武」精神（如上述的福澤諭吉等人），配合其「尚武」而強的事實、「尚武」風氣、「尚武」教育，留日學生很難避免對日本「尚武」精神的接受。何況（一）留學生人數眾多。根據前述日本學者實藤惠秀統計，從 1896 年至 1937 年超過 10萬以上的中國人曾東渡日本留學。更有甚者，戴季陶寫於 1928 年的《日本論》就認爲，截至當時日本已有十多萬中國留學生。（二）留日學生比例甚大，與留學歐美者比較，就可知留日學生的比例之大。如 1917 年的留學官費生總數，

〔註 1〕郭沫若：《郭沫若全集・文學編》第 16 卷，人民文學出版社，1989 年版，第
　　　　53～54 頁。

留歐者爲 182 人，留美者爲 131 人，留日者爲 1084 人。1925 年，根據各省報教育部備案的自費留學生定額數字統計，留歐美學生與留日學生的比爲 318：1075。即留日學生與留歐美學生的人數比例大概維持在 3：1 的幅度，也可見留日依然是中國人的主要選擇。〔註 2〕在這多重比較與舉證中，可知五四新文學作家的文化背景及其所處位置。

　　二、中國國內的日式「尚武」教育與風氣。當時並未留學日本的作家，面對從晚清一直到辛亥革命前後的取法日本而「尚武」的中國國內教育局面與風氣，使得並未留日的晚清學人，以及晚清出生的五四時期的本土派作家，也或多或少受到日本「尚武」文化的感染。

　　（一）留日學生、學人向國內宣揚日本的「尚武」文化。實藤惠秀指出日本志士對中國革命的支持，遠不如日本思想在中國人士心中所引發的革命火焰來得重要。〔註 3〕的確如是，日本的「尚武」文化對中國人影響甚巨，特別是經由留日學生、學人的大肆鼓吹與譯介，遂使中國國內的「尚武」思想蔚爲大觀。遊日學人如梁啓超等名聲顯赫，影響國內極大，上述甚詳，此不贅言。（嚴復、梁啓超等人的開民智、新民德、鼓民力思想在一定程度上與日本尚武文化的三個基點「智」、「仁」、「勇」不無關係）就拿中國留日學生而言，對國內的影響也不小。早在二十世紀初，朱庭祺就公開聲明留日學生對中國醒悟的作用：「當吾華似醒未醒，初醒之際，……有日本留學生之書報，有日本留學生之罵詈，日本留學生之通電，以致通國之人爲之大醒。已明者，因而更明；頑固者，因其詈罵而醒悟；前進者，因有其驅策而更前；後退者，有其鞭策而前進。故曰：中國之醒悟，受日本留學生之影響巨矣！」〔註 4〕留日學生影響國內的「尚武」舉措大致有三：一是組織團體。如 1903 年春，俄國再次進兵東北，向清政府提出七項新要求，受日本「尚武」風氣浸淫的留學生得悉後群情洶涌，組成拒俄義勇隊，後改名學生軍，留日學生這一舉措在國內引起了強烈的震撼，各地紛紛響應。在很短的時間裏，上海、東北、北京、安徽、江西、廣東、浙江、直

〔註 2〕 楊曉：《中國近代教育關係史》，人民教育出版社，2004 年版，第 280～285 頁。

〔註 3〕 實藤惠秀：《中國人留學日本史》，三聯書店，1983 年版，第 345 頁。

〔註 4〕 朱庭祺：《留美學生界》，轉引自汪向榮：《日本教習》，中國青年出版社，2000 年版，206～207 頁。

隸、江蘇、福建、湖南、湖北、河南等省及海外一些地方的愛國志士都行動起來，倡議尚武，抗俄保國；全國各地學堂的學生紛紛要求或已經改習了兵操。尚武思想在神州大地迅速激蕩、高漲，並彙聚成一股強大的思潮。但由於清政府和日本警察的干涉，學生軍被迫解散，由是反激成排滿之風漸濃。他們又很快成立了更激進的軍國民教育會，提倡「養成尚武精神，實行愛國主義」，影響一時之風氣。〔註5〕二是報刊傳播。如留學生報刊《湖北學生界》、《浙江潮》、《江蘇》、《漢聲》、《游學譯編》等爭相鼓吹尚武精神與革命思想。三是翻譯介紹。如前述，日本穗積八束的《國民教育愛國心》以及日本愛國人士的傳記等等都被譯成中文，使日本的「民族主義」尚武文化深入人心。應該說，留日學生的這三種舉措中的「辦報」與「翻譯」兩點受曾經遊日的晚清學人如梁啓超等影響。梁啓超在《自由書‧傳播文明三利器》中就將「報章」作爲傳播文明的利器之一。對於翻譯日文著作，梁啓超的《讀〈日本書目志〉書後》認爲：「泰西諸學之書，其精者日人已略譯之矣。吾因其成功而用之，是吾以泰西爲牛，日人爲農夫，而吾坐而食之。」所以，1897年，他在上海建立大同譯書局，特別注重翻譯日文著作，在《大同譯書局敘例》中，他宣稱該局翻譯「以東文爲主，而輔以西文，以政學爲先，而次以藝學。」1898年，張之洞亦在《勸學篇》中力陳翻譯日文書籍之必要：「至各種西學之要者，日本皆已譯之，我取徑於東洋，力省效速，則東文之用多。……若學東洋文、譯東洋書，則速而又速者也。是故，……譯西書不如譯東書。」〔註6〕與其勸人留學日本一樣，他在此勸人翻譯日文書籍同樣體現了其急功近利的致用心態，以及對日本的依賴。梁啓超等人開辦報、翻譯日文書籍的風氣之先，留日學生繼而盛之，他們所提倡的「尚武」精神與所翻譯的「尚武」書籍皆流行於中國，爲國人所接受，1903年就有幾本由日文翻譯的關於社會主義和無政府主義的書籍在上海出版。根據有的學者的嚴肅研究，「五四」時期中國新文學的創造主要也應歸功於從日本歸國的學生，因爲現代中國文學雖然在很大程度上模仿俄國和西方國家的技巧之類，「但這些作品多半是『五四』時期由

〔註5〕 姜萌：《試析1903～1911年間中國的尚武思潮》，《東嶽論叢》，2004年版，第2期。

〔註6〕 張之洞等：《勸學篇‧勸學篇書後》，湖北人民出版社，2002年版，第153～154頁。

日文轉譯後才爲中國讀者所知的」，〔註7〕換言之中國模仿的是日譯西學，因而中國人在思想或觀念上受到日本的薰染，這是不爭的事實。根據譚汝謙、實藤惠秀、小川博合編的《中國譯日本書綜合目錄》（香港中文大學出版社1980年版），1896～1911年，日文著作的中譯本共達958種。而根據楊壽春《譯書經眼錄》（1927）統計，1901～1904年中國自各國文字翻譯的著述數量共533種，日本占321種，超過60%；而翻譯自其他西方國家的書籍，主要也是留日學生從日本重譯過來的。這種情況後來略有變化，但直到清末，日書中譯，盛況依然。〔註8〕況且新知識分子對於西方思想常常「含混不清」，「往往大談空泛的『主義』，而對其內容卻沒有作認眞細緻的考察」，「雖然他們也聲言要進行批判的研究，但在實踐中卻做得很不夠」，故此，他們對於日本輸入的所謂西方「新思想過於輕信」，〔註9〕導致中國作家（知識分子）無可避免地接受了日本的影響。

　　（二）中國國內的日式「尙武」教育。蔡元培曾信心十足地斷言：「甲午一役，在我國的新教育史上，卻不失爲一股極有力的強心劑。」〔註10〕的確如此，1895年的甲午戰爭，中國戰敗，有識之士爲日本尙武而強的事實震撼，紛紛提出要傚仿日本，改革學校教育，以圖自強。（根據任達的《新政革命與日本：中國，1898～1912》可知，不只是教育，中國當時的軍事、警察、監獄、法律、司法、憲政、留學、出版、翻譯、教科書、詞彙等等都不同程度地受到日本的影響）自此以後，一直到民國初年，「尙武」成爲學校教育的重要內容。1901年，兩江總督劉坤一、湖廣總督張之洞聯銜上奏《江楚會奏變法三折》，在第一折《籌議變通政治人才爲先折》之中主張教育應「會通文武」、「設文武學堂」，而學堂「必設兵式操場」，學生皆習「體操」。〔註11〕因爲他們認爲先秦「按三代之制，癢序之稱曰士，卒伍之稱亦曰士，實爲文武合一，文武並重之明證。」這正與梁啓超的論調「中國民族之武，

〔註7〕　實藤惠秀：《日本文化對中國的影響》，轉引自周策縱著、周子平等譯：《五四運動：現代中國的思想革命》，江蘇人民出版社，1999年版，第32頁。

〔註8〕　〔日〕實藤惠秀著，譚汝謙、林啓彥譯：《中國人留學日本史》，三聯書店，1983年版，第240～241頁。

〔註9〕　周策縱著、周子平等譯：《五四運動：現代中國的思想革命》，江蘇人民出版社，1999年版，第368頁。

〔註10〕轉引自汪向榮：《日本教習》，中國青年出版社，2000年版，第195頁。

〔註11〕舒新城編：《中國近代教育史資料》上册，人民教育出版社，1961年版（1979年重印），第48～51頁。

其最初之天性也」(《中國之武士道》) 相仿。其後，1902 年清政府所確立的
壬寅學制，以及 1904 年 1 月確立的取代壬寅學制的癸卯學制，學制雖變，
但都規定蒙學堂、小學堂、中學堂直至大學堂，「體操」皆爲必修科。這種
教育改革，歸根究底，是中國人對日本尚武而強的景仰與依賴所致。例如張
之洞、劉坤一的《江楚會奏變法三折》中認爲：「日本興最驟」的原因是「學
校之數，在東方之國爲最多。興學之功，此其明證。」1902 年，張百熙的《進
程學堂折》認識到當時「值智力並爭之世，爲富強致治之規，朝廷以更新之
故而求之人才」，而求人才則應興學校教育，應取「日本諸邦之成法，以佐
我中國二千餘年舊制，因時勢使然。」〔註 12〕簡言之，當時中國人皆認識到
日本等國勢強興驟，惟「尚武」之故，因此應並爭「智」、「力」(尤其是「力」)，
以使中國「富強致治」。而要達到這一目標，就應取法日本，興「尚武」之
教育。其後，教育應該「尚武」之聲不絕於耳，成一時之潮流。1903 年，張
百熙、榮慶、張之洞的《學務綱要》主張各學堂兼習兵學：「中國素習，士
不知兵，積弱之由，良非無故。揆諸三代學校兼習射御之義，實有不合。」
所以主張「茲於各學堂一體練習兵式體操以肆武事，並於文高等學堂中講授
軍制、戰史、戰術等要義。大學堂政治學門添講各國海陸軍政學，俾文科學
生稍嫻戎略。此等學生入仕後，既能通曉武備大要，即可爲開辦武備學堂之
員，兼可爲考察營務將卒之員。」〔註 13〕1906 年，《學部奏請宣示教育宗旨
折》指出中國積弊在於「私」「弱」「虛」，而治其病之途則「非尙公尙武尙
實不可」。就「尚武」而言，東西各國，全國皆兵，自元首之子以至庶人，
若有當兵的義務，各國男女老幼無不以當兵爲樂，以戰死爲榮，這種風氣「實
由全國學校隱寓軍律，童稚之時已養成剛健耐苦之質地，由其風氣鼓蕩而不
能自己耳。」而中國人則無不言從軍苦，重私欲而輕忠義，重性命而輕國家，
鑒於此，「必以教育爲挽回風氣之具，凡中小學堂各種教科書，必寓軍國民
主義，俾兒童熟見而習聞之。」〔註 14〕1914 年，范源濂在《今日世界大戰中
之我國教育》中認爲應該明白世界大勢，振起尚武精神；他指出天下雖安，
忘戰必危，可以「振起學者尚武之精神」，爲當務之急。要達到此目的，則

〔註 12〕舒新城編：《中國近代教育史資料》上冊，人民教育出版社，1961 年版（1979
　　　　年重印），第 195 頁。
〔註 13〕舒新城編：《中國近代教育史資料》上冊，第 212～213 頁。
〔註 14〕舒新城編：《中國近代教育史資料》上冊，第 222～223 頁。

先除文弱積習，改不武之習性，愛重能武之人，「誠以充實國力之最良制度，莫如全國皆兵。……思夫不武者不足以爲國民，不武者不足以爲男子，則尚武之念，自油然而生矣。」鼓勵「知武之足貴」「養勇勵志，磨礪以須」的尚武精神與尚武教育。〔註15〕直到 1915 年 1 月，只做幾十天皇帝的袁世凱《頒定教育要旨》仍將「尚武」作爲重要教育宗旨：「國何以強，強於民；民何以強，強於民之身；民之身何以強，強於尚武。尚武之道分之爲二：曰衛身，曰衛國；合二爲一，衛身即衛國，衛國即衛身也。……尚武云者，乃煉其堅實之體格，非逞其血氣之作用也。乃驅之勇於公義，非縱之習於私鬥也。」〔註16〕隨後的 1915 年 2 月袁世凱的《特定教育綱要》認爲當時教育最大的缺點在於四方面，即一不重道德，二不重實利，三無尚武精神，四不切實用，所以要求「以道德教育爲經，以實利教育、尚武教育爲緯，以道德實利尚武教育爲體，以實用主義爲用」。〔註17〕總之，從晚清至民國初年，中國人受日本尚武文化的影響，大力改革教育，將「尚武」作爲教育要旨，作爲教育之體，以蕩除右文賤武之積弊，以養成剛健有力耐苦的質地，以振起尚武精神，最終達到衛身衛國、強身強國的一體化，以求中國能夠自立自強於列國之林。這是一種典型的日本式教育。以致過去的中國教育史學者都認爲，光緒二十八年（1902 年）的《欽定學堂章程》，整個是從日本學制裏抄來的。光緒二十九年（1903 年）的《奏定學堂章程》，除了張之洞附加了自己的幾分經古教育以外，也完全是照抄的。他們甚至斷言「本期新教育，完全就是日本式的教育。」「本期所有一切新教育的設施，大部分取法於日本」當時所用的教材，教學方法乃至學制等各方面，幾乎完全和日本一樣，教學用具也是從日本輸入的。這種模仿和取法工作，出諸留日學生之手。二十世紀初，中國剛興學堂，創設新式學校的時候，教員中大部分是留日學生，或是由受聘到中國的日本教習所教導出來的。〔註18〕日本教育從學制、設施、教材教法、教員的全面輸入，使得其中夾帶的日本的尚武文化感染中國成爲幾乎不可避免的趨勢。

〔註15〕舒新城編：《中國近代教育史資料》下冊，人民教育出版社，1961 年版（1979年重印），第 1065～1067 頁。

〔註16〕舒新城編：《中國近代教育史資料》上冊，人民教育出版社，1961 年版（1979年重印），第 251～252 頁。

〔註17〕舒新城編：《中國近代教育史資料》上冊，第 258～259 頁。

〔註18〕汪向榮：《日本教習》，中國青年出版社，2000 年版，第 211～212 頁。

正因如此，有學者才指出「五四」運動思想資源在十月革命以前，沒有受十月革命和俄蘇思想影響（前述章太炎、孫中山、陳天華、秋瑾等人無需贅言），就連「五四」先驅者的後輩如毛澤東也公認當時自己崇拜留日的李大釗、陳獨秀等的無政府主義思想，甚至連「帝國主義」一詞也早在 1895 年以前就從日本輸入中國，比列寧 1916 年寫作（1919 年被翻譯成中文）的帝國主義概念要早得多。〔註 19〕換言之五四運動外國思想資源大致受日本的浸染。也正因如此，不少出生或成長於晚清的作家對於那時候的尚武風氣不無留戀。如 1903 年出生後來留學美德的陳銓在其《五四運動與狂飆運動》中回憶「在民初的時候，全國的學校，充滿了軍國民主義，中小學沒有體育，只有兵操，學生唱的歌，大部分是救亡的戰歌。」〔註 20〕而 1892 年出生後來留學日本的郭沫若也指出「民國以來輕武的風氣煥然丕變。中華民國全身披掛了起來，確確實實地『武裝化』了。」〔註 21〕甚至從作家們的筆名、自號也可以看到尚武的凜凜雄風。如秋瑾自號「鑑湖女俠」，魯迅筆名「戛劍生」，有印章「戎馬書生」「文章誤我」，胡適筆名「鐵兒」，郭沫若號「尚武」，柳亞子筆名「俠少年」，茅盾筆名「佩韋」，李大釗筆名「劍影」，王統照筆名「劍先」「劍」「韋佩」，馮乃超筆名「李易水」，陽翰笙筆名「華漢」、「楊劍秀」，洪靈菲筆名「李鐵郎」，巴金筆名「佩竿」「比金」，蔣光慈筆名「俠生」「俠僧」，甚至連輕吟淺唱的徐志摩也取筆名為「大兵」，歌頌母愛童真的冰心也取筆名為「男士」。簡言之，無論是留學日本，留學歐美，還是並未留學，無論是男還是女，出生於晚清的新文學作家都直接或間接或多或少接受日本尚武文化。他們或崇尚俠骨錚錚（鑑湖女俠，易水，俠生，等），或敬佩男兒氣概（華漢，鐵郎，等），或讚賞兵器血刃（戛劍生、佩韋、劍影、比金，等），與此同時，也使曾經衰弱的俠士風範得以重新振作。從筆名、自號看是如此，從文章或思想看也是如此：例如 1885 年出生的周作人在晚清翻譯《域外小說集》希求民族解放，1905 年寫的《女獵人·約言》鼓吹英雄，謂「女軍人有名之英雄，女獵人無名之英雄」；五四時期他的《人

〔註 19〕周策縱著、周子平等譯：《五四運動：現代中國的思想革命》，江蘇人民出版社，1999 年版，第 356～357 頁。

〔註 20〕溫儒敏、丁曉萍編：《時代之波——戰國策派文化論著輯要》，中國廣播電視出版社，1995 年版，第 343 頁。

〔註 21〕郭沫若：《郭沫若全集·文學編》第 18 卷，人民文學出版社，1992 年版，第 371 頁。

的文學》以「勇」爲重要的道德品格，後來更是在「流氓鬼」與「紳士鬼」之間左衝右突。而 1891 年出生的胡適早年譯述《國殤》，表達其「以國旗裹屍，以萬花送葬」的豪願，1921 年 5 月的《四烈士冢上的沒字碑歌》、1921 年 10 月的《雙十節的鬼歌》等頌揚炸彈、暴力，希望用「新革命」推翻「這鳥政府」，趕跑「狼群」，這應與他早年受日式教育影響，以及當時北洋政府的腐敗有關。應該說，對日式教育與日本尚武精神的接受，離不開當時的社會環境，而選擇與接觸之後，根據個人差異，往往有兩種傾向，或者轉化，即接之受之而同化之，如留日作家魯迅、郭沫若等人；或者疏離，即接而不受或不久受深受，如留學西方的胡適等人，但前者居於中國現代文學的主潮，卻是不容否定的事實。故此，雖然說自辛亥革命以後，由於革命軍共同的目標清朝政府被推翻，以及其後的軍閥混戰，使得人們覺悟到尚武是致強之本，但也是致亂之由，翻然而知尚武不合國民性格，而開始「注意道德教育」，「以美感教育完成其道德」〔註22〕，身爲教育部長的蔡元培更大倡美育，提倡「以美育代宗教說」，從而使「尚武」從教育宗旨中逐漸隱退。但是，晚清出生的作家尤其是五四作家（以及後來的留日學生），其與日本「尚武」文化的深度接觸，致使「尚武」的暴力傾向已經成爲一種情結，一種心理積澱，遇著適當的時機便會流瀉乃至爆發出來，使其文學作品（思想）顯示出一種尚武崇暴的力感與雄風。因此。從「尚武」文化而言，正如郭沫若所言「中國的新文藝是深受了日本的洗禮的」。

二

中國新文學與東洋文化之間的微妙關係，是一個學界所無法迴避的不爭事實。但在如何提倡東洋文化的「尚武」精神方面，新文學作家顯然要比晚清精英表現高明。五四新文學作家首先強調與晚清作家之間的「漸變」關係，亦即從晚清的政治啓蒙爲主，演變爲五四運動的文化啓蒙爲主，並蒙上一層西方「人文」精神色彩。或者提倡個人主義，如胡適 1918 年發表《易卜生主義》，明確提倡要以西方的「少年血性湯」（個性主義）來挽救中國文學的危機，激活缺乏活力的中國社會，郁達夫則稱五四是「個人的發現」的時代。魯迅提倡「個人的自大」，同時爲自己「個人主義與人道主義的此消彼長」而

〔註22〕舒新城編：《中國近代教育史資料》上冊，人民教育出版社，1961 年版（1979 年重印），第 226 頁。

深深歎息，苦苦掙扎。而周作人的《人的文學》則試圖將歐洲文藝復興運動
以來的人道主義移用於中國新文學，提倡「人的文學」，反對「非人的文學」，
要用人道主義爲本，對人生諸問題，加以觀察、研究、分析，號召以嚴肅的
而非遊戲的態度去表現人生，展示理想的生活與人性，他將人道主義與個人
主義結合來談，他眼中的人道主義是一種「個人主義的人間本位主義」，從個
人做起，講人道，愛人類，「養成人的道德，實現人的生活」。〔註23〕

　　梁啓超在其《五十年中國進化概論》(1922) 中，對這種晚清至五四的「漸
變」情況分析得入木三分，透徹合理。他將晚清至五四運動的五十年的思想
進化分爲三期：

> 第一期，先從器物上感覺到不足。這種感覺，從鴉片戰爭後漸漸發動，
> 到同治年間借了外國兵來平內亂，於是曾國藩、李鴻章一班人，很覺
> 得外國的船堅炮利，確是我們所不及，對於這方面的事項，覺得有舍
> 己從人的必要，於是福建船政學堂、上海製造局等等漸次設立起來。
> 但這一期內，思想界受的影響很少，其中最可紀念的，是製造局裏頭
> 譯出幾部科學書。這些書現在看起來很陳舊、很膚淺，……因爲那時
> 讀書人都不會説外國話，説外國話的都不讀書，所以這幾部譯本書，
> 實在是替那第二期「不懂外國話的西學家」開出一條血路了。第二期，
> 是從制度上感覺不足，自從和日本打了一個敗仗下來，國內有心人，
> 眞像睡夢中著了一個霹靂，因想道，堂堂中國爲什麼衰敗到了這田
> 地，都爲的是政制不良，所以拿「變法維新」做一面大旗，在社會上
> 開始運動，那急先鋒就有康有爲、梁啓超一班人。這班人中國學問是
> 有底子的，外國文卻一字不懂。他們不能告訴人「外國學問是什麼，
> 應該怎麼學法」，只會日日大聲疾呼，説；「中國的舊東西是不夠的，
> 外國人許多好處是要學的。」……這件事的確能夠替後來打開一個新
> 局面，國內許多學堂，外國許多留學生，在這期內蓬蓬勃勃發生。第
> 三期新運動的種子，也可以説是從這一期播殖下來。……第三期，便
> 是從文化根本上感覺不足。第二期所經過的時間，比較的很長——從
> 甲午戰役起到民國六七年間止。約二十年的中間，政治界雖變遷很
> 大，思想界只能算同一個色彩。……革命成功將近十年，所希望的件
> 件都落空，漸漸有點廢然思返，覺得社會文化是整套的，要拿舊心理

〔註23〕周作人：《人的文學》，《新青年》第 5 卷第 6 號，1918 年 12 月 15 日。

運用新制度，決計不可能，漸漸要求全人格的覺悟。恰值歐洲大戰告
終，全世界思潮都添許多活氣，新近回國的留學生，又很出了幾位人
物，鼓起勇氣做全部解放的運動。所以最近兩三年間，算是劃出一個
新時期來了。〔註24〕

從梁啓超的這一番歷史總結與思想分析，再結合本文上述的資料與闡述，我們
可以得出幾個結論：一、無論是第一期的從器物上感覺不足，還是第二期的從
制度上感覺不足，其核心皆在尚武，或鼓吹富國強兵，或提倡尚武精神，或推
崇暴力革命。二、甲午戰敗，直接導致國內學堂的興盛與國外留學的大潮，但
留學生以留日爲大勢主流，國內學堂以尚武的日式教育爲要旨，使得日本的「尚
武」文化與精神源源不斷輸入，成汹涌澎湃之勢。三、由於不精通甚至不懂西
文，不能領悟「外國學問是什麼，應該怎麼學法」，只好通過同文同種的日本學
習西方，以求事半功倍，但實際上適得其反，浮光掠影地學到的是表層西學，
是日本以「尚武」文化爲基礎選擇的「尚武」西方，並最終被日本的「尚武」
文化與精神薰染，以學習日本爲重心。四、從第二期播殖下來的「第三期新運
動的種子」即五四作家以留日學生爲主體，加上受二三十年來的「尚武」洪流
激蕩，再加上不精通甚至不懂西文而誤讀西方〔註25〕，所以他們的西方「人文」
精神色彩的呈現並不意味著日式「尚武」精神色彩的消退。換言之五四時期，
日本「尚武」文化並不是單一闡釋的啓蒙元素，而是被融入到西方「人文」精
神中去加以推廣介紹。如此一來，「暴力敘事」作爲新文學的審美原則，也就順
理成章地變成了「西化」程序的合理因子。

　　然而「西化」的人文並沒能掩蓋「尚武」的光芒，早在五四新文學的發
難期，起源於晚清的「尚武」意識雖然還只是暗流，但已經從「文學革命」
的理論與實踐兩個層面，都得到了思路清晰的意圖「重現」：

　　首先是語言暴力。同是提倡文學改革，當留學美國的胡適客氣地將其稱
之爲「芻議」，而留學日本的陳獨秀卻振臂高呼爲「革命」；胡適則語態平和，
波瀾不驚，一如謙謙君子；而陳獨秀則言辭激烈，叫嚷著「打倒」「推翻」：「余
甘冒全國學究之敵，高張『文學革命軍』大旗，……旗上大書特書吾革命軍
三大主義：曰，推翻雕琢的、阿諛的貴族文學，建設平易的、抒情的國民文
學；曰，推倒陳腐的、鋪張的古典文學，建設新鮮的、立誠的寫實文學。曰，

〔註24〕梁啓超：《梁啓超選集》，上海人民出版社，1984年版，第833～834頁。
〔註25〕宋劍華：《五四文學精神資源新論》，《中國社會科學》，2006年第1期。

推倒迂晦的、艱澀的山林文學，建設明瞭的、通俗的社會文學。」甚至滿紙殺氣，有如好鬥之士：「有不顧迂儒之毀譽，明目張膽以與十八妖魔宣戰者乎？予願拖四十二生的大炮，為之前驅。」〔註 26〕胡適認為文學改良「此事之是非，非一朝一夕所能定，亦非一二人所能定。甚願國中人士能平心靜氣與吾輩同力研究此問題。討論既熟，是非自明。吾輩已張革命之旗，雖不容退縮，然亦決不敢以吾輩所主張為必是，而不容他人之匡正也。」中正平和，自由寬容，確具歐美的紳士風度。而陳獨秀則堅決主張「容納異議，自由討論，固為學術發達之原則，獨至改良中國文學當以白話為正宗之說，其是非甚明，必不容反對者有討論之餘地；必以吾輩所主張者為絕對之是，而不容他人之匡正也。」態度霸道，絕對，大有力敵萬夫、舍我其誰的威風，難怪胡適感歎其「這樣武斷的態度，真是一個老革命黨員的口氣」，其堅強有力的作風，正是日本「尚武」文化的投影。〔註 27〕同在日本留學的錢玄同在《中國今後之文字問題》中大罵「選學妖孽，桐城謬種」，高聲宣言：「欲使中國不亡，欲使中國民族為 20 世紀文明之民族，必以廢孔學、滅道教為根本之解決」；〔註 28〕在一封信中，他則把中國千年來的文學貶為「腐臭文學」，認為舊小說中十分之九，非誨淫誨盜之作，即神怪不經之談，或者見解迂謬，或者千篇一律，有價值者極少。〔註 29〕罵聲之響亮，態度之武斷，用詞之毒辣，與陳獨秀不相上下。而魯迅一上陣便以「狂人」姿態與戰士形象，通過對「狼子村」村民「吃人」歷史的藝術考察，毫不客氣地對中國傳統文化發動了猛烈攻擊。

語言的暴力性暗示著啟蒙的暴力性，這與五四啟蒙文學激進主義的極端情緒十分吻合。這種激烈甚至偏激的態度，胡適曾引用一個字來形容：「悍」。五四新文學運動發難者們用詞之尖刻，態度之武斷、見地之灼人，都體現出一種戰鬥意識，他們是把日本留學時養成的尚武精神、革命意志、鬥爭熱情，移到新文學運動的「戰場」上來了。〔註 30〕

〔註 26〕陳獨秀：《文學革命論》，《新青年》第 2 卷第 6 號，1917 年 2 月 1 日。

〔註 27〕胡適：《逼上梁山》，《中國新文學大系·建設理論集》（1917～1927），上海良友圖書公司，1935 年版（上海文藝出版社，2003 年影印本），第 27 頁。

〔註 28〕錢玄同：《中國今後之文字問題》，同上書，第 141～144 頁。

〔註 29〕錢玄同：《寄陳獨秀》，同上書第 48～51 頁。

〔註 30〕可以說，語言暴力與日本尚武文化精神沒有直接的對應關係，不能說只有留日派才有語言暴力，實際上不留日的作家如陳西瀅等也有，這從他與魯迅的筆戰中就知分曉。但是，如果說語言暴力是留日派作家相對於其他作家的一個顯著的、群體的、集中的特徵，則是合理的，符合歷史事實。究其原因，不能不考慮到日本尚武文化精神的或顯或隱的影響。

其次是尙武尙力。五四作家秉承晚清「尙武」餘緒，在現實危機與比較視野的刺激下，大倡尙武尙力之精神。

陳獨秀在其《敬告青年》、《新青年》、《今日之教育方針》、《抵抗力》、《東西民族根本思想之差異》等文章當中，沉痛地指出中國青年文弱無力，一如病夫的危機。他痛感中國曾受教育之青年，手無縛雞之力，心無一夫之雄，白面纖腰，嫵媚若處子，畏寒怯熱，柔弱若病夫。青年們以白面書生爲美，美其貌而弱其質，全國青年，悉秉蒲柳之姿，絕無桓武之態。艱難辛苦，力不能堪。青年墮落，壯無能爲。在盈千累萬的青年中，強健者竟如鳳毛麟角，舉國青年，悉如病夫，中國亦如病國，因而導致民族衰微。他繼而對這種青年頹敗局面發出一連串令人膽戰心驚而又發人深省的「天問」：「以如此心身薄弱之國民，將何以任重而致遠乎？他日而爲政治家，焉能百折不回，冀其主張之貫徹也？他日而爲軍人，焉能戮力疆場，百戰不屈也？他日而爲宗教家，焉能投迹窮荒，守死善道也？他日而爲實業家，焉能思窮百藝，排萬難，冒萬險，乘風破浪，制勝萬里外也？」而欲以此等文弱無力的青年、國民「角勝世界文明之猛獸，豈有濟乎？」「如此民族，將何以圖存？」〔註31〕

既探知中國之病症，必須窮究致病之因，所以陳獨秀接著一方面從政治與文化的切入角度，深入分析了中國人尙武精神缺乏的歷史原因：他認爲原因存在於三方面。一是學說文化之爲害：老尙雌退，儒崇禮讓，佛說空無。義儀偉人，稱以大盜；貞直之士，謂爲粗橫。充塞國民精神界者，無一強梁敢進之思。二是專制君主之流毒：全國人民，以君主之愛憎爲善惡，以君主之教訓爲良知。一人爲主，全國皆奴，民德、民志、民氣、民力，遂掃地而盡。三是統一之爲害：政權統一，天下同風，民賊獨夫，肆無忌憚。即有智勇豪強，非自毀人格，低首下心，甘受篡撬，奉令惟謹，別無生路。並此三因，造成今日國民薄弱不武的根性。〔註32〕這種分析，雖與晚清梁啓超等人的見解大同小異，但其崇武尙力之心歷歷可鑒。另一方面又明確倡導「獸性主義」：張揚意志頑狠，善鬥不屈，體魄強健，力抗自然，信賴本能，不依他爲活的「獸性特長」，並以此作爲中國教育的方針。以及敢於戰鬥的「精神抵抗力」與「身體抵抗力」。他讚揚「惡侮辱、寧鬥死」「好戰善鬥」「力抗艱難」

〔註31〕陳獨秀：《今日之教育方針》，《青年雜誌》，第 1 卷第 2 號；《新青年》，《新青年》，第 2 卷第 1 號。
〔註32〕陳獨秀：《抵抗力》，《青年雜誌》，第 1 卷第 3 號。

的西洋民族性，而貶抑「惡鬥死、寧忍辱」平和文弱的中華民族性，希望國民能夠汲取他者尚「武」尚「力」的「鬥士」精神，使中國永遠在人類競爭中立於不敗之地。因爲萬物之生存進化與否，悉以力之有無、強弱爲標準。欲求生存，欲求自立，不可不有抵抗之強力。而一旦喪失其抵抗之強力，勢必被征服，不能自保，遑論進化、自立與自強。簡言之，世界一戰場，人生一惡鬥，只要一息尚存，就應尚武尚力而不止。

　　二十八畫生（毛澤東）則鑒於「國力恭弱，武風不振，民族之體質，日趨輕細」的局面，大談體育救國之妙論，他認爲「動以營生也，此淺言之也；動以衛國也，此大言之也」，他更推崇一種「動」的精神：「人者，動物也，則動尚矣」「天地蓋惟有動而已」，「動之進取宜蠻，蠻則氣力雄，筋骨勁」，「力拔項王之山，勇貫由基之札」，「體育之主旨，武勇也」，必須猛烈、無畏、敢爲、耐久、意志堅毅，將「動」「力」「勇」融爲一體，以造人種之強。此外，他注重文武兼備，「顏習齋、李剛主，文而兼武。習齋飯遠跋千里之外，學擊劍之術於塞北，與勇士角而勝焉。故其言曰：文武缺一豈道乎？顧炎武，南人也，好居於北，不喜乘船而喜乘馬。此數古人者，皆可師者也。」以豪杰之士的文而兼武爲師，一反中國的尚柔好弱積習。他進而主張「欲文明其精神，先自野蠻其體魄；苟野蠻其體魄矣，則文明之精神隨之。」換言之，野蠻的體魄是培養文明的精神的首要程序與必經之路。〔註33〕正是在這種崇尚「動」「力」「勇」「蠻」的思想基礎上，發展出他的「以鬥爲樂」的精神境界：「與天奮鬥，其樂無窮！與地奮鬥，其樂無窮！與人奮鬥。其樂無窮！」總之，毛澤東想以貴力尚鬥的體育精神改善國民體質，進而改善國民精神，再改「國力恭弱」的局面爲「國力雄強」的勢態。另外，魯迅、李大釗、吳虞諸人都將中西文明區分爲「靜」的文明與「動」的文明，抵制前者而推崇後者。他們幾乎異口同聲地斷言：東方文化是自然的、安息的、消極的、依賴的、苟安的、因襲的、保守的；西方文化則是人爲的、戰爭的、積極的、突進的、進步的。〔註34〕他們不僅深受日本「尚武」文化薰染，還在文章中公開稱頌日本的「尚武」精神。如陳獨秀《今日之教育方針》引用並讚賞日本福澤諭吉的教育思想「教育兒童，十歲以前，當以獸性主義」，毛澤東的《體育之研究》也贊成「小學之時，宜專注重於身體

〔註33〕《體育之研究》，《新青年》，第 3 卷第 2 號，1917 年 4 月 1 日。
〔註34〕李大釗：《東西文明之根本異點》，《李大釗全集》第 2 卷，人民出版社，2006版，第 211 頁。

之發育，而知識之增進、道德之養成次之」，這顯然是受了日本福澤諭吉的「先健肉體，後育心靈」的思想影響；毛澤東同時還高度讚揚福澤諭吉的「文明其精神，野蠻其體魄」的思想。他們同時對日本整體的「尚武」文化大力讚賞：如陳獨秀在《今日之教育方針》中認爲「日本稱霸亞洲，唯此獸性故」；在《抵抗力》中對日俄戰爭中的日本名將乃木希典的名言「訓練青年，當使身心悉如鋼鐵」推崇備至；在《新青年》中要求以日本等國青年的「強武有力」「威武陵人」「壯健活潑」「進取有爲」作爲中國青年的榜樣，以養成強健之身體與雄強之精神。毛澤東也在《體育之研究》中稱道日本的武士道文化。簡言之，他們以日本的「尚武」文化爲榜樣，將中國傳統士大夫的「借思想、文化以解決問題」的方法轉變爲崇尚行動與暴力的思想與實踐，是一種典型的「武」與「士」的結合。

　　再者是鼓吹暴力革命的思想。一方面，直接鼓吹革命。如留學日本的李大釗在《Bolshevism 的勝利》中公開申明，社會主義革命的根本性質，就是「世界無產庶民對於世界資本家的戰爭」；例如在第一次世界大戰中德國戰敗，這種對德國的勝利，是民主主義的勝利，是社會主義的勝利，是 Bolshevism 的勝利，是赤旗的勝利，是世界勞工階級的勝利，是階級戰爭的勝利。在《庶民的勝利》中，他也針對資產階級的「大……主義」（專制主義），強調：大家爲抵抗這種強暴勢力的橫行，乃靠著互助的精神，提倡一種平等自由的道理。這等道理，表現在政治上，叫做民主主義。歐洲的戰爭，與我國內的戰爭，也是「大……主義」與民主主義的戰爭。結果都是民主主義戰勝，「大……主義」失敗。民主主義戰勝，就是庶民的勝利。〔註 35〕是勞工主義的勝利。因而他大力提倡社會革命，認爲社會革命作爲一個新革命的誕生，必經一番苦痛，必冒許多危險，但這種潮流是不可抗拒的，1917 年的俄國十月革命，就是二十世紀社會革命、世界革命的先聲。

　　而要達成社會革命、社會主義重要的不是空談主義，而是要實踐這種主義，重要的不是歷史唯物主義的經濟學說，而是歷史唯物主義中的階級鬥爭說，他大聲呼籲聯合工人作實際的準備活動，以階級鬥爭作最根本的解決。〔註 36〕他堅決贊成社會革命是一種「很堅、很廣、很深的感情的發

〔註35〕見 1918 年 11 月 15 日：《新青年》，第 5 卷，第 5 號。

〔註36〕李大釗：《再論問題與主義》，《文學運動史料選》第一冊，上海教育出版社，1979 年版，第 160～163 頁。

狂」，這種「發狂」的感情，「發狂」的潮流不可抵擋，擋之則死，因為「二十世紀的群眾運動，是合世界人類全體為一大群眾。這大群眾裏邊的每一個人、一部分人的暗示模仿，集中而成一種偉大不可抗的社會力。這種世界的社會力，在人間一有動蕩，世界各處都有風靡雲涌、山鳴谷應的樣子。」而在這世界的社會革命、群眾運動之中，歷史上殘酷的東西，什麼皇帝、貴族、軍閥、官僚、軍國主義、資本主義等等，「凡可以障礙這新運動的進路的，必挾雷霆萬鈞的力量摧拉他們。他們遇見這種不可擋的潮流，都像枯黃的樹葉遇見凜冽的秋風一般，一個一個的飛落在地。」〔註 37〕他堅信憑著這種勢不可擋、山鳴谷應、摧枯拉朽的革命力量，從此以後，到處所見的，都是布爾什維主義的勝利旗幟；到處所聞的，必將是布爾什維主義的凱歌；而此後的環球，必是赤旗的世界。但是當堅定的社會革命信念一旦回到中國的現實，他不禁滿懷唏噓：例如日本新思潮的代表黎明會大張社會主義，舊思潮的代表桐花會本著所信的道理、思想與之對抗，但中國新舊思潮二者皆死氣沉沉（而李大釗的階級鬥爭言論，歸根結底也不過是留學日本時接受的日本言論罷了）；如當年俄羅斯的暴虐政府殺戮青年志士，反而激起了革命思潮，培植了革命的自由花，而「像我們中國這樣黑暗的國家，對於世界革命的潮流，不問他是白是赤，一味作盲目的抗拒。等到潮流涌進了門，大家仍是昏沉沉的在黑塵中亂滾，白革命（即政治革命——引者注）會變成灰色，赤革命（即社會革命）會變成黑色。」〔註 38〕面對如此黑暗的、抗拒或壓製革命的社會現實，必須以橫暴的力量進行真正的解放，「不是央求人家『網開三面』，把我們解放出來，是要靠自己的力量，抗拒沖決，使他們不得不任我們自己解放自己。不是仰賴那權威的恩典，給我們把頭上的鐵鎖解開，是要靠自己的努力，把他打破，從那黑暗的牢獄中，打出一道光明來。」〔註 39〕而毛澤東在《湖南農民運動考察報告》中更是聲稱：「革命不是請客吃飯，不是做文章，不是繪畫繡花，不能那樣雅致，那樣從容不迫，文質彬彬，那樣溫良恭儉讓。革命是暴動，

〔註37〕李大釗：《Bolshevism 的勝利》，《新青年》第 5 卷第 5 號，1918 年 11 月 15日。

〔註38〕李大釗：《灰色的中國》，《李大釗全集》第 2 卷，人民出版社，2006 版，第366 頁。

〔註39〕李大釗：《真正的解放》，《李大釗全集》第 2 卷，人民出版社，2006 年版，第363 頁。

是一個階級推翻另一個階級的暴烈的行動。」〔註40〕

　　另一方面，將暴力革命與文學對接。如說難認為「傾向人生藝術說的人」的思想出發點，是「為著反抗黑暗的社會」。〔註41〕鄭振鐸則將這種精神的「反抗」與「革命」聯繫，提倡「血和淚的文學」，希望點燃「革命之火」：

> 我們現在需要血的文學和淚的文學，似乎要比「雍容爾雅」，「吟風嘯月」的作品甚些吧！「雍容爾雅」，「吟風嘯月」的作品，誠然有時能以天然美來安慰我們的被擾的靈魂與苦悶的心神，然而在此到處是榛棘，是悲慘，是槍聲炮影的世界上，我們的被擾亂的靈魂與苦悶的心神，恐總非它們所能安慰得了的吧。……「雍容爾雅」麼？恐怕不能吧！「吟風嘯月」麼？恐怕不能吧！然而竟有人能之；滿口的純藝術，剽竊幾個新的名辭，不斷的做白話的鴛鴦蝴蝶式的情詩情文，或是唱著與自然接近，滿堆上雲，月，樹影，山光，等字；他們的「不動心」，真是孔孟所不及。革命之火，燃吧，燃吧！青年之火，燃吧，燃吧！被擾亂的靈魂沸滾了，苦悶的心神漲裂了。兄弟們呀！果真不動心麼？記住！記住！我們所需要的是血的文學，淚的文學，不是「雍容爾雅」「吟風嘯月」的冷血的產品。〔註42〕

雖然「血和淚的文學」並沒指出文學的階級性，「革命」也沒明確是「階級革命」還是「政治革命」，但其對「革命」的崇尚是不言而喻的，更何況熱血澎湃、「靈魂沸滾」、「苦悶漲裂」以及憂國憂民的情懷所共同鑄就的力量，很有可能將「血和淚」的憂憤化作「火與劍」的雄豪，這從中國現代文學的發展歷程中已經得到證明，證明這已經不只是一種心理傾向，還是一種歷史趨勢。

　　沈澤民等人則將革命暴力思想，直接轉化為「血」與「火」的功利主義文學觀。他們或者認為文學無用、墮落：如秋士的《告研究文學的青年》反對以愛與美、解決社會問題為目的的各種各樣的文學觀，認為文學無用，不會有益於社會問題的解決，托爾斯泰、屠格涅夫等人比不上列寧，一個甘地勝過一百個文學家的泰戈爾。〔註43〕鄧中夏更罵新詩人為「混蛋」，甚至上綱

〔註40〕毛澤東：《湖南農民運動考察報告》，《毛澤東選集》第一卷，人民出版社，1991年版，第17頁。

〔註41〕說難：《我對於創作家的希望》，《小說月報》第12卷第7號，1921年7月。

〔註42〕《血和淚的文學》，1921年6月30日，《文學旬刊》，第6期。

〔註43〕秋士：《告研究文學的青年》，《文學運動史料選》第一冊，上海教育出版社，1979年版，第391～392頁。

上線,「若長此下去,民智日昏,民氣日沉,亡國滅種,永不翻身,這不是此輩爛羊頭的新詩人之罪嗎?」〔註44〕火氣十足。沈澤民也痛快淋漓的譏諷道:「我們生在現代而愛好文學鑒賞文學,不過像乞兒玩耍他自己所手製的胡琴而已,決談不上藝術;藝術是將來的東西,在現在這種剝削奴隸的時代,並沒有藝術。」〔註45〕將藝術低賤化,甚至取消現時代藝術的地位。此外,他們又將文學工具化、功利化、革命化:鄧中夏在《貢獻於新詩人之前》中認爲文學是促進革命自覺、增強革命勇氣的「最有效的工具」,要求作家必須多做表現民族偉大精神的作品,使人民革命奮鬥,爲國效死,必須多描寫社會實際生活,披露黑暗、改造社會。而沈澤民則指出這是一個「舊的階級已自己走到他的滅亡的道路,新的階級正在覺醒起來凝聚他自己的勢力」的「暴風雨的時代」他指責對於這種民眾的反抗精神,沒有哪一個大文學家能替它留一個影片,並且認爲這個影片,若是能夠留下來,雖不能算爲文學之終極的造詣,終能勝過一切過去時代的文學。並且這種文學,也正是現在他們所需要的文學。他大聲疾呼「文學者不過是民眾的舌人,民眾的意識的綜合者:他用銳敏的同情,了澈被壓迫者的欲求,苦痛,與願望,用有力的文學替他們渲染出來;這在一方面,是民眾的痛苦的慰藉,一方面卻能使他們潛在的意識得到了具體的表現,把他們散漫的意志,統一凝聚起來。一個革命的文學者,實是民眾生活情緒的組織者。」並認爲這種將民眾生活情緒、革命潛能組織、統一、凝聚起來的革命文學,是革命文學家在革命時代所成就的革命事業。〔註46〕另外,他們都重視行動而輕視文學,強調作家應投身於革命事業:如秋士號召文學家放棄文學,「拋去錦綉之筆,離開詩人之宮,」直接參加實際革命運動。(《告研究文學的青年》)鄧中夏認爲革命詩人不親歷其境,無論作品寫得多麼華美、正確、鏗鏘,都不能深刻動人,只是「空嚷革命而不去實行」者的閉門造車式的揣測或空想,因而主張新詩人必須從事革命的實際活動,並稱頌「引刀成一快,不負少年頭」的革命精神。(《貢獻於新詩人之前》)沈澤民也主張革命的文學家應該直接參與革命運動,因爲「詩人若不是一個革命家,他決不能憑空創造出革命的文學」,也決不能瞭解「無

〔註44〕中夏:《貢獻於新詩人之前》,《文學運動史料選》第一冊,上海教育出版社,1979年版,第395頁。

〔註45〕澤民:《文學與革命的文學》,《文學運動史料選》第一冊,第404頁。

〔註46〕澤民:《文學與革命的文學》,《文學運動史料選》第一冊,第405頁。

產階級的每一種潛在的情緒」，故而不配創造革命的文學；他進而主張新文學
作家應以革命戰士的社會身份，「走到戰線上去為革命而流血」。(《文學與革
命的文學》) 郭沫若也高聲吶喊，要如暴風一樣怒號，如火山一樣爆發，要作
個「人生的戰士」與醜惡的社會交戰，要提起「全部的血力」，全部的生命反
抗「資本主義的毒龍」，「要在文學之中爆發出無產階級的精神」，要以「生命
的炸彈」來打破資本主義這毒龍的魔宮，把一切腐敗的存在「掃蕩盡、燒葬
盡」。〔註47〕總之，沈澤民、郭沫若等作家不僅將革命暴力思想融入文學，還
直接號召文學家為革命而戰鬥流血，將文學作品與文學家都納入革命暴力，
將「詩人」與「戰士」(精神戰士、實際戰士) 結合，使「暴力」成為一種審
美特徵，同時也成為一種行動傾向，為以後文學界大規模的「棄文尚武」開
了風氣。

再四是暴力敘事。在五四新文學創作當中，魯迅、郭沫若與郁達夫分別
代表著三種「暴力敘事」傾向：魯迅早期小說因啟蒙主義的客觀需要，擅長
描寫「吃人」、「殺頭」與「復仇」等故事題材；不過此時魯迅筆下的「暴力
敘事」，無論是阿Q的被「殺」還是夏瑜的「砍頭」，作者所張揚「暴力」的
真實目的，並不是肯定「暴力」而是要否定「暴力」(皆指統治暴力)，其「暴
力敘事」的人文色彩，顯然要大於其「暴力啟蒙」的尚武精神。但正是統治
者等的暴力干涉，使得魯迅逐漸將思想啟蒙推向絕境，從而「棄文尚武」，提
倡暴力革命。郭沫若的詩集《女神》，從《立在地球邊放號》到《我是個偶像
的破壞者》，從《巨炮之教訓》到《匪徒頌》，詩人在諸多「火山爆發」式的
詩篇當中，將自己反抗破壞的叛逆情緒，宣泄的洋洋灑灑暢快淋漓，其對話
語「暴力」的崇拜之心，令人讀後歷歷在目一覽無餘。郁達夫則有所不同，
他往往是以對主人公「病態」心理與頹廢精神的深度刻畫，委婉而含蓄地去
傳達他「尚武」強國的情感渴望；如《沉淪》中那位壯志未酬、國恥未雪的
「零餘者」，投海自盡前「祖國啊祖國！我的死是你害我的」心靈呼喚，其實
就是郁達夫小說潛「暴力敘事」的生動寫照。從啟蒙主義的歷史語境出發，
我們完全理解新文學作家筆下的「暴力敘事」，對於「暴力」詞義具有一種全
新概念的文化超越；但從文化發生學的角度來說，「暴力敘事」作為新文學作
家啟蒙主義的思想武器，它既不可能割裂中華民族的文化傳統，也難以去包
容現代西方的人文精神(在以基督教文化為基礎的西方文明中，是反對以「暴」

〔註47〕郭沫若：《我們的文學新運動》，《文學運動史料選》第一冊，第387～390頁。

制「暴」的)。所以,魯迅等新文學作家「荷戟獨仿徨」的焦慮心態,恰恰揭示了啓蒙者的功利意識與人格悲劇。

<h1 style="text-align:center">三</h1>

　　五四後期,新文學作家的人文思想啓蒙激情遭遇了一個無情的現實,就是百呼一應甚至百呼不應,啓蒙無形中失去了應有的效應,甚至失去了對象,如魯迅在《吶喊·自序》所言:「獨有叫喊於生人中,而生人並無反應,既非贊同,也無反對,如置身毫無邊際的荒原」,啓蒙處於一種寂寞悲凉的「荒原」狀態。這樣毫無邊際的寂寞「荒原」急需一種強烈甚至強暴的刺激將其打破,並爆發出一種高強度的聲音成爲新的指路明燈,如此,極具刺激性的暴力革命與暴力啓蒙,便順理成章地凸顯出來。更進一步,可以說當人文啓蒙發展到個性極度張揚、自由感極端強烈,但是又遭遇到極大的障礙、壓抑到極爲苦悶的時候,自然會傾向力感,而力感積聚到極致,就自然會傾向於暴力啓蒙(政治啓蒙),給人文啓蒙清除前進道路上的障礙。這樣一種邏輯關係和歷史規律,必須理清。換言之,伴隨著五四思想啓蒙運動的社會「失效性」,新文學作家也開始由「暴力敘事」的「隱性」描寫,逐漸轉向了「暴力啓蒙」的「顯性」而「集中」的表達。(但是必須清醒認識的是,這種人文啓蒙的政治轉變卻注定是悖論,因爲當暴力(政治)啓蒙以其「有效性」爲人文啓蒙「迅速」解決障礙的同時,它與中國文人的積極入世、殺身成仁的思想結合,很快偏離人文啓蒙設定的軌道,使得人文啓蒙成爲微弱的「流」而非壯闊的「潮」;更有甚者,中國作家會因爲人文啓蒙的「無效性」(弱效性)和「緩慢」性,貶低甚至取消人文啓蒙存在的合理性。這兩者合起來就是五四思想轉型和三四十年代的思想主脈,用巴金的話說在這個人吃人的世界上,是不能主張人與人相愛的)

　　長期以來,學界一直都將中國現代作家的思想轉型,定爲 1928 年出現的「革命文學」口號之爭;而作爲五四新文學的核心人物,郭沫若卻認爲早在1924 年,他就埋葬了「昨日的思想」〔註48〕;王統照也在《春花·自序》《銀龍集·序》中認爲,1924 年是啓蒙結束而回歸務實的歷史轉折點。其實這些說法都明顯有誤,真正的時間窗口應是 1926 年前後。我們之所以十分強調1926年的時間重要性,是因爲有幾個因素在彰顯著作家情緒的時代變化:

〔註48〕郭沫若:《郭沫若佚文集》(上冊),四川大學出版社,1988 年版,第 127 頁。

　　一是郭沫若 1926 年發表了致成仿吾的信，信中不無淒涼地哀歎道：「我們內部的要求和外部的條件不能一致，我們失卻了路標。」(《孤鴻──致成仿吾的一封信》)至於為什麼「失卻了路標」，郭沫若並沒有說明，倒是魯迅後來對此做過詮釋：「那時覺醒起來的智識青年的心情，是大抵熱烈，然而悲涼的。即使尋到一點光明，『徑一周三』，卻更分明的看見了周圍的無涯際的黑暗。」「他們是要歌唱的，而聽者卻有的睡眠，有的槁死，有的流散，眼前只剩下一片茫茫白地，於是也只好在風塵澒洞中，悲哀孤寂地放下了他們的箜篌了。」〔註49〕這種「光明」與「黑暗」、「歌者」與「聽者」的強烈對比，直接導致了新文學作家的啓蒙無效性體驗（悲哀孤寂），以及他們對啓蒙理想的絕望與放棄（放下箜篌）。有學者指出：「歌唱」是指新文學創作中所反映出來的人文主義啓蒙意識，而「聽者」是指思想愚昧不思醒悟的落後國民群體。當「五四」新文學的啓蒙主義並沒有取得原先主觀預想的實際效果時，放下「箜篌」也就暗示著新文學作家對其最初所選擇的西方人文價值理念的絕望和放棄。〔註50〕例如魯迅的《仿徨》和《野草》、郭沫若的《星空》、聞一多的《死水》、茅盾的《蝕》三部曲、丁玲的《夢珂》和《莎菲女士的日記》等作品所表現的精神苦悶，已不僅僅是對人物形象的藝術描寫或客觀反映，更是生動表達了新文學作家本人靈魂深處思想矛盾與求索焦慮。

　　啓蒙的「歌者」放下「箜篌」，究其原因，有四：第一是啓蒙知識分子所面對的啓蒙對象的素質欠缺，十八世紀歐洲啓蒙主義先驅者們則不同，他們「向之講道的歐洲，是一個已做好了一半準備來聽他們講道的歐洲……他們所在進行的戰爭是一場在他們參戰之前已取得一半勝利的戰爭。」〔註51〕第二是啓蒙知識分子急功近利的浮躁情緒，「欲速而不達」時則對所達之物（人文主義理想）懷疑甚至放棄，這一方面由於中國傳統的實用理性「務實」，故此對人文主義理想這種「務虛」的東西很難堅定、長期擁護；另一方面，大概是日本留學的「速成班」風氣與教育，有意無意中給留日作家一種「速成」的心理圖式暗示。第三是帶著面對東洋西洋雙重自卑的民族自強情緒的五四作家，想把二者特別是歐美幾百年的文化資源一下子接受與消化，以達到「立

〔註49〕魯迅：《魯迅全集》第 6 卷，人民文學出版社，1981 年版，第 243～244 頁。
〔註50〕宋劍華：《前瞻性觀念──三維視角中的中國現代文學史論》，文化藝術出版社，2005 年版，第 112 頁。
〔註51〕Peter・gay《啓蒙運動：一項解釋，現代異教的興起》，轉引自韓毓海《鎖鏈上的花環──啓蒙主義文學在中國》，時代文藝出版社，1993 年版，第 16 頁。

人」與「立國」的民族自強目的，而沒把是否能消化的問題以及中國與歐美的時間差距和文化差距問題納入視野。第四，新文學作家受日本「尚武」文化的影響，融合傳統的「俠士」風範，產生一種複雜微妙的心理結構：「武」與「士」之「道」（精神），上述五四初期的「尚武重現」就是這種心理結構的較好注釋，這種心理結構的兩因素互相聯繫，此消彼長，當「文化」啓蒙熱情減退，「暴力」（政治）啓蒙便提上了議事日程，愈演愈烈。

二是從「棄醫從文」到「棄文尚武」（輕文重武），新文學作家的社會角色，自覺地發生了由「詩人」向「戰士」的集體轉變。如魯迅終於發現「文學文學，是最不中用的，沒有力量的人講的」，「一首詩嚇不走孫傳芳，一炮就把孫傳芳轟走了。」〔註52〕而「改革最快的還是火與劍。」〔註53〕郭沫若也斬釘截鐵地聲稱：「要解決人類的痛苦，那不是姑息的手段可以成功的」，文學啓蒙根本不會發生實際效應，最終只能「以武力來從事解決。」〔註54〕郁達夫不僅依然肯定「二十世紀的文學上的階級鬥爭，幾乎要同社會實際的階級鬥爭，取一致的行動」，〔註55〕還對1926年後這兩種「階級鬥爭」的發展前景進行了大膽的預測：「我對於中國無產階級的擡頭，是絕對承認的。所以將來的天下，是無產階級的天下，將來的文學，也當然是無產階級的文學。」〔註56〕主張「爲人生而藝術」的茅盾此時思想也發生了動搖，呼籲「拋棄了溫和性的『民眾藝術』這名兒，而換了一個頭角崢嶸，鬚眉畢露的名兒——這便是所謂『無產階級藝術』」，態度漸趨激進，要求「無產階級爲求自由，爲求發展，爲求達到自己歷史的使命」，應該「訴之武力，很勇敢的戰爭」，提倡「由於歷史的信念與剛毅的意志而發生的革命精神與作戰的勇氣」，「無產階級必須力戰而後能達到他們的理想」。其對「革命」的尊崇和對「力戰」的肯定，溢於言表。〔註57〕在其他場合，茅盾認爲「在我們這時代，中產階級快要走完了他的歷史的路程，新

〔註52〕魯迅：《魯迅全集》第3卷，人民文學出版社，1981年版，第417、423頁。
〔註53〕魯迅：《兩地書・一〇》，《魯迅全集》第11卷，人民文學出版社，1981年版，第39頁。
〔註54〕郭沫若：《郭沫若佚文集》（上冊），四川大學出版社，1988年版，第165頁。
〔註55〕郁達夫：《文學上的階級鬥爭》，《郁達夫全集》第10卷，浙江大學出版社，2007年，第44頁。
〔註56〕郁達夫：《對於社會的態度》，《郁達夫全集》第10卷，浙江大學出版社，2007年版，第446頁。
〔註57〕茅盾：《論無產階級藝術》，《茅盾全集》第18卷，人民文學出版社，1989年版，第501～514頁。

鮮的無產階級精神將開闢一新時代，我們的文學者也應該認明了他們的新使命，好好的負荷起來。」對無產階級文學推崇的同時，更進而要求以此喚起、增強革命力量，他號召作家緊緊抓住被壓迫階級的「革命運動的精神」，用深刻偉大的文學表現出來，使這種革命精神深印入被壓迫者的腦筋，「因以保持他們的自求解放運動的高潮，並且感召起更偉大更熱烈的革命運動來！」〔註58〕而被壓迫階級的「革命」與「暴力」的聯繫是不言而喻的，這正與以上他的「力戰」思想不謀而合。無論是「爲人生」的魯迅、茅盾，還是「爲藝術」的郭沫若、郁達夫，儘管其人生觀、藝術觀存在著極大的差異，但都在 1926 年前後自覺傾向於革命和暴力啓蒙，這是令人深思的歷史事件和藝術事件。可以說，他們當年留學日本時所接受的「尚武」影響，以及晚清日式尚武教育的火種，此時都得到了爆發性的全面體現。而且，我們理應實事求是地承認，「魯迅、郭沫若、茅盾、郁達夫等人在『五四』中國文壇上，客觀存在著一種巨大的社會影響力和精神號召力。他們思想的急劇變化，必然會波及到整個新文學陣營，並使之迅速轉變成一種新文學作家的社會群體行爲。」〔註59〕使無產階級革命暴力啓蒙成爲一種大勢與主潮。

　　除了上述兩個因素之外，我們還應對日本文藝學家廚川白村的《苦悶的象徵》，重新去加以理解和認識。廚川白村生前，《苦悶的象徵》前兩章發表在 1921 年一月份的《改造》雜誌上，明權（孔昭綬）敏銳地覺察到廚川文藝理論的重要性，將其迅速翻譯出來，連載於 1921 年 1 月 16 日至 22 日的《時事新報》副刊《學燈》上，後來樊仲雲把《苦悶的象徵》的第三章翻譯出來發表於 1924 年 10 月《東方雜誌》第 21 卷第 20 號上，距離廚川白村死後日本編輯出版《苦悶的象徵》的 1924 年 2 月僅半年多時間。1924 年 8 月，魯迅在北京買到《苦悶的象徵》，9 月 22 日開始翻譯，10 月 10 日譯完，10 月 1～31 日在《晨報副携》上連載讀書，1924 年 12 月作爲《未名叢刊》之一由北京新潮社代售，1925 年 3 月又改由北新書局出版。魯迅在翻譯期間，還把譯稿當作講義發給北大、北師大、女師大的學生們。豐子愷雖先於魯迅翻譯《苦悶的象徵》，但出版卻反而靠後，1925 年 3 月作爲文學研究會叢書由上海商務印書館出版。〔註60〕而當時在日本留學的創造社作家們，於 1923 年前後就開

〔註58〕茅盾：《文學者的新使命》，《茅盾全集》第 18 卷，第 541 頁。

〔註59〕宋劍華：《前瞻性理念》，文化藝術出版社，2005 年版，第 115 頁。

〔註60〕王成：《〈苦悶的象徵〉在中國的翻譯及傳播》，《日語學習與研究》，2002 年版，

始接受《苦悶的象徵》的影響；如郭沫若宣稱「文藝是苦悶的象徵」（《論國內的評壇及我對於創作上的態度》），「我郭沫若所信奉的文學定義是：『文學是苦悶的象徵。』」（《暗無天日之世界》）；鄭伯奇也指出苦悶是現代文學的原動力（《國民文學論》）；郁達夫稱自己的創作是「敘述現代的苦悶」（《沉淪‧自序》），並將藝術家的苦悶歸之於「象徵選擇的苦悶」（《文學概說》）。〔註61〕簡言之，《苦悶的象徵》1921 年開始被輸入中國，1923 年前後開始影響中國的文學社團（創造性），而 1926 年前後隨著魯迅譯本、豐子愷譯本的出版、傳播，集中影響中國作家，（尤其是魯譯本，到 1929 年就印行了 7 版，到 1935年出到 12 版）就連當時的文學理論書籍如郁達夫的《文學概說》、田漢的《文學概論》、許欽文的《文學的概論》等也援引《苦悶的象徵》的觀點。綜觀《苦悶的象徵》在中國的接受史，我們發現雖然它影響廣泛，但深受其浸潤的重要作家主要是留日作家，如魯迅、郭沫若、郁達夫、田漢、成仿吾、鄭伯奇、豐子愷、謝六逸、胡風，以及與留日作家關係密切的作家如錢杏邨、路翎等。

在近代日本文學中，《苦悶的象徵》一書與新文學關係尤甚，以致曾有學者如此斷言：「《苦悶的象徵》為影響五四乃至整個中國現代文學最重要的外國文學理論著作」。〔註62〕但國內學界對於《苦悶的象徵》的關注焦點，往往是集中於「苦悶」、創造精神及藝術手法這三個方面，而人為地忽略了「苦悶之頂」或「苦悶之後」的情感問題；而這一點卻恰恰為厨川白村所高度重視，即在壓抑力與生命力衝突的過程當中，生命力所表現出來的「暴力性質」：它具有著「猛烈的爆發性、危險性、破壞性、突進性」，以及「要爆發，要突進，要自由和解放的不斷的傾向」，「嘗那立馬陣頭，一面殺退幾百幾千的敵手，一面勇往猛進的戰士一樣的酸辛」，甚至他還公然去讚賞人的「獸性和惡魔性」。〔註63〕它是「突進不息」的力，「只是突進，只是跳躍」，「因為有生的苦悶，也因為有戰的苦痛，所以人生才有生的功效」，所以要一邊經驗苦悶，一邊戰鬥，這是「追趕向上一路的生命的進行曲，也是進軍的喇叭」，「生命力愈旺盛，這衝突這糾葛就該愈激烈。一面要積極底地前進，另一面又消極底地要將這阻住，壓下。並且要知道，這想要

第 1 期。

〔註61〕轉引自方長安：《選擇‧接受‧轉化》，武漢大學出版社，2003 年版，第 129～130。

〔註62〕方長安：《選擇‧接受‧轉化》，武漢大學出版社，2003 年版，第 128 頁。

〔註63〕魯迅：《魯迅全集》第 13 卷，人民文學出版社，1973 年版，第 23～31 頁。

前進的力，和想要阻止的力，就是同一的東西。尤其是倘若壓抑強，則爆發性突進性即與強度爲比例，也更加強烈，加添了熾熱的度數。將兩者作幾乎成正比例看，也可以的。稍爲極端地說起來，也就不妨說，無壓抑，既無生命的飛躍。」他甚至推崇「生是戰鬥」。〔註64〕應該說，厨川白村將「苦悶的象徵」與「力的象徵」融會貫通，二者同等重要，苦悶也是一種力，是在力的衝突中欲爆發而未爆發的狀態，並非如有的評論者所說厨川白村只重「力的衝突」而不重「反抗的力」。〔註65〕而對於《苦悶的象徵》的翻譯者魯迅來說，他對該書的接受也是在於「苦悶」與「力」這兩方面：如《譯〈苦悶的象徵〉後三日序》，他強調「生命力受壓抑而生的苦悶懊惱乃是文藝的根柢，而其表現法乃是廣義的象徵主義」〔註66〕，即強調「苦悶」的一面；而《苦悶的象徵・引言》則重視「力的突進和跳躍」。〔註67〕只不過，在純文學創作方面，他注重「苦悶的力」，如他在小說中把啓蒙推向絕境，就是要營造一種苦悶中欲爆發而未爆發的「力的衝突」狀態，暗示著「苦悶之頂」的爆發與「苦悶之後」的突進，從「文化」啓蒙逐漸走向「暴力」（政治）啓蒙；而在理論方面，魯迅擺脫了題材的限制，在《近代木刻選集（2）・小引》中鼓吹「有力之美」與「力的藝術」，並且直接在《革命時代的文學》、《革命文學》等文章中，提倡「反抗的力」，即暴力革命。1926年之後魯迅的這種轉變，除了社會政治形勢的影響外，《苦悶的象徵》不能不說是一個重要的因素。而且可以說，中國現代作家群體對《苦悶的象徵》的接受，也經歷一個啓蒙無效體驗後的「感覺苦悶」，到「希冀強力」的轉變，即由個人與社會的苦悶演變爲「苦悶之頂」與「苦悶之後」的「暴力崇尚」，轉向暴力革命，暴力抗爭。

　　1926年之後，能把《苦悶的象徵》中「突進、反抗的力」直接集中用於文學批評的作家，當推錢杏邨爲首。〔註68〕他早在1927年就運用此一理論批評文

〔註64〕魯迅：《苦悶的象徵》，《魯迅全集》第13卷，人民出版社，1973年版，第21～44頁。

〔註65〕王燁：《論〈苦悶的象徵〉對錢杏邨30年代文學批評的影響》，《中國現代文學研究叢刊》，2001年版，第4期。

〔註66〕魯迅：《魯迅全集》第10卷，人民文學出版社，1981年版，第235頁。

〔註67〕魯迅：《魯迅全集》第13卷，人民文學出版社，1973年版，第18頁。

〔註68〕瑪利安・高利克：《中國現代文學批評發生史》（社會科學文獻出版社1997年）提及此點，而王燁：《論〈苦悶的象徵〉對錢可?30年代文學批評的影響》（《中國現代文學研究叢刊》，2001年，第4期）申論之。

學作品，並把相關文章結集爲《力的文藝》（原擬題爲《力與爭鬥》）出版，僅從書名就可管窺其對「力」的崇拜。在該書的《〈情盜〉》中，他認爲《情盜》表現了大地主的窮凶極惡，與農奴們不屈服的抗鬥的兩種「對抗的力」，認爲「用生命去抗鬥」是「天地間最偉大的力」，他主張「反抗性最強烈」的「報仇精神」，「義俠烈行」，他甚至鼓吹「強盜崇拜」：「只有作強盜可以劫富濟貧，可以除奸伐暴，可以替被壓迫的民眾打一點抱不平，泄泄自己心頭的憤怒。……我們試睜開眼睛向黑暗的國度裏一看，除去強盜，有幾個有人性的人！除去強盜，有幾個主持正義的人！」他推崇《水滸》裏的英雄，甚至主張「當強盜去！……去爲被壓迫的階級報仇」，把強盜推爲「全人類光明的代表」。〔註69〕在《〈強盜〉及〈尼伯龍根之歌〉》中，他指出「強盜的俠義固然使我的心中震懾，他們的勇敢，毅力，大無畏精神也是值得我們永久的崇拜。所以對於剛毅不屈，對社會不妥協，不怕阻礙而勇往直前的壯士，也是我所愛謳歌的。」他謳歌「狂風暴雨時代的力」「偉大的英雄的力」「和火一般的熱」，「和鐵一般的堅強」，「充塞了宇宙，使天地都爲之震動，全人類都爲之顫抖的力」，以「暴力糾正世間的不平」的力，對「力」的狂暴、堅強、偉大、震撼極端崇拜。他甚至將暴力視爲藝術，「暴動時代的犧牲和流血委實不能否認不是一種 Art（藝術）」。他更表達了自己的心迹：愛和粗暴的人們在一起，愛讀關於強盜的書，將來也可能去當強盜。〔註70〕即使是對革命家，他也強調「力」的戰鬥：「在現在沒有事業比革命家的事業更高尚，更爽快。獨自個，在爭自由的戰鬥中，讓一切人類的力緊張到極度，不是打斷鐐銬，就是粉身碎骨，——只有那時才是好男兒逞好身手的機會。」〔註71〕換言之，無論是群眾的力，強盜的力，革命者的力，無論是復仇的力，暴動的力，戰鬥的力，革命的力，「力」都以一種高強度的音量擊碎「苦悶」，化苦悶爲力量，化暴力爲偉力，對五四運動後期的「棄文尚武」作了回應，對三十年代的革命暴力崇尚作了推動。錢杏邨還從「力的反抗、突進」角度要求茅盾等「在今後的創制中，在技巧方面表現出偉大的力量！要震動！要咆哮！要顫抖！要熱烈！要偉大的沖決一切，破壞一切，表現出狂風暴雨時代的精神的力量！」〔註72〕簡言之，錢杏邨的評論文章從思想到文字（形式）

〔註69〕阿英：《阿英全集》第1卷，安徽教育出版社，2003年版，第74～77頁。
〔註70〕阿英：《阿英全集》第1卷，安徽教育出版社，2003年版，第106～110頁。
〔註71〕阿英：《阿英全集》第1卷，安徽教育出版社，2003年版，第84頁。
〔註72〕《中國新文學大系1927～1937年・文學理論集一》，上海文藝出版社，1987年版，第648頁。

都表現出一種對「力」的崇拜，都與厨川白村的生命力的「暴力性質」深刻結緣。

總之這種生命力的「暴力性質」，對於魯迅、郭沫若乃至五四新文學作家群體「棄文尚武」的思想成型，以及他們從「詩人」到「戰士」的角色轉變，都曾產生過巨大而深刻的內在影響。當中國現代作家的「戰士」形態一旦被確立，那麼「暴力敘事」作爲輔助於政治啓蒙的主要表現形式，它便必然會演化成中國現代文學的審美追求。這是一個不以人們意志爲轉移的自然邏輯法則。

第二節 魯迅的「暴力」吶喊與暴力啓蒙

一

1895 年中國在甲午戰爭中慘敗於蕞爾島國日本，給中國造成的巨大影響就是國人紛紛留學日本，國內教育也仿傚日本，而其重心便是正視日本尚武而強的事實，取法日本的尚武文化，以達到民族自立自強，強國強種的目的。

就魯迅而言，他先後接受國內的日式教育與日本的尚武文化（當然魯迅的尚武思想因子也與傳統的殺身成仁、除暴安良、積極入世的精神有關，也與浙東文化的報仇雪恥精神有關，只是所論甚多，此不贅言）。在南京學習時期（1898～1901 年），按他《吶喊・自序》所言是從那時起才知道世上還有體操（據上所述，「體操」便是國內日式教育規定的科目），這種日式尚武教育風氣使他課餘尤好騎馬。關於此，他時常提起，引爲快事，如在《雜憶》（1925）中他回憶在南京做學生時騎馬經過明故宮（當時爲滿人駐防處），在臨死的前一年的《書信 350129・致蕭軍、蕭紅》中不無自豪地來了個「好漢喜提當年勇」，提及他少年時身爲南方人，「但我不會弄船，卻能騎馬，先前是每天總要跑它一兩點鐘的」。〔註73〕他的騎術「據說程度還不錯，敢於和旗人子弟競賽」。〔註74〕這很明顯與日式教育的「尚武」和其中蘊含的民族主義相關，按照周作人的解釋，魯迅常跑馬到明故宮一帶去，那時明故宮是滿洲人駐防兵的駐所，雖然在太平天國之後，氣焰已經下去了不少，但是還存在很大的歧視，至少漢人騎馬到那裏去是很不平安，要遇著叫罵投石的。魯迅冒著這個

〔註73〕魯迅：《魯迅全集》第 13 卷，人民出版社，1981 年版，第 38 頁。
〔註74〕許廣平：《關於魯迅的生活》，《魯迅回憶錄》專著中冊，北京出版社，1999 年版，第 690 頁。

危險去訪問明故宮，大部分是出於日式教育導致的「民族思想，與革命精神的養成是很有關係的」。〔註75〕魯迅本人也在《雜憶》中對自己做學生時騎馬經過明故宮時，「曾很被頑童罵詈和投石，——猶言你們不配這樣」表示了極端的憤慨。正因爲這種「尙武」精神，魯迅在南京求學期間自號「戎馬書生」「戛劍生」便不足爲怪。

　　1902 年魯迅東渡日本求學，本想進日本的軍校成城學校，「但成城定例只有學陸軍的學生可入」，所以「改進了弘文學院了」，〔註76〕從此可見魯迅在國內所受日式教育的影響。日本求學期間，魯迅深受日本尙武文化所薰陶。表現在日常生活中，一是他對日本的武士道理解異常深刻，他認爲日本的武士，「是先蔑視了自己的生命，於是也蔑視他人的生命的」，與張獻忠之流「貪生而殺人的人們，的確有一些區別」，其中或多或少隱含著魯迅對日本尙武文化的「眞心讚歎」。〔註77〕二是魯迅留學日本後不僅習武圖強，還豪氣十足地擁有兩把匕首，一把是留日不久後買的，一把是他相識的日本老武士所贈（那刀曾經殺過人），日本尙武文化對他的影響從老武士身上就可見一斑。老武士曾對他說日本維新以前，有一回慘殺了幾個美國教士，不久美國就起兵問罪，兵船開進東京灣。日本無法抵抗，就叫鬧事的人出來謝罪。於是迎接美國軍官上陸，坐在一邊，鬧事的人都跪在下面，一一切腹。其中一個切到中途，腸子流出來了，切腹者便拿住腸子用刀將外露的一段割下，向美國軍官投去，在以示仇恨與報復的舉動中死去。這個故事使得魯迅認可日本文化的「尙武」，「相信受辱必須圖報復」，「覺得謀自強急不可緩」。〔註78〕魯迅的學生孫伏園也回憶魯迅「在日本時每於課餘習些武藝，目的就在復仇。幼年被人蔑視與欺壓，精神上銘刻著傷痕，發展而爲復仇的觀念」。〔註79〕但爲何到了日本才習武復仇，這應與日本的尙武文化不無關係。三是受日本尙武文化精神、民族主義浸染。1902 年 10 月，留日不久的魯迅大概受到弘文學院院長加納治五郎與楊度討論的「直

〔註75〕周作人：《魯迅的青年時代》，《魯迅回憶錄》（專著中冊），第 864～865 頁。

〔註76〕周遐壽：《魯迅小說裏的人物》，（附錄「舊日記裏的魯迅」），人民文學出版社，1957 年版，第 172 頁。

〔註77〕魯迅：《魯迅全集》第 10 卷，人民文學出版社，1981 年版，第 229 頁。

〔註78〕周建人：《略講關於魯迅的事情》，《魯迅回憶錄》（專著中冊），北京出版社，1999 年版，第 772～773 頁。

〔註79〕孫伏園：《魯迅先生二三事》，《魯迅回憶錄》專著上冊，北京出版社，1999 年版，第 101 頁。

接的波動」，對國民性改造、革命（騷動）等問題深感興趣，認爲「做奴隸的人還有什麼地方可以說誠說愛呢？……惟一的救濟方法是革命。」〔註80〕後來魯迅於 1908 年加入光復會，認爲改良必敗，誓要革命；並奉「有學問的革命家」章太炎爲師。唯因深受日本尚武文化影響，於留學歸國不久的 1910 年，魯迅甚至組織武裝講演團宣傳革命，給學生發槍，自掛一把「較闊厚的可以砍刺的長刀」，以備講演團受阻時作反抗之用，他甚至主張「人民武裝實屬必要」，煽動農民反清情緒。〔註81〕也正因爲日本的尚武文化的感染，他高度認可「戰鬥」的精神，就連走路都「略帶八字步，可是一步一步非常穩固」，而每一步又都好像「準備隨時和人毆鬥似的在走著」；〔註82〕他連做夢都用匕首「投出去擲在敵人身上」。〔註 83〕故此，魯迅學醫救國是爲了在戰爭時當軍醫（《吶喊·自序》），他有意高標紹興的勇武精神，「報仇雪恥之鄉」的歷史，以及後來讚賞蕭軍的「野氣」「土匪氣」等等便順理成章，不足爲奇了。畢竟，1898～1901 的日式教育，1902～1909 的留日經歷與體驗，對魯迅的「尚武」「暴力」傾向的形成可謂影響深遠，意義重大。

　　魯迅日常生活中的尚武尚力正是其強大的心理動能、暴力傾向的外部體現。他崇尚暴力的思想在晚清時期便顯露無遺，因上述甚詳，今簡言之。一是提倡尚武精神。如 1903 年的《斯巴達之魂》按魯迅自己的說法是注重「尚武精神的描寫」「激昂慷慨，頓挫抑揚」（《集外集·序言》），把一種爲國民死的烈士之毅魄展現得淋漓盡致。更有甚者，《斯巴達之魂》表面上體現了魯迅對尚武精神、愛國思想的讚美，實質上透露了魯迅更爲深層的暴力傾向，小說中妻子借愛國復仇之名，以死力諫丈夫戰死殉國，不顧身懷六甲而自殺以致一屍兩命的非溫柔化、非母性化的暴力行爲，居然被魯迅盛贊，可見其對暴力的迷戀。二是贊成革命。同樣是在 1903 年，魯迅寫出了《中國地質略論》：「猶譚人類史者，昌言專制立憲共和，爲政體進化之公例；然專制方嚴，一血刃驟列於共和者，

〔註80〕北岡正子：《魯迅改造國民性思想的由來》，《魯迅研究月刊》，2002 年版，第 3 期。

〔註81〕周建人：《略講關於魯迅的事情》，《魯迅回憶錄》（專著中冊），第 748～749 頁。

〔註82〕馮雪峰：《回憶魯迅》，《魯迅回憶錄》專著中冊，北京出版社，1999 年版，第 686 頁。

〔註83〕曹聚仁：《魯迅評傳》，東方出版中心，2006 年版，第 144 頁。

寧不得之歷史間哉。地層變例，亦如是耳。」〔註84〕談地質分佈不均時居然想到革命，並以地質學知識來指出革命的科學性與必然性，可見魯迅對革命的推崇與支持。魯迅這段話批判了康有爲、梁啓超的政體進化觀（拠亂、升平、太平三世進化），也區別於嚴復的進化論（物競天擇，適者生存），注重「力」（暴力）在政體進化中的巨大作用，因爲「力」可以打破諸多「公例」和設想，當「專制方嚴」之時，「一血刃驟列於共和」，其中「一血刃」的暴力革命，「驟列」的強大效果，都令人震撼，表現了革命的暴力性、能動性與突變性。魯迅以科學來支持革命，與晚清的排滿革命思潮和叫喊反抗、慷慨激昂的風氣正相呼應。雖然當時他還未師從章太炎，還未加入光復會，但剛踏入日本才一年時間就變得如此暴力，如此革命，這就不能不說與日本的「尙武」文化的關係非同一般了。三是呼籲「精神界之戰士」。結束 1904～1906 年的學醫生涯，魯迅毅然「棄醫從文」，表面上看 1907 年後的魯迅似乎脫離 1903 年的推崇「尙武精神」與「暴力革命」的思想，而專注於提倡「精神界之戰士」。但實際上他將日本尙武文化的「力感」融彙於「精神界之戰士」中，使得「精神界之戰士」在現實層面是敢於「執兵流血」，馳騁沙場，追求民族解放的戰士，在精神層面則是標榜力感、精神與個性的「精神界」之戰士，他們以其強力意志，反抗精神和個性力量抗拒凡庸社會、凡庸精神、舊有文明的「精神虐殺」，全力打造「新人」「新精神」「新文明」，魯迅的「立人」思想歸根結底是立「戰士」與立「精神之戰士」的統一，只不過後者的比重較大罷了。這在 1909 年的《域外小說集》也有所體現，它既注重「以文學來感化社會，振興民族精神」，又「以民族解放爲目標」，提倡鬥爭。〔註85〕

二

深深浸淫於日本尙武文化（以及傳統俠——士精神）的魯迅，携帶著這種種的暴力傾向，雖經十年沉默，但十年沉默所蓄積的力量噴薄而出，配合著濃烈的反抗情緒、苦悶體驗，使得魯迅在五四時期的雜文中一開始便顯示出「戰鬥」精神與「力感」品格。

〔註84〕《中國地質略論》，魯迅：《魯迅全集》第 8 卷，人民文學出版社，1981 年版，第 6 頁。
〔註85〕周作人：《魯迅的青年時代》，《魯迅回憶錄》（專著中冊），北京出版社，1999年版，第 830、887 頁。

　　首先在「思想革命」方面，或者說在文明批評與社會批評方面，他極力主張「反抗」與「戰鬥」。第一要敢於正視。如《論睜了眼看》所言「必須敢於正視，這才可望敢想，敢說，敢作，敢當。倘若並正視而不敢，此外還能成什麼氣候。」而首應正視的是中國文化的「吃人」特徵，這早在1918年的《狂人日記》就以狂猛的力量吶喊過，到了1925年，他仍痛心地指出「中國人向來就沒有爭到過『人』的價格」「所謂中國的文明者，其實不過是安排給闊人享用的人肉的筵宴。所謂中國者，其實不過是安排這人肉的筵宴的廚房。」中國人「因為古代傳來而至今還在的許多差別，使人們各各分離，遂不能再感到別人的痛苦；並且因為自己各有奴使別人，吃掉別人的希望，便也就忘卻自己同有被奴使被吃掉的將來。於是大小無數的人肉的筵宴，即從有文明以來一直排到現在，人們就在這會場中吃人，被吃，以凶人的愚妄的歡呼，將悲慘的弱者的呼號遮掩，更不消說女人和小兒。」〔註86〕中國文化（文明）如此，中國的文藝也帶著很深的毒素，「中國人向來因為不敢正視人生，只好瞞和騙，由此也生出瞞和騙的文藝來，由這文藝，更令中國人更深地陷入瞞和騙的大澤中，甚而至於已經自己不覺得。」正因為如此，他大聲疾呼：「世界日日改變，我們的作家取下假面，真誠地，深入地，大膽地看取人生並且寫出他的血和肉來的時候早到了；早就應該有一片嶄新的文場，早就應該有幾個凶猛的闖將！」呼籲「衝破一切傳統的闖將」。（《論睜了眼看》）這就引出魯迅「思想革命」的第二方面，即「敢於戰鬥」。他心目中的「凶猛的闖將」必須在文化上「以襲擊敵人為第一火」，〔註87〕必須「純潔聰明勇猛向上」（《我之節烈觀》），必須具有「水戰火戰，日戰夜戰」〔註88〕的「鍥而不捨」的韌性的戰鬥精神。他希望「凶猛的闖將」、「思想革命的戰士」「人的戰士」要不怕危險，因為「路上的危險，當然是有的，但這是求生的偶然的危險，無從逃避」（《北京通信》），甚至要具有「不怕死」的生命精神，「在死的面前笑著跳著」「沿著無限的精神三角形的斜面向上走，什麼都阻止他不得」。（《生命的路》）當然，魯迅十分注重思想革命的「戰術」。他希望文化鬥士們「搖身一變，化

〔註86〕《燈下漫筆》，魯迅：《魯迅全集》第1卷，人民文學出版社，1981年版，第212～217頁。

〔註87〕《魯迅全集》第13卷，人民文學出版社，1981年版，第160頁。

〔註88〕《魯迅全集》第12卷，人民文學出版社，1981年版，第5頁。

為潑皮，相罵相打」「則世風就會日上」，即使是「量小力微」，仍要進行「小集團或單身的短兵戰，在黑暗中，時見匕首的閃光，使同類者知道也還有誰在襲擊古老堅固的堡壘」。〔註89〕在諸種戰術中，魯迅尤其推崇「壕塹戰」：「對於社會的戰鬥，我是並不挺身而出的，我不勸別人犧牲什麼之類者就為此。歐戰的時候，最重『壕塹戰』，戰士伏在壕中，有時吸烟，也唱歌，打紙牌，喝酒，也在壕內開美術展覽會，但有時忽向敵人開他幾槍。中國多暗箭，挺身而出的勇士容易喪命，這種戰法是必要的罷。但恐怕也有時會逼到非短兵相接不可的，這時候，沒有法子，就短兵相接。」〔註90〕他希望文化鬥士們「須是有不平而不悲觀，常抗戰而亦自衛，倘荊棘非踐不可，固然不得不踐，但若無須踐，即不必隨便去踐，這就是我之所以主張『壕塹戰』的原因，其實也無非想多留幾個戰士，以得更多的戰績」。〔註91〕「這並非吝惜生命，乃是不肯虛擲生命，因為戰士的生命是寶貴的。在戰士不多的地方，這生命就愈寶貴。……以血的洪流淹死一個敵人，……從最新的戰術的眼光看起來，這是多麼大的損失。」（《空談》）而在培養了戰鬥的精神，謀劃好了戰術之後，必須重視「戰鬥的目的」，此其三。或者「除」——「要除去虛偽的臉譜。要除去世上害己害人的昏迷的強暴」「要除去人生毫無意義的苦痛。要除去製造並賞玩別人苦痛的昏迷和強暴」（《我之節烈觀》）或者「毀」——要「掃蕩這些食人者，掀掉這筵席，毀壞這厨房，則是現在的青年的使命！」（《燈下漫筆》）或者「滅」——「一要生存，二要溫飽，三要發展。有敢來阻礙這三事者，無論是誰，我們都反抗他，撲滅他」。（《北京通信》）最重要的還是「救救孩子」——覺醒的戰士應「各自解放了自己的孩子。自己肩著因襲的重擔，肩住了黑暗的閘門，放他們到寬闊光明的地方去；此後幸福的度日，合理的做人。」應該「以孩子為本位」，「將這種天性的愛，更加擴張，更加醇化；用無我的愛，自己犧牲於後起新人」。（《我們現有怎樣做父親》）因此必須肩負起「人的戰士的任務」：「打掉毒害小兒的藥餌，打掉陷沒將來的陰謀」。（《新秋雜識》）為此，作為「人的戰士」，魯迅「願中國青年都擺脫冷氣，只是向上走，不必聽自暴自棄者流的話。能做事的做事，能發聲的發聲。有一分熱，發一分光，

〔註89〕《通訊》，《魯迅全集》第3卷，人民文學出版社，1981年版，第24～25頁。
〔註90〕《魯迅全集》第11卷，人民文學出版社，1981年版，第16頁。
〔註91〕《魯迅全集》第11卷，人民文學出版社，1981年版，第21頁。

就令螢火一般，也可以在黑暗裏發一點光，不必等候炬火。」他甚至願意犧牲自己，照亮別人：青年「此後如竟沒有炬火：我便是唯一的光。倘若有了炬火，出了太陽，我們自然心悅誠服的消失，不但毫無不平，而且還要隨喜讚美這炬火或太陽」。(《隨感錄・四十一》)無論是「除」、「毀」「滅」還是「救」，都是戰鬥的目的，用他的話概括便是「戰鬥一定有傾向」，〔註92〕「戰鬥……爲的是改革」。〔註93〕

其次在文藝的特性方面，他推崇「力的藝術」與「有力之美」。他認爲文藝作品可以逼眞，可以精細，但必須能「看出一點『有力之美』來」，並主張「有精力彌滿的作家和觀者，才會生出『力』的藝術來」，主張大膽地「放筆直幹」。〔註94〕正因如此，他的文章往往「拳來拳往，刀來刀當」，甚爲「刻毒」；〔註95〕或者是犀利沉重，一擊致命的「劇毒」短文；〔註96〕或者「原想嬉皮笑臉，而仍劍拔弩張」以至「換一筆名，圖掩人目，恐亦無補」的典型魯迅式的「力」的風格。〔註97〕爲此，他往往拒絕纖弱的作品，認爲應當忽略「纖細的，瑣屑的，女性底的色彩」。〔註98〕或者抗拒「禁令」，崇尚個性與強力：「我以爲如果藝術之宮裏有這麼麻煩的禁令，倒不如不進去；還是站在沙漠上，看看飛沙走石，樂則大笑，悲則大叫，憤則大罵，即使被沙礫打得遍身粗糙，頭破血流，而時時撫摩自己的凝血」，這種寶劍鋒從磨礪出的「靈魂的荒涼和粗糙」(《華蓋集・題記》)充斥著一種有力的個性與戰鬥精神。他甚至將有力的作品比喻爲「林中的響箭」「進軍的第一步」，〔註99〕比喻爲「別一種兵器」或「武器」，「向著同一的敵人，爲了同一的目的而戰鬥」。(《魯迅全集》第7卷，第395頁)總之，「文學是戰鬥的」，是「匕首和投槍，要鋒利而切實，用不著什麼雅」(《小品文的危機》)，有力的文藝應該是「有力，卻非粗暴」。〔註100〕

更有意思的是，日本（及中國）的尚武精神因子，結合其民族自強情緒

〔註92〕《魯迅全集》第6卷，人民文學出版社，1981年版，第3頁。
〔註93〕《魯迅全集》第5卷，人民文學出版社，1981年版，第482頁。
〔註94〕《魯迅全集》第7卷，第332～333頁。
〔註95〕《魯迅全集》第11卷，第212頁。
〔註96〕《魯迅全集》第11卷，第40頁。
〔註97〕《魯迅全集》第12卷，第173頁。
〔註98〕《魯迅全集》第4卷，第152頁。
〔註99〕《魯迅全集》第6卷，第494頁。
〔註100〕《魯迅全集》第6卷，人民文學出版社，1981年版，第220、483頁。

和個性特徵，不僅在一定程度上使魯迅崇尚思想革命的戰鬥精神以及「力的藝術」，也或多或少令魯迅喜歡用「殺」字，使一般人不用「殺」的地方卻殺氣騰騰：如「殺了『現在』，也便殺了『將來』」（《現在的屠殺者》），散文小品應該有「更分明的掙扎和戰鬥」「和讀者一同殺出一條生存的血路」（《小品文的危機》），「將『詩美』殺掉」（《兩地書‧三二》），「能殺才能生，能憎才能愛，能生與愛，才能文」（《七論「文人相輕」》）。在此，文學或多或少染上了一種力（暴力）的色彩。這就難怪郁達夫說魯迅的文體「像一把匕首，能以寸鐵殺人，一刀見血」。（《中國新文學大系‧散文二集‧導言》）魯迅的好友增田涉也說「他的文章有匕首的可怕意味」。〔註101〕總之，魯迅無論是主張思想革命也好，主張「力的藝術」也罷，大概如林語堂《悼魯迅》所言：「魯迅與其稱為文人，無如號為戰士」，只不過他是思想深刻的「戰士」。

三

　　魯迅的思想革命思想啓蒙在五四時期的雜文中呈現出一種充滿「力感」的戰鬥精神，那麼在其五四時期的小說中表現又如何呢？關於這一點，學界往往採用魯迅在《我怎麼做起小說來》中的夫子自道：

> 說到「爲什麼」做小說罷，我仍抱著十多年前的「啓蒙主義」，以爲
> 必須是「爲人生」，而且要改良這人生。我深惡先前的稱小說爲「閒
> 書」，而且將「爲藝術而藝術」，看作不過是「消閒」的新式的別號。
> 所以我的取材，多採自病態社會的不幸的人們中，意思是在揭出病
> 苦，引起療救的注意。〔註102〕

這是 1933 年魯迅回憶自己小說創作的經典文字，同時又是學界詮釋魯迅啓蒙思想的重要依據，在這段文字中，魯迅顯得如此鬥志昂揚，雄心勃勃。但事實上，撰寫《呐喊》《仿徨》的魯迅的精神狀態卻並非如此理性與灑脫，而是苦悶與寂寞，（《呐喊》並非戰鬥的呐喊，而是壓抑的、苦悶的呐喊，《仿徨》也是近乎絕望的仿徨）這在 1922 年的《呐喊‧自序》中體現得甚為明顯，畢竟時隔十年的理智的、事後的追憶並不能準確描述當時的、情感的體驗。魯迅的

〔註101〕增田涉：《魯迅的印象》，《魯迅回憶錄》（專著下冊），北京出版社，1999 年版，第 1362 頁。

〔註102〕《我怎麼做起小說來》，《魯迅全集》第 4 卷，人民文學出版社，1981 年版，第 512 頁。

「雜文」與「小說」之間的立意衝突性亦當作如是觀，它深刻地反映了魯迅的理性宣揚與情感體驗「爲別人」與「爲自己」、「聽將令」與表現「自我」的思想矛盾性。鑒於魯迅自己承認「我是大概以自己，或以自己爲主的」（《新的薔薇》）「作品大抵是作者借別人以敘自己，或以自己推測別人」〔註103〕的緣故，「小說」比「雜文」更能含蓄而準確地表達出魯迅眞實的精神面貌。

從晚清到《仿徨》，魯迅經歷了三次思想幻滅，在 1922 年的《吶喊·自序》中便提到兩次。第一次是「學醫救國」的思想幻滅：在仙臺醫專求學時看到的那張關於日俄戰爭的幻燈片，使魯迅覺得「醫學並非一件緊要事，凡是愚弱的國民，即使體格如何健全，如何茁壯，也只能做毫無意義的示眾的材料和看客，病死多少是不必以爲不幸的。所以我們的第一要著，是在改變他們的精神，而善於改變精神的是，我那時以爲當推文藝，於是想提倡文藝運動了」。簡言之，「學醫救國」的思想幻滅的結果，導致「棄醫從文」的啓蒙理想追求，要改變「體格健全、茁壯」但精神「愚弱的國民」，提倡精神的強大，呼喚「精神界之戰士」，改變國民的精神。爲此，1907～1908 年，魯迅連續撰寫了五篇大文：《人之歷史》、《科學史教篇》、《文化偏至論》、《摩羅詩力說》、《破惡聲論》。1909 年也翻譯出版了《域外小說集》。但是《新生》雜誌的流產，《域外小說集》的買者寥寥，〔註104〕使魯迅從 1909 至 1917 年十年沉默，「棄醫從文」的啓蒙理想幻滅。這種濃厚的啓蒙幻滅感從其《域外小說集》的兩版序言就得到深刻的注解：1909 年的《域外的小說集·序言》呼喚「不爲常俗所囿」「相度神思之所在」的「卓特之士」、精神界之戰士；而 1920 年的《域外小說集·序》則深深認識到以文藝「轉移性情，改造社會」，只是一種「茫漠的希望」，是「過去的夢幻似的無用的」，〔註105〕這很明顯是一種刻骨銘心的啓蒙幻滅感。這在 1922 年的《吶喊·自序》反映得尤其深刻，在這篇僅約三千字的短文中，在詞語的使用上，居然出現了 10 次「寂寞」，5 次「悲哀」，4 次「苦」。文章記敘魯迅「棄醫從文」失敗後，「感到未嘗經驗的無聊」，「獨有叫喊於生人中，而生人並無反應，既非贊同，也無反對，如置身毫無邊際的荒原，無可措手的了，這是怎樣的悲哀呵，我於是以我所感到

〔註103〕《魯迅全集》）第 3 卷，人民文學出版社，1981 年版，第 23 頁。
〔註104〕第一冊賣出 21 冊，第二冊賣出 20 冊，參見《域外小說集·序》，《魯迅全集》第 10 卷，人民文學出版社，1981 年版，第 161 頁。
〔註105〕《魯迅全集》第 10 卷，人民文學出版社，1981 年版，第 161～162 頁。

者爲寂寞。」而且「這寂寞又一天一天的長大起來，如大毒蛇，纏住了我的靈魂了。」於是魯迅「再沒有青年時候的慷慨激昂的意思了」，他用「沉入於國民中」「回到古代」的方法來「麻醉自己的靈魂」，「驅除寂寞」。然而「老朋友金心異」的來訪，質疑魯迅的「鐵屋子」理論：「幾個人既然起來了，你不能說決沒有毀壞這鐵屋的希望」，使得魯迅終於認爲「希望是在於將來，決不能以我之必無的證明，來折服了他之所謂可有」，終於答應爲《新青年》寫文章，開始新一輪的人文啓蒙。由於「那時的主將是不主張消極的。至於自己，卻也並不願將自以爲苦的寂寞，再來傳染給也如我那年青時候似的正做著好夢的青年」，「所以有時候仍不免吶喊幾聲，聊以慰藉那在寂寞裏奔馳的猛士，使他不憚於前驅。其實，這種「吶喊」對於魯迅來說是有所區別的，在雜文中它是「戰鬥的吶喊」，在小說中卻是「苦悶的吶喊」（呼喊），只是「不能忘卻」的「寂寞」的寫照罷了，而這也正是他更爲眞實的情感體驗：1909年後的十年沉默，1915年～1924年的抄古碑，以及魯迅的自述「五四運動之後，我沒有寫什麼文字，現在已經說不清不做，還是散失消滅的了」，〔註106〕這一切都在證明魯迅五四時期的「寂寞」。這種「寂寞的啓蒙」到了《仿徨》時期再次幻滅：「寂寞新文苑，平安舊戰場。兩間餘一卒，荷戟獨仿徨。」（《題〈仿徨〉》）啓蒙者不是「孤獨」，便是「傷逝」，更有甚者被殺「示眾」。

　　無論是「學醫救國」的幻滅，「棄醫從文」的幻滅，還是「五四啓蒙」的幻滅，三次幻滅（尤其是後兩次），都加深著魯迅「啓蒙無效」的體驗和思想。在《仿徨》時期的1925年的《通訊》中，魯迅就認識到「思想革命」思想啓蒙「未免可悲」「迂遠而且渺茫」的悲壯性與渺茫性。而1927年1月《在廈門大學送別會上的講演》他直接指出：「我們的國家，自從辛亥革命推翻滿清統治以來，已經十多年，還是百孔千瘡，換湯不換藥。我親眼看過辛亥革命，看過二次革命，看過袁世凱稱帝，看過張勛復辟，看得厭了，看得悲觀消極起來。」〔註107〕在《自選集·自序》中魯迅把這種「啓蒙無效」或對啓蒙的懷疑情緒表達得更爲全面、深刻：「我那時對於『文學革命』，其實並沒有怎樣的熱情。見過辛亥革命，見過二次革命，見過袁世凱稱帝，張勛復辟，看來看去，就看得懷疑起來，於是失望，頹唐德很了。」「後來《新青年》的團體散掉了，有的高升，有的退隱，有的前進，我又經驗了一回同一戰陣中的

〔註106〕《魯迅全集》第1卷，人民文學出版社，1981年版，第291頁。
〔註107〕劉運峰編：《魯迅軼文全集》（下），群言出版社，2001年版，第760頁。

夥伴還是會這麼變化，並且落得一個『作家』的頭銜，依然在沙漠中走來走去……戰鬥的意氣卻冷得不少」。〔註108〕無論是五四啓蒙前的「懷疑」「失望」「頹唐」，還是參加五四啓蒙後的「沒有熱情」「散」「冷」，都表示了魯迅對「啓蒙有效」的懷疑與「啓蒙無效」的體認。

那麼「啓蒙無效」的表現如何？（或者說是什麼導致了「啓蒙無效」？）啓蒙無效的結果或者出路何在？

（一）「啓蒙無效」首先表現在庸眾或看客的精神病態形成對啓蒙者的「精神虐殺」。庸眾們第一方面的特徵是「殘忍」。他們「以殘酷爲樂」（《隨感錄·四十二》），「暴君統治下的臣民，大抵比暴君更暴；暴君的暴政，時常還不能滿足暴君治下的臣民的欲望。」「暴君的臣民，只願暴政暴在他人的頭上，他卻看著高興，拿『殘酷』做娛樂，拿『他人的苦』做賞玩，做慰安」，表現出一種「渴血的欲望」。（《暴君的臣民》）這樣的國民讓魯迅深懷恐懼：「社會沒有知道我在攻擊，倘一知道，我早已死無葬身之所了。」「我之得以偷生者，因爲他們大多不識字，不知道……，否則，幾條雜感，就可以送命的」。〔註109〕庸眾第二方面的特徵是「愚昧」、「冷漠」。「愚民的專制使人們變成死相」。〔註110〕「群眾，——尤其是中國的，——永遠是戲劇的看客。犧牲上場，如果顯得慷慨，他們就看了悲壯劇；如果顯得觳觫，他們就看了滑稽劇。」〔註111〕愚民也好，看客也罷，只要能接受啓蒙，或許會有所改變，但是啓蒙者「是放火人，也須別人有精神的燃料，才會著火；是彈琴人麼，別人的心上也須有絃索，才會出聲；是發聲器麼，別人也必須是發聲器，才會共鳴。中國人都有些不很像，所以不會相干。」（《聖武》）面對這樣的庸眾，啓蒙又怎能「有效」？百呼而不應，啓蒙只能是「無效」。

庸眾在《狂人日記》中是趙貴翁，是街上的女人，是狼子村的佃戶，是陳老五，是何先生（醫生），是二十左右的青年，甚至是大哥和小孩子。他們

〔註108〕《自選集·自序》，《魯迅全集》第 4 卷，人民文學出版社，1981 年版，第 455
　　　　～456 頁。
〔註109〕《答有恒先生》，《魯迅全集》第 3 卷，人民文學出版社，1981 年版，第 457
　　　　頁。
〔註110〕《忽然想到》（五），《魯迅全集》第 3 卷，人民文學出版社，1981 年版，第
　　　　43 頁。
〔註111〕《娜拉走後怎樣》，《魯迅全集》第 1 卷，人民文學出版社，1981 年版，第 163
　　　　頁。

「臉上鐵青」「眼光凶狠」,「布滿了羅網,逼我自戕」,都是「吃人的人」,「一種是以爲從來如此,應該吃的;一種是知道不該吃,可是仍然要吃」。如果說《狂人日記》以象徵的藝術手法表現了庸眾的「殘忍」,以及對「狂人」(啓蒙者)的精神虐殺的話,那麼《藥》便更以庸眾的「殘忍」「愚昧」對啓蒙者的精神虐殺,傳達出「啓蒙無效」的深層信息,例如華老栓人格卑劣、「花白鬍子老頭」老態龍鍾、「駝背五少爺」身體殘疾、「二十多歲青年」冷漠無情,對此魯迅萬般無奈地感歎道:「群眾不過如此,由來久矣,將來恐怕也不過如此。」(《兩地書・二二》)他還將民眾比作是「雞肋」,「棄之不甘,食之無味,就要這樣地牽纏下去。五十一百年後能否就有出路,是毫無把握的。」〔註112〕悲哀之情,溢於言表。其中的「人血饅頭」意象尤爲深刻,「人血饅頭」的詞義重心,是「人血」而非「饅頭」。「血」乃人之「精氣」,故革命者夏瑜之血象徵著革命精神。〔註113〕革命者夏瑜的肉體被康大叔所「殺」,假定康大叔是守舊勢力的象徵符號,那麼夏瑜之死也就完全符合理性邏輯──因爲革命本身就「是一個階級推翻另一個階級的暴烈的行動」,〔註114〕不是守舊者殘殺革命者,便是革命者消滅守舊者,這是天經地義的自然法則。而革命者夏瑜的精神被愚昧群眾所「吃」,則是出人意料且有違邏輯的非理性行爲──因爲「革命者爲愚昧的群眾奮鬥而犧牲了,愚昧的群眾並不知道這犧牲爲的是誰,卻還要因了愚昧的見解,以爲這犧牲可以享用,增加群眾中的某一私人的福利。」〔註115〕「犧牲爲群眾祈福,祀了神道之後,群眾就分了他的肉,散胙」。〔註116〕對此,魯迅理解得入寸三分:「先覺的人,歷來總被陰險的小人昏庸的群眾壓迫排擠傾陷放逐殺戮,中國又格外凶。」(《寸鐵》)「孤獨的精神的戰士,雖然爲民眾戰鬥,卻往往反爲這『所爲』而滅亡。」(《這個和那個》)對於夏瑜之死,魯迅一方面他清醒地認識到「中國太難改變了,即使搬動一張桌子,改裝一個火爐,幾乎也要流血;而且即使有了血,也未必一

〔註112〕《魯迅全集》第4卷,人民文學出版社,1981年版,第103頁。

〔註113〕宋劍華:《啓蒙無效論與魯迅〈藥〉的文本釋義》,《天津社會科學》,2008年,第5期。

〔註114〕毛澤東:《湖南農民運動考察報告》,《毛澤東選集》第一卷,人民出版社,1991年版,第17頁。

〔註115〕孫伏園:《魯迅先生二三事》,《魯迅回憶錄》專著上冊,北京出版社,1999年版,第77頁。

〔註116〕《兩地書・二二》,《魯迅全集》第11卷,人民文學出版社,1981年版,第74頁。

定能搬動，能改裝」；另一方面他又告誡人們「對於這樣的群眾沒有法，只好使他們無戲可看倒是療救，正無須乎震駭一時的犧牲，不如深沉的韌性的戰鬥。」〔註117〕表達了他對戰士的敬佩以及對庸眾的絕望。

關於庸眾對啓蒙者的精神暴力（精神虐殺）體現得甚爲深刻的應是《復仇（其二）》：兵丁、路人、祭司長、文士、和他同釘的強盜都辱罵、戲弄、譏誚他，「四面都是敵意，可悲憫的，可詛咒的」，精神的虐殺比肉體的殺傷更殘酷無情，「釘殺了『人之子』的人們的身上，比釘殺了『神之子』的尤其血污，血腥」。鑒於此，「對於這樣的群眾沒有法，只好使他們無戲可看倒是療救」。《阿Q正傳》便給庸眾和看客們一個「無戲可看」：「他們多半不滿足，以爲槍斃並無殺頭這般好看；而且那是怎樣的一個可笑的死囚呵，遊了那麼久的街，竟沒有唱一句戲：他們白跟一趟了。」《復仇》更是以「無戲可看」對看客們進行復仇：「他們倆對立著，在廣漠的曠野之上，裸著全身，捏著利刃，然而也不擁抱，也不殺戮，而且也不見有擁抱或殺戮之意」如此「至於永久」，便使「從四面奔來，而且拼命地伸長頸子，賞鑒這擁抱或殺戮」的看客們覺得「無聊」至極，「面面相覷，慢慢走散；甚而至於居然覺得乾枯到失了生趣。」而似戰非戰的「他們倆」卻「以死人的眼光，賞鑒這路人們的乾枯，無血的大戮，而永遠沉浸於生命的飛揚的極致的大歡喜中」，獲得「復仇」的快感，同時也表達了啓蒙者與群眾（看客）的對立狀態，（「狂人」與狼子村村民也如是）正因如此，魯迅才會在《吶喊·自序》中公開宣布精神「愚弱的國民」和「看客」，「病死多少是不必以爲不幸的」。庸眾的病態及其對啓蒙者的精神虐殺、迫害也好，啓蒙者與庸眾的對立及對後者的「復仇」也罷，都在傳達一個令人驚心動魄的信息——啓蒙無效。

（二）「孩子難救」或「孩子不可救」是魯迅「啓蒙無效」思想的第二方面的表現。「孩子」不是人性醜陋，就是地位屈辱、卑微，不是病態難救，就是已死不可救。

其一，「孩子難救」表現在人性的醜惡。

在魯迅的《孤獨者》裏，有兩段話值得注意：一段是魏連殳的環境論，「大人的壞脾氣，在孩子們是沒有的。後來的壞，如你平日所攻擊的壞，那是環境教壞的」；另一段是「我」的本性論或性惡論，「如果孩子中沒有壞根苗，

〔註117〕《魯迅全集》第1卷，人民文學出版社，1981年版，第164頁。

大起來怎麼會有壞花果？」無論是環境論還是性惡論，言外之意都是孩子將會變壞或已經變壞，有著人性之醜惡。

人性之醜惡表現在四個方面。首先是「看」，冷眼旁觀。《孔乙巳》是孩子看主人公的痛苦與潦落，對他的死也只是麻木無情地敘述。《示眾》是孩子看群眾，他們看禿頭，看藍褲腰，看奶子，看罪犯，無聊而冷漠，他們不關心罪犯犯了什麼罪，為什麼示眾。他們的唯一焦點是「看」這個動作本身，「看」變成了生活的調味料和意義，但正是這「看」使得世人（包括孩子們）的庸俗、冷漠、缺乏生機被表現得淋漓盡致。而且「看」的時候也是「被看」，這種「看」\「被看」二元模式的內容同樣是不變的庸俗、冷漠和死氣沉沉，如此，「看」與「被看」沒什麼兩樣，「看」與「不看」也沒什麼不同，這世間便陷入了一種「不堪一看」、「不值得看」的死寂局面。更令我們擔憂的是，文中有三類孩子在看，一類是代表普通百姓的「十一二歲的胖孩子」，一類是代表知識階層的小學生，而另一類是象徵新生命的老媽子抱著的嬰孩，所以老媽子的一句「看呀！多麼好看哪！」則象徵著人類的庸俗觀看，滲透著作家不忍目?的深刻悲憤和絕望，以及那種悲憫眾生、新生的偉大情懷。第二種「看」是孩子看知識分子或先驅者。《狂人日記》的狂人因為孩子們「眼色也同趙貴翁一樣，臉色也都鐵青」而萬分驚恐，《長明燈》中的瘋子也因孩子們圍觀而狂呼，《孤獨者》中的魏連殳在孩子的「看」中悲哀，甚至《藥》裏面也許會有孩子看革命者的被殺頭而得著幾天的談資也說不定。如果說前面是看庸俗，那麼這裏則是看啓蒙和狂猛精神的被殺，兩種「看」彷彿都成為人們生活的清新劑、調味料和意義，實質上「看」成為了污濁的、不可調和的無意義與絕望，很明顯，「看」轉化為「看殺」或「吃」。如錢理群所言，「啓蒙的結果是被啓蒙的對象活活地吃掉；這裏，被質疑、批判的對象是雙重的：既是那些『吃人』的民眾，更是『被吃』的啓蒙者，以至啓蒙本身。」〔註118〕

其次是嘲諷、輕視。狂人被嘲笑其瘋狂，孔乙巳被小夥計輕蔑：「討飯一樣的人，也配考我麼？」陳士成（《白光》）的學童也對再次落榜的他「臉上都顯出小覷他的神色」。三種嘲諷，無論是嘲諷病徵、地位抑或是知識才能，其實都隱含著冷酷、勢利的毒素。如此，孩子人性醜惡的第三個特點「凶狠惡毒」便並非信口開河了。「我想我同小孩子有什麼仇」，但孩子們「似乎想

〔註118〕錢理群等：《中國現代文學三十年》修訂本，北京大學出版社，1998 年版，第 41 頁。

害我」，也都「惡狠狠的看我」，眼中藏刀，這是《狂人日記》；長富的兒子對呂緯甫更是瞪眼，「惡狠狠的似乎就要撲過來，咬我」，這是《在酒樓上》。如果說此二者只是惡的話，那麼在《長明燈》、《孤獨者》與《鴨的喜劇》中便是「欲殺」與「殺死」了：一個赤膊孩子擎起他玩弄的葦子，對瘋子瞄準，發槍擊似的「罷」的聲音（《長明燈》）；魏連殳被街上一個「還不很能走路」的小孩用葦葉指著說「殺」（《孤獨者》）；而小鴨更把小蝌蚪毀滅得一乾二淨，使周遭重新變成了無生趣的「沙漠」（《鴨的喜劇》）。只要是有思想、有個性、有生機的東西，都受到了壓抑和殺戮，但令人恐怖的是，這是孩子的行徑，是新生命在壓抑和殘殺具有新生命的事物，籠罩著一種濃黑的悲涼與絕望色彩。新生命尚且如此，我們還能剩下什麼？這又豈是一個「惡」字了得？的確，除了「惡」之外，還有同樣醜的奴性與貪婪，這一點在《孤獨者》裏面有充分的體現：爲了小禮物，大良們奴顏婢膝地給魏連殳「裝一聲狗叫，或者磕一個響頭」，甚至更多；同樣他們爲了禮物而大打出手，在頑皮之外是暗含著貪婪的。爲勢利而作奴才相，而勾心鬥角，這難道不令我們想到孩子們的將來？或者曾經是孩子的大人們？孩子的現在和未來都如此，像魯迅在《隨感錄·二十五》所說，看十來歲的孩子便可逆料二十年後的中國的情形，看二十多歲的青年就可以推測五十或七十年後中國的情形，如此，中國能不陷入一無所有的死氣沉沉的無邊荒漠嗎？啓蒙者能不陷入一種「無物之陣」？進行的能不是「絕望的抗戰」嗎？

其二，「孩子難救」表現在地位的屈辱或卑微。

若說以上的「人性之醜惡」是就人的性質而言，那麼這裏著重的卻是人的地位；如果「人性惡已成了否定人的價值的依據」，〔註119〕那麼卑微或屈辱也可以說是否定人的地位的證明。

魯迅小說中孩子的卑微或屈辱有兩個特點：一是被欺，一是被吃。「被欺」者或被欺負，如阿 Q 受了假洋鬼子的一頓打，就把藉口、禍患轉嫁到近旁的一個孩子身上，而受了強力欺負的孩子哪敢辯駁？《弟兄》中的荷生爲了上學的請求，竟被伯父沛君「鐵鑄似的」手掌批過來，受了「最高的威權和極大的力」的父權欺負。「被欺」者還被欺騙：寶兒（《明天》）就是被無恥無能的中醫胡亂醫治、欺騙，被騙取了母親的錢和自己的命，這樣的「欺」難道與「吃」有什麼分別嗎？但真正的「吃」（孩子已死）更見

〔註119〕尼采，賀驥譯：《權力意志》，桂林灕江出版社，2000 年版，第 120 頁。

淒慘：一池的小蝌蚪數量繁多竟被幾隻小鴨吃掉（《鴨的喜劇》），小兔被貓咬死（《兔和貓》），「很聽話的孩子」阿毛卻被狼吃空了五臟（《祝福》），而同樣可愛可憐的五歲的妹子無端病故，可能被大哥和我們吃掉，「一片吃得，整個的自然也吃得」（《狂人日記》）。無論是動物相吃，人類相吃，動物吃人，還是野蠻吃純眞，老大吃幼小，都似乎蘊含著更深刻的涵義：那就是人類相吃、他人即地獄的人的本質，就是封建文化、人心吃人的實質，是吃掉新生希望的慘傷象徵。綜上所述，如果說「被欺」是無力的表現，那麼「被吃」就是絕望的表徵，而《幸福的家庭》裏孩子的哭喊則是「不幸」的反證。因此，孩子（人類）的地位是如何的卑微、屈辱可見一斑，甚至可以斷言其根本沒有地位。

如果說「人性之醜陋」暗示著拯救的艱難或拯救被拒絕，那麼「卑微或屈辱」則意味著拯救的無力與遲緩。誰能輕易把人的性質和人的地位迅速改變？即使堅韌作戰與持續愛護，是否值得？這是一種本質範疇和價值範疇的雙重質疑。所以魯迅在《孤獨者》中敍述魏連殳從認爲「孩子總是好的。他們全是天眞」變成「竟也被『天眞』的孩子所仇視」，從認爲孩子醜陋的原因在於「環境敎壞」轉到孩子本身有「壞根苗」的性惡論，表達其失望與悲哀。另外，魯迅在《狂人日記》末尾，在「救救孩子」之前寫道「沒有吃過人的孩子，或者還有？」我們知道，「或者」本來就是一個模棱兩可的詞語，含著猶豫不決、未知的不確定因素；而問號則對這一種猜測再次模糊化、不確定化，可見魯迅的懷疑與痛苦之深：如果「沒有」的話，如何進行拯救？另一個不爲人注意的是最後的省略號，它用在「救救孩子」之後，是小說的眞正結尾；它省略了很多不確定的、未完成的內容或問題，如無話可說的沉痛，如怎樣拯救？拯救的吶喊與行動能否堅強結合？拯救有結果和希望嗎？有用嗎？拯救會否被目爲瘋狂？等等。

簡言之，在魯迅的小說中，孩子或者「不是人」：不被當作人看待，只是物，是數目和材料，沒有「人」的資格，「所有小孩，只是他父母福氣的材料，並非將來的『人』的萌芽，所以隨便輾轉，沒人管他，因爲無論如何，數目和材料的資格，總還存在。」（《隨感錄·二十五》）或者「不是孩子」：孩子被「占盡了道路，吸盡了空氣」，唯有卑躬屈膝，先行萎黃，到將來老到彎腰曲背，才有「逸興遄飛」的份，（《隨感錄·四十九》）不但「早熟」，而且「早衰」。他們不是「非少年化」，就是「物化」、「非人化」、「工具化」，受冷遇，

遭壓迫，被犧牲，其屈辱與卑微可想而知。總之，在中國歷史長河與傳統觀念中，由於家庭本位、家長本位、長者本位的存在，形成父子、長幼的等級關係和權力觀念，而國與家的同構關係更使得等級關係、權力觀念普泛化，使得兒童（幼者）在喪失家庭地位之後，再度喪失社會地位，甚至生存資格。如錢理群在《話說周氏兄弟》所言「在中國傳統社會裏加入一個『權力』的觀念，私有的觀念，使得最自然普通的人倫關係變得複雜化了，最終導致了奴役與被奴役的關係」，一句話，奴的教育、奴的關係與奴的心理只能導致「孩子不是人，孩子不是孩子」的奴的地位。如此，只能導致「孩子難救」或者「孩子不可救」甚至「孩子已死」的啓蒙困境。〔註120〕

　　最恐怖的是，魯迅將「孩子已死」的深切體驗融在 1919 年 8 月的《自言自語・古城》一文中，與《狂人日記》的結局形成思想的「對話」：

　　　　古城不很大，卻很高。只有一個門，門就是一個閘。

　　　　青鉛色的濃霧，卷著黃沙，波濤一般的走。

　　　　少年説，「沙來了。活不成了。孩子快逃罷。」

　　　　老頭子説，「胡說，沒有的事。」

　　　　這樣的過了三年和十二個月另八天。

　　　　少年説，「沙積高了，活不成了。孩子快逃罷。」

　　　　老頭子説，「胡說，沒有的事。」

　　　　少年想開閘，可是重了。因爲上面積了許多沙了。

　　　　少年拼了死命，終於舉起閘，用手脚都支著，但總不到二尺高。

　　　　少年擠那孩子出去説，「快走罷！」

　　　　老頭子拖那孩子回來説，「沒有的事！」

　　　　少年説，「快走罷！這不是理論，已經是事實了！」

　　　　青鉛色的濃霧，卷著黃沙，波濤一般的走。

　　　　以後的事，我可不知道了。

　　　　你要知道，可以掘開沙山，看看古城。閘門下許有一個死屍。閘門
　　　　裏是兩個還是一個？

從這篇似散文又似微型小說的文章推斷，「古城」已成爲「沙山」，成爲「死城」，如此大的沙與霧，「孩子」即使聽「少年」的勸告走出去，也可能遇難，何況「老頭子」強加阻攔，「孩子」也很可能留在古城裏，同樣唯有死路一條。

〔註120〕黎保榮：《懷疑與拯救的張力》，《暨南學報》，2007 年版，第 5 期。

總之，「孩子難救」甚至「孩子必死」已是一個不可避免的事實，更恐怖的是「孩子」（未來）、「少年」（啓蒙者）、「老頭子」（守舊者、阻撓者）一應俱死，沒有任何挽救的餘地，沒有任何生機，那句「解放了自己的孩子。自己背著因襲的重擔，肩住了黑暗的閘門，放他們到寬闊光明的地方去；此後幸福的度日，合理的做人」（《我們現在怎樣做父親》）完全成了空話、廢話，《古城》所蘊含的絕望情緒令人懍目驚心，極大地顛覆了啓蒙的有效性神話。所以，魯迅不無悲涼地自我解嘲，倘若再發那些「『救救孩子』似的議論，連我自己聽去，也覺得空空洞洞了。」（《答有恒先生》）

（三）面對庸眾的病態與精神虐殺，以及「孩子難救」的局面，啓蒙精英們難以逃避啓蒙的失敗與人格的悲劇（精神自虐等）。《吶喊》、《仿徨》對此作了眞實的記錄與形象的寫照：「狂人」無論如何狂猛，都衝不出啓蒙的「陷阱」，不僅難以「拯救」他人，連「自救」都非常困難，加上其病愈後「赴某地候補」的功利行爲與務實心態，對其啓蒙無形中進行了消解，換言之，「狂人」是「啓蒙無力」與「啓蒙無效」思想的深刻載體。《長明燈》中的瘋子要熄滅廟裏的「長明燈」，卻被「長期」地關在廟裏；他的「我放火」的啓蒙精神卻被「我放火！哈哈哈！火火火，點心吃一些。戲文唱一齣」的凡庸生活（精神）所包圍與弱化，實在是反諷。《傷逝》中的涓生與子君勇敢地以「個人」對抗「傳統」，但僅僅持續了大半年，便難以爲繼生活維艱精神沮喪分崩離析。《藥》中夏瑜的啓蒙不是「被嘲」就是「被吃」，肉體不存，精神焉附？而啓蒙失敗、啓蒙無效往往導致啓蒙精英的「精神自虐」，或者說他們的人格悲劇是啓蒙無效的原因之一。《頭髮的故事》中的 N 雖然歷數其啓蒙戰績與教訓，脾氣乖張，態度激烈，但大抵是「自言自語」，沒人應和，而「他獨自發完議論，也就算了」「可以忘卻了」。涓生間接害死子君，卻要在「孽風和毒焰中擁抱子君，乞她寬容，或者使她快意」，對於「新的生路」，他要「跨進第一步去」，「將眞實深深地藏在心的創傷中，默默地前行，用遺忘和說謊做我的前導」。（《傷逝》）對啓蒙者「精神自虐」體現得最深刻的是《在酒樓上》和《孤獨者》。當年敏捷精悍的呂緯甫，當年「到城隍廟裏去拔掉神像的鬍子」，「連日議論些改革中國的方法」的呂緯甫，現在卻教「子曰詩云」，「敷敷衍衍，模模糊糊」「無聊」「頹唐」，像他自己所比喻的那樣，他像「蜂子或蠅子停在一個地方，給什麼來一嚇，即刻飛去了，但是飛了一個小圈子，便又回來停在原地點」，「可笑，也可憐」地回到舊的懷抱，永劫輪迴。（《在酒樓上》）魏連殳自我審視「我已經躬行我先前所憎惡，所

反對的一切，拒斥我先前崇仰，所主張的一切了。我已經真的失敗，——然而我勝利了。」「先前，還有人願意我活幾天」「然而現在是沒有了，連這一個也沒有了。同時，我自己也覺得不配活下去；別人呢？也不配的。同時，我自己又覺得偏要為不願意我活下去的人們而活下去；好在願意我好好地活下去的已經沒有了，再沒有誰痛心。」魏連殳就是這樣在「愛」與「憎」、「生」與「死」、「失敗」與「勝利」之間進行殘酷的「精神自虐」，其實是一種缺乏「韌性戰鬥精神」的絕望與病態的表現。所以，《孤獨者》的題目，以及「以送殮始，以送殮終」（即「以送愛啟蒙者之死始」和「以送啟蒙者之死終」）的情節結構，便是對「啟蒙無效」的極佳詮釋——「反抗絕望」，但是「絕望」了又如何「反抗」？（啟蒙者死了又如何啟蒙？）反抗不了，就只有回歸平庸，精神自虐，甚至自取滅亡。啟蒙精神就像「死火」，帶走將燒完，留下將凍滅，不容於一切。啟蒙者就像「這樣的戰士」，在「無物之陣」中衰老，滅亡。

　　（四）如果說庸眾的病態與精神虐殺、「孩子不可救」、啟蒙精英的人格悲劇（精神自虐）是導致「啟蒙無效」的內在因素，那麼統治者的暴力就是外在的因素，但卻是非常重要的因素。在魯迅的小說中，統治者的暴力陰影比比皆是：《藥》中的夏瑜被「砍頭」；《頭髮的故事》中「幾個少年辛苦奔走了十多年，暗地裏一顆彈丸要了他的性命；幾個少年一擊不中，在監牢裏身受一個多月的苦刑；幾個少年懷著遠志，忽然踪影全無，連屍首也不知那裏去了」；《孤獨者》中願意魏連殳多活幾天的人，「已被敵人誘殺了」。就現實的歷史事件而言，秋瑾、徐錫麟之死，袁世凱稱帝，「三一八」慘案青年學生橫屍執政府前，清黨運動中「精幹」的革命者被捕犧牲，一樁樁一件件都在魯迅的文章中表達過。統治者的暴力屠殺使魯迅覺得「多個青年的血洋溢在我的周圍，使我艱於呼吸視聽」，只有「深味這非人間的濃黑的悲涼」（《記念劉和珍君》）「許多青年的血，層層淤積起來，將我埋得不能呼吸，我只能用這樣的筆墨，寫幾句文章，算是從泥土中挖一個小孔，自己延口殘喘」。（《為了忘卻的記念》）啟蒙者被扼殺，使魯迅在悲憤中否定統治者的暴力，同時也反省「啟蒙的無效」，尤其是「文學的無用」。他堅持認為「說話和弄筆的都是不中用的人，無論你說話如何有理，文章如何動人，都是空的。他們（即強權者——引者注）即使怎樣無理，事實上卻著著得勝。」〔註121〕「筆是無

〔註121〕《兩地書・二二》，《魯迅全集》第 11 卷，人民文學出版社，1981 年版，第
　　　　74 頁。

用的」〔註 122〕「掉弄筆墨的，⋯⋯究竟還是閒人之業」〔註 123〕「我是不相信文藝的旋乾轉坤的力量的」〔註 124〕「悲壯淋漓的詩文，也不過是紙片上的東西」，對革命沒有什麼作用。（《雜憶》）「文學家除了謅幾句所謂詩文之外，實在毫無用處」。〔註 125〕無論是對作家的價值、寫作職業的價值還是文學本身的作用，都一概否定。這種「文學無用」或「否定文學」的思想一直到 1936 年 9 月 5 日他臨終之前不久寫作的散文《死》中依然存在，就是「萬不可做文學家或美術家」，如果不是馮雪峰的極力勸告，他是不會把「空頭」這兩個字添進去的，〔註 126〕從此亦可見魯迅對文學的輕視與否定。

總之，啓蒙無效是注定的：啓蒙精英們「自意振臂一呼，人必將靡然向之。⋯⋯特至今茲，則此前所圖，悉如夢迹，知自由苗裔之奴，乃果不可猝救有如此也。」〔註 127〕才知道「振臂一呼，萬眾響應，⋯⋯是烏托邦思想」，〔註 128〕反省自己「決不是一個振臂一呼應者雲集的英雄」。（《吶喊・自序》）這種百呼一應甚至百呼不應的悲涼境況，使魯迅深切體會到「我自己也正站在歧路上，⋯⋯站在十字路口」（《北京通信》），認爲啓蒙「即使有效，也很遲，自己看不見」，（《兩地書・一○》）依然是一副啓蒙悲壯、無效、曲折的腔調。魯迅後來對此做過詮釋：「那時覺醒起來的智識青年的心情，是大抵熱烈，然而悲涼的。即使尋到一點光明，『徑一周三』，卻更分明的看見了周圍的無涯際的黑暗。」「他們是要歌唱的，而聽者卻有的睡眠，有的槁死，有的流散，眼前只剩下一片茫茫白地，於是也只好在風塵潰洞中，悲哀孤寂地放下了他們的箜篌了。」〔註 129〕這種「光明」與「黑暗」、「歌者」與「聽者」的強烈對比，直接導致了新文學作家的啓蒙無效性體驗（悲哀孤寂），以及他們對啓蒙理想的絕望與放棄（放下箜篌）。一切都因爲「中國太難改變了」，（《娜

〔註 122〕《兩地書・二四》，《魯迅全集》第 11 卷，人民文學出版社，1981 年版，第 78 頁。

〔註 123〕《葉永蓁作〈小小十年〉小引》，《魯迅全集》第 4 卷，第 147 頁。

〔註 124〕《文藝與革命》，《魯迅全集》第 4 卷，第 83 頁。

〔註 125〕《魯迅全集》第 3 卷，人民文學出版社，1981 年版，第 93 頁。

〔註 126〕馮雪峰：《回憶魯迅》，《魯迅回憶錄》（專著中冊），北京出版社，1999 年版，第 681 頁。

〔註 127〕《摩羅詩力說》，《魯迅全集》第 1 卷，人民文學出版社，1981 年版，第 81 頁。

〔註 128〕《魯迅全集》第 10 卷，人民文學出版社，1981 年版，第 336 頁。

〔註 129〕魯迅：《魯迅全集》第 6 卷，人民文學出版社，1981 年版，第 243～244 頁。

拉走後怎樣》），「中國是無藥可救的」（《偶感》），啓蒙就像「叫起靈魂來目睹他自己的腐爛的屍骸」，〔註130〕痛苦萬分，希望渺茫。

　　出於對中國文化結構的理性認識與悲觀情緒，魯迅並不相信思想啓蒙是變革現實的推動力量，《吶喊》是絕望的呼喊，《仿徨》是苦悶的歧路仿徨，所以必須充分注意到，「當魯迅將啓蒙者統統都推向『死路』時，其內心世界中正在彙聚著另外一種強大動能——從1925年開始，否定文學啓蒙的現實可行性，提倡『棄文尚武』的『暴力』意識，幾乎成爲了魯迅思考中國前途命運的最主要想法。」〔註131〕

　　這種「棄文尚武」的「暴力」意識首先使魯迅在這個「受機關槍擁護的仁義所治理」的世界（時代）裏（《塵影・題辭》），認識到思想革命終將是走向「實行的」、現實的運動與鬥爭。「思想革命的結果，是發生社會革新運動。」魯迅爲此反對調和，主張「激烈」，「釀成戰鬥」，號召中國青年「大膽地說話，勇敢地進行」。（《無聲的中國》）他認爲在那進向大時代的途中，必須「注重實行的，動的；思想還在其次，直白地說：或者倒有害」。（《關於知識階級》）正是對「實行」「進行」的推崇，使他鼓吹「偏激」，提倡「鬥爭」，並輕視「人人應該相愛」的人道主義思想，〔註132〕他大聲疾呼：「要實行人道主義，……除非也有刀在手裏」。〔註133〕並希望「繼續戰鬥者」採取人道主義反抗（如請願）之外的「別種方法的戰鬥」。（《空談》）換言之，魯迅已經明白到思想鬥爭轉變成「實行的，動的」暴力鬥爭已是大勢所趨，在所難免。因此，「兩間餘一卒，荷戟獨仿徨」並非魯迅認識到「啓蒙無效」後的完全沉淪與迷惘，而是他蓄勢待發、尋找戰機的「戰士」的「暴力意識」的表現。

　　其次，當魯迅的情感發展到「很想冒險，破壞，幾乎忍不住」的程度時（《書信250411・致趙其文》），他的「暴力」啓蒙思想已是十分激烈，蓬蓬勃勃。深受日本「尚武」文化（以及傳統俠——士精神）薰陶的魯迅，心中也曾「充滿過血腥的歌聲：血和鐵，火焰和毒，恢復和報仇」，（《希望》）即使

〔註130〕《娜拉走後怎樣》，《魯迅全集》第1卷，人民文學出版社，1981年版，160頁。

〔註131〕宋劍華：《啓蒙無效論與魯迅〈藥〉的文本釋義》，《天津社會科學》，2008年，第5期。

〔註132〕《魯迅全集》第4卷，人民文學出版社，1981年版，第83頁。

〔註133〕馮雪峰：《回憶魯迅》，《魯迅回憶錄》（專著中冊），北京出版社，1999年版，第572頁。

在注重人文啓蒙的《狂人日記》裏，魯迅提煉的「吃人」其實也是暴力的體現，它傳達出「吃人」的抽象義即中國文化的暴力結構（狼子村的非理性即壓迫迫害），而且記述了「吃人」的具體義即真正的人吃人（狼子村的獸性），另外還表現了狂人與狼子村誓不兩立的精神暴力（「吃人」這種說法其實也是語言暴力或精神暴力），以及強烈呼籲「真的人」掃除「除滅」吃人者，「同獵人打完狼子一樣」的武力暴力（如上所言，爲人文啓蒙清除障礙），這裏暗示了以後魯迅在人文啓蒙無傚之後的出路所在，這種出路從魯迅一開始參與五四運動（《狂人日記》）就奠定了。所以他 1925 年在總結辛亥革命失敗的原因時，推崇「實力」（武力）而放棄「言動」（思想啓蒙）：「當時和袁世凱妥協，種下病根，其實卻還是黨人實力沒有充實之故。所以鑒於前車，則此後的第一要圖，還在充足實力，此外各種言動，只能稍作輔佐而已。」〔註 134〕這種以「實力」爲主，「言動」爲輔的思想，是他留日時期的《中國地質略論》「一血刃驟列」思想的顯現，同時也與他《藥》的「啓蒙無效」論相呼應。另一方面，鑒於統治者血的屠戮的教訓（如民初屠殺、三一八慘案等），魯迅主張暴力復仇。「民元革命時，對於任何人都寬容（那時稱爲『文明』），但待到二次革命失敗，許多舊黨對於革命黨卻不『文明』了：殺。假如那時（元年）的新黨不『文明』，則許多東西早已滅亡，哪裏會來發揮他們的老手段？」〔註 135〕辛亥革命「太大度了，受了所謂『文明』這兩個字的騙。到將來，也會有人道主義者來反對報復的罷，我憎惡他們。」〔註 136〕很明顯，魯迅反對寬容，主張報復，主張以暴制暴，以殺止殺，以達到使舊黨「滅亡」的目的。魯迅復仇思想強烈，更體現在他將復仇當作美德的言論裏：他對「待到革命起來，就大體而言，復仇思想可是減退了。……這大半是因爲大家已經抱著成功的希望，又服了『文明』的藥，想給漢人掙一點面子，所以不再有殘酷的報復」的歷史事實大爲不滿，這基於他「讚美復仇」的思想，他「總覺得復仇是不足爲奇的……報復，誰來裁判，怎能公平呢？便又立刻自答：自己裁判，自己執行；既沒有上帝來主持，人便不妨以目償頭，也不妨以頭償目。有時也覺得寬恕是美德，但立刻也疑心這話是怯漢所發明，因爲他沒有報復

〔註 134〕《兩地書・一二》，《魯迅全集》第 11 卷，人民文學出版社，1981 年版，第 46 頁。
〔註 135〕《魯迅全集》第 11 卷，人民文學出版社，1981 年版，第 102 頁。
〔註 136〕《魯迅全集》第 13 卷，人民文學出版社，1981 年版，第 250 頁。

的勇氣；或者倒是卑怯的壞人所創造，因爲他貽害於人怕人來報復，便騙以寬恕的美名。」〔註137〕在他的眼裏，復仇是一種正常的、主動的、勇敢的、公平的道德，而寬恕則是卑怯的、不公的、欺騙性的道德，復仇是美德，寬恕是敗德。正因如此，他堅決主張「被毀則報，……正是人情之常」（《無花的薔薇》），針對三一八慘案，他鼓吹「血債必須用同物償還」（《無花的薔薇之二》）血債血償，認爲像女弔那樣「帶復仇性的」靈魂比其他的更美，更強（《女弔》），甚至臨終前一個月仍留言「損著別人的牙眼，卻反對報復，主張寬容的人，萬勿和他接近，」堅持對怨敵「一個都不寬恕」。（《死》）這種崇尚復仇的思想，與日本「尚武」文化以及紹興（浙東）的「報仇雪恥」歷史（文化）都存在著「剪不斷」的聯繫。

　　更值得注意的是，在距離「三一八」慘案僅幾個月之後的 1926 年 10 月，魯迅將暴力復仇的思想融鑄成小說《鑄劍》，充斥其中的是血腥的力感與復仇的痛快。在小說中，眉間尺與王有著不共戴天的仇恨（父仇），復仇成爲他前定的命運，他要「復」的是「個人之仇」；而黑色人雖與王無冤無仇，但復仇是他生命的意義，是他崇拜的精神，是他「憎」之後的「愛」的表現：「我一向認識你的父親，也如一向認識你一樣。但我要報仇，卻並不爲此。……我怎麼地善於報仇。你的就是我的；他也就是我。我的靈魂上是這麼多的，人我所加的傷，我已經憎惡了我自己！」他要「復」的是「人之仇」。故此，眉間尺的慨然割頭相贈與其說是對黑色人的信任，不如說是對復仇精神的信任與景仰。最令人驚心動魄又拍案叫絕的是「復仇」景象的描繪：

> （眉間尺的頭）嫣然一笑。這一笑使王覺得似曾相識，卻又一時記不起是誰來。剛在驚疑，黑色人已經掣出了背著的青色的劍，只一揮，閃電般從後項窩直劈下去，撲通一聲，王的頭就落在鼎裏了。
>
> 仇人相見，本來格外眼明，況且是相逢狹路。王頭剛到水面，眉間尺的頭便迎上來，狠命在他耳輪上咬一口。鼎水即刻沸涌，澎湃有聲；兩頭即在水中死戰。約有二十回合，王頭受了五個傷，眉間尺的頭上卻有七處。王又狡猾，總是設法繞到他的敵人的後面去。眉間尺偶一疏忽，終於被他咬住了後項窩，無法轉身。這一回王的頭可是咬定不放了，他只是連連蠶食進去；連鼎外面也彷彿聽到孩子

〔註137〕《雜憶》，《魯迅全集》第 1 卷，人民文學出版社，1981 年版，第 221～223 頁。

的失聲叫痛的聲音。

他（黑色人）的頭一入水，即刻直奔王頭，一口咬住了王的鼻子，幾乎要咬下來。王忍不住叫了一聲「啊唷」，將嘴一張，眉間尺的頭就乘機掙脫了，一轉臉倒將王的下巴下死勁咬住。他們不但都不放，還用全力上下一撕，撕得王頭再也合不上嘴。於是他們就如餓雞啄米一般，一頓亂咬，咬得王頭眼歪鼻塌，滿臉鱗傷。先前還曾在鼎裏四處亂滾，後來只能躺著呻吟，到底是一聲不響，只有出氣，沒有進氣了。

黑色人和眉間尺的頭也慢慢地住了嘴，離開王頭，沿鼎壁游了一匝，看他可是裝死還是真死。待到知道了王頭確已斷氣，便四目相視，微微一笑，隨即合上了眼睛。仰面向天，沉到水底裏去了。

這一場「三頭大戰」充分展現了復仇者（眉間尺）與勇士（黑色人）對統治者或惡（王）的報復與戰鬥，那種有仇必報、不畏犧牲、同心協力、英勇作戰的精神將魯迅的暴力復仇思想（血債血償，復仇是美德）表現得淋漓盡致、緊張有力。（「危險令人緊張，緊張令人覺到自己生命的力」——《秋夜紀遊》）魯迅的「暴力」思想如此強烈，不僅令他主張「暴力復仇」，還令他盛贊「血色的粗暴」：「他們苦惱了，呻吟了，憤怒，而且終於粗暴了，我的可愛的青年們！」「他們已經粗暴了，或者將要粗暴了，然而我愛這些流血和隱痛的魂靈」「我願意在無形無色的鮮血淋漓的粗暴上接吻」。〔註138〕更令他高聲呼喚「猛士」：「天地在猛士的眼中於是變色」「叛逆的猛士出於人間；他屹立著，洞見一切已改和現有的廢墟和荒墳，記得一切深廣和久遠的苦痛，正視一切重疊淤積的凝血，深知一切已死，方生，將生和未生。……他將要起來使人類蘇生，或者使人類滅盡。」（《淡淡的血痕中》）「真的猛士，敢於直面慘淡的人生，敢於正視淋漓的鮮血。」「真的猛士，將更奮然而前行。」（《記念劉和珍君》）叛逆、勇敢、暴力的「猛士」與「血色的粗暴」一起共同詮釋著魯迅的「暴力」思想。

基於「改革最快的還是火與劍」（《兩地書・一〇》）的深刻的認識，到了1927 年，魯迅推崇「暴力」而輕視「啓蒙」的思想已經達到偏執和狂熱的程度，從主張「復仇」，呼喚「猛士」，過渡到提倡「暴力革命」，三者皆指向「統治暴力」。當他走上黃埔軍校的講壇時，他的「暴力情緒」立刻爆發出來：

我想：文學文學，是最不中用的，沒有力量的人講的；有實力的人並不開口，就殺人，被壓迫的人講幾句話，寫幾個字，就要被殺；

〔註138〕《一覺》，《魯迅全集》第 2 卷，第 223 頁。

即使幸而不被殺，但天天吶喊，叫苦，鳴不平，而有實力的人仍然壓迫，虐待，殺戮，沒有方法對付他們，這文學於人們又有什麼益處？……中國現在的社會情狀，止有實地的革命戰爭，一首詩嚇不走孫傳芳，一炮就把孫傳芳轟走了。……我一向只會做幾篇文章，自己也做得厭了，……我呢，自然倒願意聽聽大炮的聲音，彷彿大炮的聲音或者比文學的聲音好聽得多似的。〔註139〕

無論是「實力」（暴力）、「革命戰爭」崇拜，還是「文學無用」「文學不如大炮（暴力）」的主張，都在充分體現彰顯著魯迅的「暴力」思想。為此，他雖然身在文化鬥爭的中心，但因為沒有參加實際鬥爭，武裝鬥爭，而斷言「我不在革命的漩渦中心」，〔註140〕可見魯迅心目中的革命是「暴力革命」而非「文化革命」，故此他一向的想法就是「要革命，就要有軍隊」。〔註141〕為此，他甚至將革命「打仗去了」的青年才稱為「有希望的青年」，而「對於做文章的青年，實在有些失望」。〔註142〕也為此，他認為「革命文學家和革命家竟可說完全兩件事。詆斥軍閥怎樣怎樣不合理，是革命文學家；打倒軍閥是革命家；孫傳芳所以趕走，是革命家用炮轟掉的，決不是革命文藝家做了幾句『孫傳芳呀，我們要趕掉你呀』的文章趕掉的。」〔註143〕這一切，都揭示了暴力（革命）有用、有力，文學（啟蒙）無用、無力的思想與狀況。所以，魯迅強調「雖然坐著工作而永遠記得前線」，文學書本「須有奮發革命的精神，增加革命的才緒，堅固革命的魄力的力量」，讓文學心懷暴力革命，為革命服務。〔註144〕除此之外，魯迅的「暴力革命」理論甚至具體化為「止有實地的革命戰爭」的「槍杆子」理論：

為救祖國，救全人類，與軍閥作殊死戰，進行偉大的革命。革命必定成功，曙光就在眼前。

你們青年學生是愛國的，是有為的，是熱血的革命者。……拿槍杆

〔註139〕《革命時代的文學》，《魯迅全集》第 3 卷，人民文學出版社，1981 年版，第 417～423 頁。

〔註140〕馮雪峰：《回憶魯迅》，《魯迅回憶錄》（專著中冊），北京出版社，1999 年版，第 616 頁。

〔註141〕馮雪峰：《回憶魯迅》，《魯迅回憶錄》（專著中冊），第 669 頁。

〔註142〕《兩地書‧八五》，《魯迅全集》第 11 卷，人民文學出版社，1981 年版，第 226 頁。

〔註143〕《文藝與政治的歧途》，《魯迅全集》第 7 卷，第 119 頁。

〔註144〕《中山大學開學致語》，《魯迅全集》第 8 卷，第 159～160 頁。

子葬送這些凶惡無恥的敗類。〔註145〕

我看，光靠『筆杆子』總嫌弱，將來若要把這個『大鐵幕』掀掉，那就非『槍杆子』和『炸彈』不可，但這頭要有人『帶頭』才行。我們應該曉得，這是要有巨大的力量的，現在還是『聚集力量』的時候。〔註146〕

綜上所述，由於早年留學日本並接受日本「尚武」文化的客觀事實，配合著傳統俠士風範、民族自強情緒、苦悶體驗，魯迅從日常生活到心理、思想都或多或少呈現出「暴力」傾向。五四時期的魯迅，一面「聽將令」進行「思想革命」文化啟蒙，一面又深感啟蒙的無效，在小說中將文化啟蒙推向絕境，並於 1925 年之後「棄文尚武」，輕文重武，輕視思想革命文化啟蒙，崇尚暴力革命暴力啟蒙。無論是「棄文」（啟蒙無效，救治社會精英的啟蒙幻想），還是「尚武」（崇尚暴力抗爭、暴力革命），都是魯迅受日本「尚武」文化影響的深刻體現。魯迅的啟蒙理想是「發社會之蒙覆，振勇毅之精神」（《越鐸·出世辭》），即是說「發社會之蒙覆」無論是文化啟蒙也好，暴力啟蒙也罷，其旨歸皆在於「振勇毅之精神」，從此亦可見魯迅受日本「尚武」文化薰染之一斑。唯因如此，魯迅更願稱自己為「戰士」而非「思想家」，他的啟蒙主義才「是徹頭徹尾的戰鬥主義。」〔註147〕

只不過，魯迅雖然思想漸變，傾向暴力抗爭，但是尖刻而多疑的性格不僅讓他懷疑人文啟蒙（思想革命）的有效性，也讓他懷疑政治啟蒙（暴力革命）的有效性，他雖然對國民革命抱有理想，但對國民革命和無產階級革命的現實卻不甚滿意，從其害怕人們的犧牲，反對虛假空洞的革命文學，反感革命陣營內「奴隸總管」的鞭打，甚至如有的學者說的對革命的前途不抱太多的幻想（如他對「革命，革革命，革革革命，革革……」的質疑，對「革命以前，我是做奴隸；革命以後不多久，就受了奴隸的騙，變成他們的奴隸了」的體驗，還對馮雪峰作過「你們來到時，我要逃亡，因為首先要殺的恐怕是我」的預言）〔註148〕就可見一斑，從「鐵屋子」的比喻就可見其「希望

〔註145〕《在廈門大學送別會上的講演》，劉運峰編：《魯迅軼文全集》（下），群言出版社，2001 年版，第 760～761 頁。
〔註146〕《在上海暨南大學的講演》，《魯迅軼文全集》（下），第 774 頁。
〔註147〕馮雪峰：《回憶魯迅》，《魯迅回憶錄》（專著中冊），北京出版社，1999 年版，第 557～580 頁。
〔註148〕李怡：《痛感：魯迅現代思想的催化劑》，《武漢大學學報》，人文科學版，2011

之必無」的思想，只是多疑的性格使其懷疑自己思想的正確性，從而反抗絕望，勉力戰取光明罷了，他與啓蒙的關係不能說很緊密，但是他卻欲置身事外而不能。

第三節　郭沫若等作家的暴力思想與表現

一

與 1881 年出生的魯迅一樣，1892 年出生的郭沫若、1896 年出生的郁達夫等五四作家同樣經歷了晚清的日式教育與青年時的留日生涯。就拿郭沫若來說，他幼年時就受「富國強兵」思潮的影響，「那時候講富國強兵，就等於現在說打倒帝國主義一樣。我當時記起了我們沙灣蒙學堂門口的門聯也是『儲材興學、富國強兵』八個字。」〔註149〕「二三十年前的青少年差不多每個人都可以說是國家主義者。那時的口號是『富國強兵』。」〔註150〕然而郭沫若不僅受「富國強兵」這種日式風氣影響，還受到日本教師以及留日學人的思想薰陶。就教師影響來說，在辛亥革命以前學校裏的教習大多是日本人，他的小學老師也是日本留學生，曾教郭沫若他們「體操」，「許多日本式的舞蹈的步法」，以及革命、愛國歌曲。〔註151〕另外，郭沫若在少年時就與留日學人結下不解之緣：幼年時，他就耽讀從日本傳回的留日學生書刊，如《新小說》、《浙江潮》、《經國美談》等，並像晚清的留日學生一樣喜歡拿破侖、畢士麥（俾斯麥）的傳記，崇拜到極點，遂自稱東方畢士麥。〔註152〕他崇拜梁啓超，認為梁啓超著的《意大利建國三杰》，譯的《經國美談》，以輕靈的筆調描寫亡命志士、建國英雄，令人心醉，遂於崇拜拿破侖、畢士麥之餘崇拜加富爾、加里波蒂和瑪志尼；他甚至認為梁啓超是革命家的代表，而且「二十年前的青少年——換句話說：就是當時的有產階級的子弟——無論是贊成或反對，

年版，第 5 期。

〔註149〕郭沫若：《郭沫若全集·文學編》第 11 卷，人民文學出版社，1992 年版，第 50 頁。

〔註150〕郭沫若：《郭沫若全集·文學編》，第 12 卷，人民文學出版社，1992 年版，第 65 頁。

〔註151〕《郭沫若全集·文學編》，第 11 卷，人民文學出版社，1992 年版，第 332、72 頁。

〔註152〕《郭沫若全集·文學編》，第 11 卷，第 43 頁。

可以說沒有一個沒有受過他的思想和文字的洗禮的。」〔註153〕郭沫若的這番自白，表明一、他在少年時受留日學人「尚武」思想影響（歸根究底就是受日本「尚武」文化影響），崇尚英雄、武力、革命；二、他對革命推崇備至，因而把梁啓超尊爲革命家的代表，也因此雖然對「章太炎的文章我實在看不懂，不過我們很崇拜他，因爲他是革命家的原故」〔註154〕，更有甚者革命排滿成爲「當時青年腦中的最有力的中心思想。凡是主張這種思想的人，凡是這種思想的實行家，都是我們青年人崇拜的對象。我們崇拜十九歲在上海入西牢而庾死的鄒容，我們崇拜徐錫麟、秋瑾，我們崇拜溫生材，我們崇拜黃花崗的七十二烈士。一切生存著的當時有名的革命黨人不用說，就是不甚轟烈的馬君武，有一時傳說要到成都來主辦工業學校，那可是怎樣地激起了我們的一種不可言狀的憧憬！」「我們時常在幻想，不知道怎樣才可以遇到一位革命黨人。」〔註155〕這種對「革命」的憧憬與推崇可謂到了無以復加的地步，並深度影響了郭沫若日後創作的暴力傾向。

除了浸淫於晚清國內的日式教育與風氣之外，郭沫若還於成年後留學日本，居留日本，直接領略日本的「尚武」文化。從時間上計算，郭沫若1914年1月至1923年4月留學日本，1924年4月初至11月中旬再返日本，居留達7個月，另外1928年2月24日至1937年7月下旬近十年的時間也在日本居住，換言之，郭沫若從22歲至45歲這24年時間裏，就有20年在日本，所以將他視爲日本人也不爲過，從此亦可見其必深受日本「尚武」文化的薰染。其一，他留學日本時，驚歎於日本將「尚武」教育融入日常生活中：日本國內無論神祠、佛寺、學校、官衙，大抵都陳列著日俄戰爭時的戰利品（大炮），「一方面以誇耀他們的武力，同時並喚起國民的軍國主義的觀感」。〔註156〕正是這樣的「尚武」情緒，使郭沫若留日不久就「決心把這個傾向（文學傾向）克服」〔註157〕；也使他加強了「民族意識」，認爲「看見自己的同胞在異種的皮鞭之下呻吟著，除非是那些異族的走狗，誰也不能夠再閉著眼睛做夢」〔註158〕，並寫下「問誰牧馬侵長塞，我欲屠蛟上大堤。……男兒投筆尋

〔註153〕《郭沫若全集・文學編》，第11卷，第121頁。
〔註154〕《郭沫若全集・文學編》，第11卷，第120頁。
〔註155〕《郭沫若全集・文學編》，第11卷，第204～204頁。
〔註156〕《郭沫若全集・文學編》，第12卷，人民文學出版社，1992年版，第45頁。
〔註157〕《郭沫若全集・文學編》，第12卷，人民文學出版社，1992年版，第65頁。
〔註158〕《郭沫若全集・文學編》第12卷，第89頁。

常事，歸作沙場一片泥」〔註159〕這樣慷慨激昂的「尚武」詩句。其二，留學日本時，鄭伯奇就曾將他引薦給厨川白村，他雖然以怕見名士爲由謝絕，〔註160〕但卻沒有拒絕厨川白村的文藝思想，並於1922年8月的《論國內的評壇及我對於創作上的態度》和1923年6月的《暗無天日之世界》中宣稱自己信奉文藝或文學是「苦悶的象徵」，（根據本文第二章第一節的分析，這一文藝思想其實是「苦悶的象徵」與「力的象徵」的融合），所以郭沫若五四時期就以粗暴有力的詩歌振聾發聵，在一定程度上與文藝是「苦悶的象徵」思想及其根源日本的「尚武」文化關係頗密。以上兩點體現在郭沫若的日常生活觀感中，一是對西洋的仇視，甚至對留學西洋的胡適的《胡適文存》也心存敵意（《月蝕》），二是認爲中國兒童孱弱無力，而日本兒童強健有力（《聖者》）。（這一點，魯迅在《從孩子的照相說起》也有同感，認爲中國孩子溫文爾雅、馴良拘謹，日本孩子壯健有力、活潑健康。從此亦可見留日作家對「力」的關注是普遍性的）。

　　如果說魯迅的純文學作品小說中以否定統治階級的暴力（如《藥》、《頭髮的故事》、《孤獨者》、《阿Q正傳》等），把「啓蒙」推向絕境爲主要傾向，並在雜文中直接倡導暴力抗爭暴力革命的話，那麼郭沫若的純文學作品（詩歌、小說、戲劇）則將其兼容並包，以一種火山爆發式的「暴力」情緒貫穿其中。

　　郭沫若五四時期的作品氣勢磅礴，充斥著一種豪放、粗暴的「力感」。沈從文在《論郭沫若》中就指出郭沫若的「情緒是熱的，是動的，是反抗的」，他不缺少「剛勁的美。不缺少力」，〔註161〕誠爲精闢之論。這種「力感」表現爲如下幾個方面。

（一）崇尚強力

早在1919年，郭沫若就在《立在地球邊上放號》唱過「力的贊歌」：

　　無數的白雲正在空中怒涌，

　　啊啊！好幅壯麗的北冰洋的情景喲！

　　無限的太平洋提起他全身的力量來要把地球推倒。

　　啊啊！我眼前來了的滾滾的洪濤喲！

　　啊啊！不斷的毀壞，不斷的創造，不斷的努力喲！

〔註159〕《郭沫若全集·文學編》第12卷，第41頁。
〔註160〕《郭沫若全集·文學編》第12卷，第110頁。
〔註161〕沈從文：《沈從文全集》第16卷，北嶽文藝出版社，2002年版，第155頁。

　　啊啊！力喲！力喲！

　　力的繪畫，力的舞蹈，力的音樂，力的詩歌，力的律呂喲！

詩歌從自然的力（體積的「無數」、「無限」，動態的「怒涌」、「推倒」、「滾滾」，「力量」的「壯麗」）引向雄強奔放的力的崇拜。

　　與此詩相似的是《我是個偶像崇拜者》，「我」不僅崇拜太陽、山嶽、海洋、水、火、火山、偉大的江河等自然之力，還崇拜人工之力造就的蘇伊士運河、巴拿馬運河、萬里長城、金字塔，更「崇拜創造的精神，崇拜力，崇拜血」，「崇拜炸彈，崇拜悲哀，崇拜破壞」，「崇拜我」，即崇拜一種破壞與創造共生的生命強力（包括暴力），在排比的語句中傳達出一種生命力的自信與精神力的強悍。這種「力」是一種徹底破壞，勇敢開闢的創造力：它要「把地球推倒」，「不斷的毀壞，不斷的創造」（《立在地球邊上放號》）；它「崇拜創造的精神」「崇拜破壞」「崇拜偶像破壞者」（《我是個偶像崇拜者》）；它吶喊著要讓「一切的偶像都在我面前毀破！破！破！破！」（《梅花樹下的醉歌》）它高聲宣布「破了的天體」「我們盡他破壞不用再補他了！待我們新造的太陽出來，要照徹天內的世界，天外的世界」（《女神之再生》）；它歡聲雷動：「死了的光明更生了」「死了的宇宙更生了」「死了的鳳凰更生了」「一切的一，更生了」「一的一切，更生了」（《鳳凰涅槃》）。這種「力」也是一種爆發的、狂飆突進的動力、熱力：「我飛奔，我狂叫，我燃燒。我如烈火一樣地燃燒！我如大海一樣地狂叫！我如電氣一樣的飛跑！我飛跑，我飛跑，我飛跑，……我在我神經上飛跑，我在我脊髓上飛跑，我在我腦筋上飛跑。我便是我呀！我的我要爆了！」（《天狗》）

　　我們雄渾呀！我們雄渾呀！一切的一，雄渾呀！一的一切，雄渾呀！

　　雄渾便是你，雄渾便是我！雄渾便是『他』，雄渾便是火！

　　我們自由呀！我們自由呀！一切的一，自由呀！一的一切，自由呀！

　　自由便是你，自由便是我！自由便是『他』，自由便是『火』！（《鳳凰涅槃》）

詩歌中燃燒的是雄渾的強力、自由的動力和個性的熱力，配合著排比、反覆的修辭、簡短有力的句式、闊大壯美的意象、整飭有致的韻腳，造成一種奔瀉千里、一往無前、火山噴發式的氣勢，更由這氣勢表現了「力」的雄豪狂猛、勇健剛毅，這在《天狗》一系列的「飛跑」，《鳳凰涅槃》結尾連續十五節的「我們……呀」之中便體現得淋漓盡致。

　　但是必須注意到，郭沫若崇尚強力，並不等於崇尚強權，「強力」是對生命力的張揚，對自我的確信，對自由、創造、激情的追求，而「強權」則是濫用權力、武力，壓迫民眾、禁錮自由，濫殺無辜。像魯迅一樣，郭沫若否定統治者的暴力，抵制暴政，反抗強權。如 1920 年 9 月創作的詩劇《棠棣之花》抵制「戰爭不熄……今日合縱，明日連衡，今日征燕，明日伐楚，爭城者殺人盈城，爭地者殺人盈野」的慘況，並讓女主角聶嫈的歌詞帶著「男性的音調」，讓她「自恨身非男子」，滿含暴力情緒和救世情懷：「不願久偷生，但願轟烈死。願將一己命，救彼蒼生起！」「儂欲均貧富，儂欲茹強權，願為施瘟使，除彼害群遍！」「我望你鮮紅的血液，迸發自由之花，開遍中華！」幾年後的《聶嫈》也沿襲了這一暴力模式，它抵制強權者的罪惡是「我們找出來的錢成為他們的錢，甚至我們的性命身體都成了他們的，他們要我們生我們才能生，要我們死我們便不能不死。我們又因為有了他們才發生了許多戰事……打來打去，不管打勝了也好，打敗了也好，享福的終是他們，受罪的是我們百姓。」「我們的血汗成了他們的錢財，我們的生命成了他們的玩具。」〔註162〕並且號召誅殺強權者：「要殺他們的只是他們不該做王做宰相。只要是王是宰相，無論是哪一國的，無論是哪一種人，他都要殺的。」「大家提著槍矛回頭去殺各人的王和宰相，把他們殺乾淨了，天地間沒有一個王，沒有一個宰相的時候，然後才得太平呢。」〔註163〕而《孤竹君之二子》（1922）也對強權者抱著極端的警惕和痛恨之心，詩中的漁父認為「我不相信如今有爵位的人真會愛我們如像我們愛我們的兒子。我想那些都是假的。他們不過是披著人皮的鱷魚，他們不過想利用我們的生命去鞏固他們的爵位罷了。即使他們能夠把那些吃人的魔鬼除去，也不過另外換一批鱷魚來，我們依然要被他們吃。」警惕與痛恨之後是反抗：「我們絕對不逃走，不去依賴鱷魚。我們在部落裏大家相輔相衛，等有吃人的魔鬼來，我們便和他決一死戰。」〔註164〕《女神之再生》也將爭霸爭王的統治者共工、顓頊們斥為「武夫蠻伯」「兩條鬥狗」，祈願「萬千金箭射天狼」，給統治者敲起的「葬鐘在響」。一句話：以暴止暴，以血還血。

〔註162〕《郭沫若全集·文學編》第 6 卷，人民文學出版社，1986 年版，第 116～131 頁。

〔註163〕《郭沫若全集·文學編》第 6 卷，人民文學出版社，1986 年版，第 116 頁。

〔註164〕《郭沫若全集·文學編》第 1 卷，人民文學出版社，1982 年版，第 223 頁。

　　如果說魯迅在革命風起雲湧的晚清留學日本，接受日本的「尚武」文化，使他五四時期的小說創作自始至終都對「啓蒙有效」的神話進行解構，那麼郭沫若在軍閥混戰的民國初年留學日本，遭遇日本的「尚武」文化及以「尚武」文化為基礎的個人主義思潮，使他崇尚強力，並以個人的強力反抗強權，「歌頌流血」，鼓吹「誅鋤惡人的思想」，很濃重的帶著一種以個人主義為基礎的「無政府主義的色彩」。〔註165〕這也就是日本學者伊藤虎丸在其《魯迅、創造社與日本文學》中將留日時的魯迅稱為「政治青年」，而將留學時的郭沫若稱為「文學青年」的原因，所以同受日本「尚武」文化浸染，同樣否定統治者的暴力，卻有如此差異。

（二）暴力革命

　　以上的「崇拜血」「崇拜炸彈」「崇拜破壞」「崇拜力」（《我是個偶像崇拜者》），願以「鮮紅的血液」獲得「轟烈死」（《棠棣之花》），以及「殺乾淨」的欲望（《聶嫈》），說到底，都是一種暴力情緒的宣泄。這種情緒發展下去，便是推崇暴力的思想，換言之，是將暴力情緒集中、凝定、鑄煉。如從《匪徒頌》（1919）到《巨炮之教訓》（1920）便是這種主張暴力思想的體現與演化。

> 反抗王政的罪魁，敢行稱亂的克倫威爾呀！
>
> 私行割據的草寇，抗糧拒稅的華盛頓呀！
>
> 圖謀恢復的頑民，死有餘辜的黎賽爾呀！
>
> 西北南東去來今，
>
> 一切政治革命的匪徒們呀！
>
> 萬歲！萬歲！萬歲！
>
> 倡導社會改造的狂生，瘐而不死的羅素呀！
>
> 倡導優生學的怪論，妖言惑眾的哥爾棟呀！
>
> 亘古的大盜，實行波爾顯威克的列寧呀！
>
> 西北南東去來今，
>
> 一切社會革命的匪徒們呀！
>
> 萬歲！萬歲！萬歲！（《匪徒頌》）

無論是政治革命的「匪徒」克倫威爾、華盛頓、黎賽爾，還是社會革命的「匪徒」列寧，都被郭沫若三呼「萬歲」，可謂尊崇到登峰造極的地步，其對暴力

〔註165〕《郭沫若全集·文學編》第 12 卷，第 147 頁。

的推崇亦不言而喻。即使是宗教革命、學說革命、文藝革命、教育革命的「匪徒」們，與直接暴力不相關，但郭沫若力力生風的詩句本身給人一種「力感」，再加上「匪徒頌」這樣駭人聽聞的題目，至少營就了一種「語言暴力」的氛圍。

到了《巨炮之教訓》，則無論是「匪徒」也好，「巨炮之教訓」也好，從「形象」到「思想」都在昭示著「暴力」。十分有趣的是，巨炮是日俄戰爭時日本的戰利品：「博多灣的海岸上，十里松原的林邊，有兩尊俄羅斯的巨炮，幽囚在這裏已有十餘年」，炮作爲展覽品，已失去了炮之爲炮的作用，緊接著，作者讓俄羅斯的兩大偉人進行「巨炮之教訓」的宣揚，托爾斯泰「主張克己，無抗的信條」，並斥責日本「這島邦的國民，他們的眼見未免太小！他們只知道譯讀我的糟糠，不知道率循我的大道。他們就好像群猩猩，只好學著人的聲音叫叫！他們就好像一群瘋了的狗兒，垂著涎，張著嘴，到處逢人亂咬！」而這種好戰尚武卻正是日本文化的表現，是與托爾斯泰的「無抵抗、非暴力」思想相對的，這裏以「正話反說」的方式彰顯日本的「尚武」文化。詩歌結尾，一反托爾斯泰的思想：

「同胞！同胞！同胞！」
列寧先生卻在一旁酣叫，
「爲自由而戰喲！
爲人道而戰喲！
爲正義而戰喲！
至高的理想只在農勞！
最終的勝利總在吾曹！
同胞！同胞！同胞！……」
他這霹靂的幾聲，
把我從夢中驚醒了。

列寧的暴力革命戰鬥吶喊「把我從夢中驚醒」，即從「非暴力」的夢中驚醒，而且這種吶喊如同「霹靂」，表明震撼力之大，換言之「巨炮之教訓」歸根結底還是崇尚暴力，這就難怪郭沫若把巨炮稱爲「幽囚著的朋友」，讓這個「朋友」脫離「幽囚」狀態其實就是讓大炮發揮大炮的作用——戰鬥、暴力。巨炮本來用來喚起日本國民的軍國主義觀感，沒想到也喚起了留日學生郭沫若的「尚武」情懷，正如日本學者伊藤虎丸所言，留日作家「從十幾歲到二十幾歲的最富於感受的時期，他們在日本，給了他們甚至深入到日常生活的感

覺以深刻的影響」，〔註166〕所以他們不受日本尚武文化感染幾乎是不可能的。但是很明顯，與以上「反抗強權」的個人色彩不同，這兩首詩所流露的「暴力革命」思想的集團、理性、理論色彩更濃，是個人「反抗強權」的思想的昇華與突破。

正如郭沫若自述，《女神》的序詩上雖說自己是無產階級者、共產主義者，但實際上連無產階級和共產主義的概念都沒認識明白，只是文字上的遊戲〔註167〕一樣，郭沫若一開始的「暴力革命」思想並不是「階級論」的，毋寧說是「人道論」或「社會論」的暴力革命。如《孤軍行》（1922 年 8 月作，1928 年編入《前茅》時，改題《前進曲》）雖說與 1928 年改寫版同樣「暴力」，但卻沒有那麼「進步」，其時的革命者只是「男兒」而非 1928 年版的「工農」，「愁城」也始終是「愁城」，而沒有 1928 年版那樣的「使新的世界誕生」，當時第二節是「點起赤城的炬火！鳴起正義的金鉦！張起人道的大纛！撐起真理的戈鋋！」一片思想啟蒙人道主義的色彩，並不如 1928 年版的「點起我們的火炬！鳴起我們的金鉦，舉起我們的鐵槌，撐起我們的紅旗」那樣張揚「我們」的階級集團力量，高舉「鐵槌」「紅旗」這種階級色彩濃厚的階級武器。這一種情況在 1928 年改寫版的《匪徒頌》與《巨炮之教訓》也一樣存在。如《匪徒頌》的第二節不再是「羅素」「歌棟」在宣講學說，而是「鼓動階級鬥爭的謬論，餓不死的馬克思呀！不能克紹箕裘，甘心附逆的恩格斯呀！亙古的大盜，實行共產主義的列寧」等人在高聲吶喊。又如《巨炮之教訓》也不再是當初的為「自由」「人道」「正義」而戰，一變而為「為階級消滅而戰」「為民族解放而戰」「為社會改造而戰！」但是這些詩原稿的「階級」色彩雖不濃厚，但「暴力」思想卻毫不比改寫稿遜色。就拿《孤軍行》來說，且不說「炬火」「金鉦」「戈鋋」「鐮刀」「戈矛」等武器，「孤軍」「行軍」等軍勢，單說詩中對「魔群」的態度就夠粗暴：「驅除盡那些魔群，把人們救出苦境」「向著那魔群猛進」，總之要把「魔群」一網打盡。1922 年 11 月寫作的《黃河與揚子江對話》對「毒殺人民」「爭食人肉分贓不平」的「毒菌」們十分憤慨，號召「對於惡魔的義戰」，喚醒人們「直接行動」，大聲疾呼「殺！殺！殺！」並高聲放歌：

〔註166〕伊藤虎丸：《魯迅、創造社與日本文學》，北京大學出版社，1995 年版，第 190 頁。

〔註167〕《郭沫若全集・文學編》第 12 卷，人民文學出版社，1992 年版，第 147 頁。

人們喲！醒！醒！醒！

你們非如北美獨立戰爭一樣，

自行獨立，拒稅抗糧；

你們非如法蘭西大革命一樣，

男女老幼各取直接行動，

把一大群的路易十六弄到斷頭臺上，

你們非如俄羅斯無產專政一樣，

把一切的陳根舊蒂和盤推翻，

另外在人類史上吐放一片新光；

人們喲，中華大陸的人們喲！

你們是永遠沒有翻身的希望！

這些詩句「暴力」是夠「暴力」了，但仍然是「人道論」或「社會論」的暴力革命，並非「階級論」的暴力革命，詩人期待的不是「無產階級革命」而是「中華民族大革命」，目的也不是「無產階級專政」而是「人權恢復」「人類解放」。

但是，深入一步思考，郭沫若當時謳歌的雖非明顯的「階級論」的暴力革命，但也表現出一種模糊的階級意識，正因為這種模糊的階級意識，「詩人敏銳地感受到新的革命高潮逼近的時代氣息」，而導致《前茅》「詩風的轉變」。〔註168〕「我有血總要流，有火總要噴」〔註169〕的郭沫若正是憑藉著這種模糊的階級意識，首先想到「愴痛是無用，多言也是無用」，而號召「到兵間去」「到民間去」（《朋友們愴聚在囚牢裏》1923.5.27），甚至告別「低回的情趣」「虛無的幻美」「否定的精神」，亦即告別或輕視文學的啓蒙，而主張「拿著劍刀一柄」實行暴力。（《力的追求者》1923.5.27）而在《勵失業的友人》（1923.5）中，郭沫若將矛頭直指「資本主義制度」「資本家」所造就的「萬惡的魔宮」，並要和朋友一起「從今後振作精神誓把這萬惡的魔宮打壞！」當然這種「資本主義」批判是模糊的，只是一種憤慨的體現，詩人「願意有一把刀」割斷富人的「頭腦」和「根苗」，讓「富兒們的園裏」不再充滿「歌笑」（《歌笑在富兒們的園裏》）；也希望在貧富懸殊、「勞苦人的血汗與生命」遭受踐踏的「靜

〔註168〕錢理群等：《中國現代文學三十年》（修訂本），北京大學出版社，1998年版，第109～110頁。

〔註169〕《郭沫若全集·文學編》第1卷，人民文學出版社，1992年版，第22頁。

安寺的馬路中央，終會有熾烈的火山爆噴」（《上海的清晨》）。這種模糊的階級意識更多是「劫富濟貧」「仇富」心態的流露，而非一種成熟的革命思想與理論形態。

1924 年，五四文化高潮退落。〔註170〕那一年，魯迅開始創作《仿徨》《野草》。郭沫若也被時代的苦悶氣息所籠罩，相信「文藝是苦悶的象徵」，那一年他寫出了小說《三詩人之死》，以物喻人，無論被吃，傷病還是失踪，「詩人」都面臨「死」的命運，「詩人」已死，又何來「詩美」？也正是那一年，郭沫若創作了小說《漂流三部曲》，將「苦悶」抒寫得淋漓盡致：主人公愛牟深感文學無用，「文學不值一錢」，「文藝是鍍金的套狗圈」，醫學也無用，能夠殺得死寄生蟲、微生物，但不能「把培養這些東西的社會制度」滅掉，於是他想自殺：「暴屍在上海市上，血流了出來，腸爆了出來，眼睛突露了出來，腦漿迸裂了出來，這倒痛快」，想與妻子「把三個兒子殺死，然後緊緊抱著跳進博多灣裏去」自殺，「把彌天的悲痛同消」；也極端願去從軍，「可以痛痛快快地打死一些人，然後被一個流彈打死。」無論是自殺也罷，殺人也罷，郭沫若連「苦悶」也如此充滿「暴力」，是「苦悶」與「力」的一體化。正是出於同一原因，1924 年 4 月初郭沫若開始翻譯日本學者河上肇的《社會組織與社會革命》，宣揚政治革命，並得到原作者河上肇的贊成與支持，〔註171〕思想也發生極大轉變：「我從前只是茫然地對於個人資本主義懷著憎恨，對於社會革命懷著信心，如今更得著理性的背光，而不是一味的感情作用了。」〔註172〕換言之，郭沫若的「暴力革命」思想理性化與理論化了，不再是早期的模糊與散漫。他堅決認為「現在不是當學究的時候」「我把我昨日的思想也完全行了葬禮了」，並且主張「我們的一切行動的背境除以實現社會主義為目的外一切都是過去的，文學也是這樣，今日的文學乃至明日的文學是社會主義傾向的文學，是無產者呼號的文學，是助成階級鬥爭的氣勢的文學，除此而外一切都是過去的、昨日的」。〔註173〕應該說，這比以上的《力的追求者》告別文學的啟蒙（「低回的情趣」「虛無的幻美」「否定的精神」）以及《歌笑在富兒

〔註170〕曹聚仁：《魯迅評傳》，第 66 頁，東方出版中心，1999 年版，王統照在《春花·自序》也持相似說法。

〔註171〕《郭沫若全集·文學編》第 12 卷，人民文學出版社，1992 年版，第 206 頁。

〔註172〕《郭沫若全集·文學編》第 12 卷，第 205 頁。

〔註173〕王錦厚等編：《郭沫若佚文集》（上冊），四川大學出版社，1988 年版，第 127 頁。

們的園裏》對自然的讚美要「一筆勾銷」在階級觀念上更爲明晰、更爲有力。但是社會的發展不以人的意志爲轉移，社會的苦悶與自我的苦悶依然繼續，雖然翻譯完《社會組織與社會革命》思想有所轉變，但不變的苦悶讓他幾個月後覺得「行路難」「完全失望」「索性從崖頭跳到破船上去隨著他們自盡」（小說《行路難》1924.10.15），覺得中國人是「墮落了的中國人」，中國是「頹廢了的中國」，汹涌著「無限的罪惡，無限的病毒，無限的奇醜，無限的恥辱」，甚至懷念「美好過的我們的古人」「那種消逝的美好」，深深痛恨「醜惡的榴彈，一個個打碎我們的神經，我們後人已經成了混坑中的糞醬」這樣一種令人絕望的狀況。（小說《湖心亭》1925.2.1）總之，感到「共通的一種煩悶，一種倦怠」「我們內部的要求與外部的條件不能一致，我們失卻了路標」，〔註174〕暴力革命思想僅止於思想，得不到社會的肯定、實踐與印證。

　　這種進退維谷的狀況一直持續到 1926 年才發生較大改變。1926 年，魯迅出版了《仿徨》，結束了《野草》的寫作，這意味著「苦悶」的變化，也意味著苦悶之後或苦悶之頂向「力」的轉變。如本章第一節所言，1926 年前後，無論是「爲人生」的魯迅、茅盾，還是「爲藝術」的郭沫若、郁達夫，都自覺傾向於暴力革命、暴力啓蒙，這已經成爲一種不可阻擋的趨勢。的確，1926 年前後，郭沫若的「暴力革命」思想並不像五四退潮的 1924 年一樣苦悶，相反，更堅定明確，持續時間也更長，超越「苦悶」而向「力」挺進。因爲那時「我們的要求已經和世界的要求是一致」「我們努力著向前猛進」，〔註175〕而不再是「失卻了路標」。郭沫若實行「兩手抓」，一手抓「革命文學」，一手抓「革命」。在論及「革命文學」時，郭沫若表現出一種極強烈的「排他性」，絕對性，或曰語言暴力：他認爲文學包括「革命的文學」和「反革命的文學」兩個範疇，「真正的文學是只有革命文學的一種」「革命時代的希求革命的感情是最強烈最普遍的一種團體感情」，因此要反對個人主義、自由主義、浪漫精神、天才崇拜，並號召作家「你們要把文藝的主潮認定！你們應該到兵間去，民間去，工廠間去，革命的漩渦中去，你們要曉得我們所要求的文學是表同情於無產階級的社會主義的寫實主義的文學」。〔註176〕1926 年，自稱成

〔註174〕《郭沫若全集·文學編》第 16 卷，人民文學出版社，1989 年版，第 9 頁。
〔註175〕《文學運動史料選》第一冊，上海教育出版社，1979 年版，第 446 頁。
〔註176〕《革命與文學》，《文學運動史料選》第一冊，上海教育出版社，1979 年版，第 446 頁。

了「馬克思主義的信徒」的郭沫若發表了《孤鴻》，堅決表示要把「從前深帶個人主義色彩的想念全盤改變」，希望自己的詩「早些死滅」，並擴而大之，認爲「昨日的文藝是不自覺的得占生活的優先權的貴族們的消閒品，如像太戈兒的詩，托爾斯泰的小說，不怕他們就在講仁說愛，我覺得他們只好像在布施餓鬼」，而主張「今日的文藝」即「革命的文藝」，「是我們現在走在革命途上的文藝，是我們被壓迫者的稱號，是生命窮促的喊叫，是鬥士的咒文，是革命豫期的歡喜」，如果不能促進社會革命的文藝則不是「今日的文藝」甚至不配「文藝的稱號」。〔註177〕這種把文學掃蕩得只剩「革命文學」的態度以及呼籲作家去「呼號」，作「鬥士」的姿態，在一定程度上已經將「語言暴力」與「直接暴力」聯繫到一起，而將二者融合得較好的是 1926 年 3 月的《文藝家的覺悟》，它大聲的疾呼「文藝每每成爲革命的先驅」，作家要主張個性與自由，「那請你先把阻礙你的個性、阻礙你的自由的人打倒。……犧牲了自己的個性和自由去爲大眾人的個性和自由請命」，「這樣的世界只能由我們的血，由我們的力，去努力戰鬥而成實有」。〔註178〕

在抓「革命文學」的同時，郭沫若另一手抓的「革命」可謂「暴力」十足：「要解決人類的痛苦，那不是姑息的手段可以成功，……只好徹底的革命，把支配階級的政權奪過手來，徹底的打倒一切壓迫階級」，要施行政治鬥爭，「用武力來從事解決」。〔註179〕「現在不是空談的時候，現在是實行的時候了」，對反革命的人、反革命的言行，「人人得而誅之」〔註180〕，「我覺得中國的現狀無論如何非打破不可，要打破現狀就要採取積極的流血手段。要主張流血，那先決的條件便是武力問題」。〔註181〕甚至認爲「過激的暴徒才是極其仁慈的救世主」，主張「掃除來得劇烈，其趨勢是要把烟囪乃至爐竈本身都爆破」的極具毀滅性的「革命的爆發」。〔註182〕這種「暴力革命」的思想在其 1927 年的小說《一隻手》中體現無遺。小說虛構了一個叫尼爾更達的海島上都市工人暴動的故事。主人公十五歲的少年小宇羅一家都

〔註177〕《郭沫若全集·文學編》第 16 卷，人民文學出版社，1989 年版，第 8～20 頁。

〔註178〕《郭沫若全集·文學編》第 16 卷，第 25～31 頁。

〔註179〕《郭沫若佚文集》（上冊），四川大學出版社，1988 年版，第 165 頁。

〔註180〕《郭沫若佚文集》（上冊），四川大學出版社，1988 年版，第 172 頁。

〔註181〕《郭沫若全集·文學編》第 12 卷，人民文學出版社，1992 年版，第 147 頁。

〔註182〕《郭沫若全集·文學編》第 12 卷，第 191～205 頁。

是無產階級，小孛羅在煉鋼廠裏做工，父親在烟草工廠內做工中毒成了瞎子，母親在製鉛工廠裏做工中毒成了癱子，這意味著資本主義的罪惡以及小孛羅一家的「革命」身份與「赤貧」特徵。正是這樣的無產階級在工廠裏集中起來，成為一支強大的工人軍。「只消一有精神上的聯繫，思想上的聯繫，便必然要把資本家的社會推翻。」「資本家們的王宮是建築在炸彈上面的。工人們的暴動遲早不能免掉，就如一倉庫的黃色火藥，已經堆集在那裏，只差一把火，只差一個人來點火。火一點燃，便會有掀天的爆炸。」這個點火者就是小孛羅，他的右手被機輪切斷，資本家的殘忍凶惡讓昏迷中醒來的小孛羅怒不可遏，「像負了傷的獅子一樣」，用被切斷的右手猛擊開槍射工人的資本家，從而引起工人暴動的革命怒潮。工人領袖克培在鋼鐵廠暴動失敗的情況下，及時組織全島工人放火隊和軍事行動隊對資本家的陣營進行猛烈的突襲，輕而易舉地佔領了兵營，奪取了政權，「工人暴動萬歲！」「無產階級革命成功萬歲！」的呼聲由是震動了全城；在工人暴動的同時，昏蒙的小孛羅也高叫「殺盡資本家！殺盡資本家的走狗」，並把被捉拿的資本家鮑爾爵爺用「無產階級的鐵拳」——他被切斷的右手活活打死。小孛羅死後被國葬，工人們替他建了一個紀念塔，塔頂上一個「紅色的鐵拳」向天空伸出。小說不僅表達了無產階級的暴動是有產階級的「瀉藥」，無產階級革命是有產階級的「灌腸手術」這種暴力革命的理念，還宣泄了一種暴力崇拜與暴力迷戀的狂熱情緒：讓幾千百年被壓抑的「無產階級的怒火」盡情迸發，讓「有錢人的天國完全變成了地獄」，「跑得慢的被火燒死，或者被摧折了的屋頂壓死，跑得快的有的從窗口上跳出來，不是跌破了腦漿，便是折斷了手腳，無數的醜惡的死屍活屍，橫陳在快要沸騰的水裏，那些裸體獸的跳舞喲！」

　　無論是崇尚強力，還是崇尚暴力革命，郭沫若「暴力」思想都與日本「尚武」文化存在著千絲萬縷的關聯，因為留日作家「從十幾歲到二十幾歲的最富於感受的時期，他們在日本，給了他們甚至深入到日常生活的感覺以深刻影響」，〔註183〕就郭沫若本人而言，從1914年到1927年就有近十一年時間留學（居留）日本，在一定程度上說，日本「尚武」文化對他的薰陶可謂是深入骨髓的，至少是難以磨滅的。日本固有的以及吸收（因而日本化）的「尚武」文化，使得留學（留居）日本多年的郭沫若的作品充滿「力感」，即使1924

〔註183〕伊藤虎丸：《魯迅、創造社與日本文學》，北京大學出版社，1995年版，第190頁。

至 1925 年略有「苦悶」，但仍「力感」不絕，所以綜觀郭沫若的作品，力力生風、力力不斷是其顯著特色，而以「力感」滿盈的作品宣示暴力抗爭、暴力革命則更是其主導風格。

二

　　與郭沫若、魯迅一樣，郁達夫也有過較長的東遊經歷，他曾於 1913 年到 1922 年留學日本。九年的留日生涯培養了他的「尚武」情懷，這種「尚武」或「暴力」情懷表現在日常生活中，一是對西洋人的暴力衝動：據郭沫若回憶，1922 年他和郁達夫在上海靜安寺路上看見許多西洋人坐著汽車兜風，「那連續不斷的汽車就像是在賽跑一樣。那個情景觸動了我們的民族性，……便罵起西洋人，罵起資本家來。達夫突然從側道上跑到街心去，對著從前面跑來的汽車，把手舉起來叫道：『我要用手槍對待！』」這種暴力傾向應與日本的「尚武」文化不無關係。〔註 184〕二是對權勢者懷著強烈的仇恨與報復衝動，這也是在與日本的比較中得出的暴力傾向：「你也被日本人的社會主義感染了。你要救日本的勞動者，你何不先去救救你自家的同胞呢？在軍人和官僚的政治的底下，你的同胞所受的苦楚，難道比日本勞動者更輕麼？日本的勞動者，雖然沒有財產，然而他們的生命總是安全的。你的同胞，鄉下的農夫，若因納捐輸粟的事情，有一點違背，就不得不被軍人來虐殺了。……大盜的軍閥的什麼武裝自動車，在街上衝死了百姓，還說百姓不好，對了死人的家族，還要他們賠罪罰錢。你同胞的妻女，若有美的，就不得不被軍人來奸辱了。」「這多是有權勢的人的壞處，可惡的這有權勢的人，可惡的這有權勢的階級，總要使他們斬草除根的消滅盡了才好。」〔註 185〕1921 年 7 月郁達夫尚在留學中，當時的日本除了固有的「尚武」文化外，正在流行崇尚鬥爭的無產階級文學運動，所以郁達夫的這番話應與這兩種「尚武」思潮相關。後者在 1924 年的小說《薄奠》結尾那種以「不可抑遏的反抗和詛咒的毒念」向紅男綠女和汽車中的貴人狠命叫罵「豬狗！畜生！你們看什麼？我的朋友，這可憐的拉車者，是為你們所逼死的呀！」體現的很充分。只是因為題材不熟悉和個人趣味而難以為繼。

　　但是郁達夫小說的「暴力敘事」暴力傾向卻與魯迅、郭沫若不同，他不

<hr>

〔註 184〕《郭沫若全集·文學編》第 12 卷，第 142 頁。
〔註 185〕《南遷》，《郁達夫全集》第 1 卷，浙江大學出版社，2007 年版，第 94 頁。

是以暴力否定啓蒙的有效性（魯迅），也不是叛逆粗豪、一貫「暴力」（郭沫若），而呈現出與前兩種形態相異的第三種「暴力」形態，由於體質孱弱、敏感自卑，他往往是以對主人公「病態」心理與頹廢精神的深度刻畫，委婉而含蓄地表達他「尚武」強國的自強情緒，這也符合他的「才子」情緒，與「志士」型的魯迅，「流氓」型的郭沫若（郭在《行路難》中讚美「流氓」，在《漂流三部曲》中推崇「強盜」）皆有所區別。

　　郁達夫的「尚武」強國情緒首先是與亡國情緒糾結在一起的。如《胃病》「中國的國事，糟得同亂麻一樣，中國人的心裏，都不能不抱一種哀想」，以致主人同日本女人的戀愛也以失敗告終：「我雖然愛你，你卻是一個將亡的國民！你去罷！不必再來嬲我了。」國家不強大，連愛情也不長久，這一方面導致了「將亡未亡的中國，將滅未滅的人類……都是傷心的種子」的亡國悲哀（《茫茫夜》），另一方面導致了強國情緒：要想獲得愛情，或者深入地說，要想個人自強、自立、自信，務必使國家強大，如此個人作爲「國」的形象站在異國強鄰面前，才能獲得「平等」與「尊重」。他的《沉淪》就是這兩種情緒的複雜呈現。日本人的民族歧視使身爲弱國子民的主人公「他」爆發一種「復仇」情緒：「他們都是日本人，他們都是我的仇敵，我總有一天來復仇，我總要復他們的仇。」這種復仇情緒根源於一種「強國」願望：「我何苦要到日本來，我何苦要求學問。既然到了日本，那自然不得不被他們日本人輕侮了。中國呀中國！你怎麼不富強起來。」表達一種輕「學問」而尚武強國的急切願望。然而這種強國願望除了與民族歧視相關之外，又與青春苦悶糾纏交織：「他」在日本女學生面前且悲且憤，「她們雖有意思，與你有什麼相干？她們所送的秋波，不是單送給那三個日本人的麼？唉！唉！她們已經知道了，已經知道我是支那人了，否則她們何以不來看我一眼呢！復仇復仇，我總要復她們的仇。」而在面對「日本人輕視中國人，同我們輕視豬狗一樣。日本人都叫中國人作『支那人』，這『支那人』三個字，在日本，比我們罵人的『賤賊』還更難聽」的惡境，在「他」喜愛的日本侍女問他「你府上是什麼地方」時，在這個如花的少女前頭，不得不自認「我是支那人」。但強烈的自卑激發的是強大的自尊與暴力傾向：「中國呀中國，你怎麼不強大起來！」這種強國情緒與愛情復仇的心理結合便產生憤怒：「狗才！俗物！你們都敢來欺負我麼？復仇復仇，我總要復你們的仇。世間哪裏有眞心的女子！那侍女的負心東西，你竟敢把我丟了麼？罷了罷了，我再也不愛女人了，我再也不

愛女人了。我就愛我的祖國，我就把我的祖國當作了情人罷。」這一切，都與前述的中國人受日本「尙武」文化薰染而化「鄉黨」意識爲「中國人」意識，以及接受日本「苦悶的力」意識這二者有關。可以說，「他」以一身擔中國苦，以一身擔青春苦，當他把生命與愛情推向絕境時，他投海自盡前，仍不忘強國強種，那「祖國那祖國！我的死是你害我的！」「你快富起來，強起來罷！」「你還有許多兒女在那裏受苦呢！」的心靈呼喚，其實就是「中國人」意識與「苦悶的力」意識的極端融合，是郁達夫小說「暴力傾向」與潛「暴力敘事」的傳神表達。

三

五四時期並未留日的作家，受晚清日式教育或留日作家的影響，筆下出現不同程度的「暴力敘事」。

與魯迅的「暴力敘事」類型相近的作家有魯彥、汪靜之、柔石等人。一是寫殺頭。魯彥的《柚子》寫主人公「我」客居長沙，由於戰雲密佈，無緣得見嶽麓山的佳境，卻於無聊中目睹殺頭的盛況，暗示自然美的難見，人間惡的常存。圍觀殺頭的看客水泄不通，被砍的人頭，又圓又「便宜」，恰如湖南的「柚子」，這種對「看客」和統治者暴力（軍閥草菅人命）的雙重鞭撻，使人想起魯迅的《藥》《狂人日記》《阿 Q 正傳》《鑄劍》甚至《示眾》。小說更於「殺頭」的冷酷之中加添語言、情感的「熱症」，用語多含反諷，例如將辛亥革命後殺頭更隨便譽爲「進步」，將能看「殺頭」稱爲「光榮」「幸福」「福氣」，將劊子手快刀行刑刀起頭落贊爲「本領眞好」，將看客碰撞旁人稱爲托爾斯泰式的「自由」，事實與贊語恰成對比，實爲「倒退」「醜惡」「專制」「奴性」。這種語言、情感的「熱症」融合了作者狂熱的悲憤、尖刻的諷刺與峻急的憎恨，可以說「魯彥師法魯迅，至此已略見起色，雖然尙缺乏魯迅式的深沉，但是在他非暴嘲世的尖刻筆調中，已帶上幾分魯迅式的冷峻。」〔註186〕另外，這種情感的「熱症」也正是啓蒙熱症的反映：「自由」的看客與「進步」的統治者皆可恨可憎而不可救，啓蒙將何以自處？！（這種「救人又恨人」的心理在模仿《狂人日記》的《秋夜》中卻轉換爲「救人又恨己」的複雜心態：主人公將被害的人們視爲兄弟，携槍衝入茫茫黑野，但群犬的圍攻使這

〔註186〕楊義：《中國現代小說史》第一卷，人民文學出版社，1986 年版，第 434 頁。

個人道主義的戰士「不能救人，又不能自救，沒有勇氣殺人，又沒有勇氣自殺，咒詛著社會，又翻不過這世界」〔註187〕，與《柚子》的「殺頭思考」一樣陷入啓蒙的熱症啓蒙的陷阱，同時又或多或少有意無意的暗示出一種集體的暴力反抗暴力革命意味，因爲只有如此他對困苦者「不要失望」的警語才不是空洞的吶喊，而是實戰的成果，他才不是「瘋子」而是「戰士」）柔石的《劊子手的故事》寫一個替惡霸殺人的暴徒最後成爲職業殺手即劊子手的故事，一方面暗示黑暗統治者正如劊子手一樣以殘暴、冷漠爲生（爲理，爲職業），另一方面對演說殺人的劊子手及嗜聽演說的看客的以殘酷爲樂（爲談資）進行了批判，或發出「你看殺人時的人，不是人麼？」的質問，或宣稱「當殺人是件遊戲，世界是沒法變善了！」〔註188〕而且質問者是個練過「內功拳」的尚武漢子，他（敘述人）的啓蒙立場非常堅定而理性，具有魯迅在《爲了忘卻的記念》所言的「台州式的硬氣」。

　　二是寫「吃人」。柔石的《沒有人聽完她底哀訴》與魯迅的《祝福》類似，寫一位老母親向人哀訴戰爭「吃掉」她大兒子，貧窮「吃掉」她二兒子，狼吃掉她三兒子，丈夫悲痛成疾垂死掙扎的悲慘遭遇，但是沒有人肯給她一點物質的救濟與精神的安慰，甚而至於沒有人肯聽完她的哀訴，兒子的慘死與母親的悲痛成爲未完的敘述與重複的敘述，而這「未完」與「重複」正暗示了這種「吃人」的事實與「吃人」的冷漠麻木人心之「長久」與「不變」。只是小說只學了《祝福》的形式，片斷的書寫缺乏《祝福》的細密與深沉，只能算是速寫式的創作。而汪靜之的「吃人」敘事使人想到的不是《祝福》而是《狂人日記》，「這歷史沒有年代，歪歪斜斜的每頁上都寫著『仁義道德』幾個字。……仔細看了半夜，才從字縫裏看出字來，滿本都寫著兩個字是『吃人』！」《狂人日記》的這段話正可以用來闡釋汪靜之的「吃人」敘事，即所謂仁義道德的「吃人」本質，汪靜之表面上描寫道德及道德家的虛僞、殘暴的「吃人」特質，潛意識中流露出對自己蒙受「不道德」指責的逆反心理與報復心理，在敘述道德家殘殺人與人性的同時，他也恨恨地表現了道德家的「可殺」。《人肉》與《耶穌的吩咐》就是此中佳作。《人肉》中的汪舉人在逃難時以「保全名節」「貞操節烈」爲名要求妻子、媳婦自殺（跳崖，當然事先不忘把妻子袋中的珍珠取出），以「墨子兼愛，舍己救人」「生而辱不如死而

〔註187〕王魯彥：《柚子》，人民文學出版社，1998年版，第9頁。
〔註188〕柔石：《柔石經典》，大眾文藝出版社，2005年版，第142～143頁。

榮」爲名活吃胖婦人鮮嫩的「米肉」（殺前不忘注視、讚美其裸體與黑毛），
小說結尾更將這位「博古通今……爲人清正，向來以道德爲帽，以禮教爲鞋，
以天理爲馬褂，以良心爲長袍」的「正人君子高等紳士」的殘暴僞善的「吃
人」本質剝露的一覽無餘：

> 舉人捧著一隻連帶屁股的大腿向山上走去，……火旺旺地燒著，火
> 腿一般黃的光亮的人皮上的人油炙得滋滋滋地叫。舉人餓饞饞地看
> 著這老黃的人皮燒成焦碳色，知道已經熟了，便熄了火，用尖刀切
> 下來饕餮地吃。吃好之後心裏獨自想道：

> 這米肉是頂好的貨色，眞是佳肴美味！美中不足的是淡了點，假使
> 有鹽，那便刮刮叫了。〔註189〕

另外，《耶穌的吩咐》雖沒寫實際的吃人，但同樣揭露了道德的「吃人」，道
德家醉經秀才設計殺死了「奸夫淫婦」（餘慶，素娥），還自以爲有功於世道
人心，以「聖人決不可能野合而生，野合絕不能生聖人」將殺人道德化、合
法化，卻正暴露了其殘忍的本性。這些「暴力敘事」與魯迅的小說一樣，目
的在於否定「暴力」（統治暴力）而非肯定「暴力」，人文色彩、文化氣息大
於尚武精神，主要是「文化啓蒙」而非「暴力啓蒙」，寫了「啓蒙的困境」但
並沒有指明「啓蒙的出路」。

與郭沫若的「暴力敘事」相仿的是王統照、許地山等的「暴力敘事」。例
如許地山 1926 年創作的《狐仙》結尾的歌曲「明月在上，慘淡其光。家國多
難，劍怒出芒。民苦離散，豈忍吹笙？我隨君去，除彼禍殃。明月在上，雲
翳其光。君揮寶劍，不畏虎狼。我吹玉笙，可慰國殤。指冷血沸，威烈顯揚。」
這首歌曲與全劇的輕鬆、情愛氣氛甚不相符，可見作者尚武報國除暴安良之
心極端強烈，這不僅與郭沫若的《棠棣之花》《聶嫈》有異曲同工之妙，也與
1926 年五四作家們的「棄文尚武」風氣暗相呼應。王統照的小說《霜痕》也
是「暴力敘事」的作品，作爲小說集出版的《霜痕》在「敘言」指出啓蒙的
幻滅：「現實的劇變將大家的夢境打破了。除卻作生的掙扎外一切空虛中的花
與光似都消沒於黑暗中去」，以及生的掙扎的苦悶與力：「一個人跳不出苦悶
的生之『法網』，他一定時時有衝出這魔術般的『法網』的希望──希望雖止
是空虛中的燭光，卻能在前面照引著我們，閃動出我們的力，思想」。〔註190〕

〔註189〕汪靜之：《汪靜之文集》小說卷，杭州：西泠印社，2006 年版，第 201 頁。
〔註190〕《霜痕·敘言》，《王統照文集》第 1 卷第 179 頁，山東人民出版社，1980 年

正是這種衝出苦悶的「力」使小說《霜痕》一改以往《雪後》《沉思》《微笑》《一欄之隔》等作品的「愛與美」（實則是愛與美之難）的思想，轉而崇尚「動」與「靈魂之冒險」，認爲動與流血比死於爐火旁（正常人生）更好，作者以熱情的筆調稱讚主人公茹素的暗殺官吏的生涯充滿一種「熱烈的奇怪的味道」，可以使「紅的花」開遍了全世界。這種推崇個人暴力抗爭的精神與郭沫若當時的《棠棣之花》《聶嫈》的暴力傾向如出一轍，也與五四落潮以「力」抗「苦悶」的思潮有關。

　　1898 年出生的盧隱，與 1893 年出生的許地山、1897 年出生的王統照、1901 年出生的魯彥、1902 年出生的汪靜之、柔石（當然也與魯迅、郭沫若、郁達夫等人）一樣，或多或少接受過晚清民初的日式教育，這一點在本章第一節就已提及，在她的文章《雪恥之正當途徑》也可見出，文章中對意大利復興三傑馬志尼、加里波第、加富爾的崇拜，對中國女子「弱不勝衣」、男子「白面書生」的贏弱傳統積習的批判，對體育的注重，對強健的體魄、堅忍刻苦的精神的推崇〔註 191〕，無不令人聯想到梁啓超、陳獨秀等人的「尚武」言論。只是由於體弱多感，使她的暴力敘事的顯著特色不如健壯豪邁的革命黨人秋瑾一樣充滿刀光劍影，反而像郁達夫一樣進行愛情失敗後的「精神自虐」。但她的「精神自虐」與魯迅、郁達夫均不同，魯迅注重啓蒙無效後的精神自虐，郁達夫在民族歧視與青春苦悶的夾縫中無家可歸（國家、家庭皆不可歸）因而自暴自棄自虐自毀，而盧隱則是夢醒後無路可走的五四青年的愛情悲劇與精神自虐，是一種「與其無路可走，不如以死抗爭」的慘烈精神的真實寫照。例如《一個著作家》寫青年著作家邵浮塵與沁芬相戀，沁芬因父母之命嫁給富足的羅頻，但所嫁非所愛，她在重新找到邵浮塵而不獲原諒後，從此一病不起，留下「我不幸！生命和愛情，被金錢強買去！但是我的形體是沒法子賣了！我的靈魂仍舊完完全全交還你！」這樣的遺言而病逝，邵浮塵也在得信後瘋狂自殺。而在《或人的悲哀》中的亞俠一方面如她的名字一樣略帶「俠氣」，她曾痛恨多造罪孽多行不義的「鞏固個人階級和權利的自私之蟲」，「只想用彈藥炸死那些妨礙人們到光明路上去的障礙物」，「若果有手槍在手，我一定要把那幾個借強權干涉我神聖自由的惡賊的胸口，打穿了」；另一方面更多的是精神自虐，「最不幸的，是接二連三，把我陷入感情的漩渦，

版。
〔註 191〕盧隱：《盧隱選集》上冊，福建人民出版社，1985 年版，第 33～38 頁。

使我欲拔不能！這時一方，又被知識苦纏著，要探求人生的究竟，化費了不知多少心血，也求不到答案！這時的心，仿徨到極點了！」於是在苦痛中否認世界的一切，實行遊戲人間，但「失敗了五六次！唯逸因我而死！叔和因我而病！我何嘗遊戲人間？只被人間遊戲了我！」總之，在「知」與「情」兩面都沉淪於苦海，永劫難回，最後在茫然、悲淒中投湖自盡。與《一個著作家》相比，《或人的悲哀》的精神自虐在「情」之外，多了一個「知」的因素。而其後的《麗石的日記》更對「人」進行質疑：沅青和麗石之間的同性戀被沅青的「家人」拆散，沅青也在表兄（「男人」）的愛慕中改變初衷，在信中勸告麗石「我們從前的見解，實在是小孩子的思想，同性的愛戀，終久不被社會的人認可，我希望你還是早些覺悟吧！」以「大人」「社會人」的思想否定她們以往的個性解放、婚戀自由的追求。麗石深懷怨恨，「我不恨別的，只恨上帝造人，爲什麼不一視同仁，分什麼男和女，因此不知把這個安靜的世界，攪亂到什麼地步？」對「人類」差別滿懷悲憤。最終在自傷自悼中抑鬱而死。總而言之，盧隱在「情」「知」「人」「我」的糾纏鬥爭之中，使人物的精神自虐顯得病愁悲憤、鮮血淋漓。盧隱的「精神自虐」雖然在對象上與魯迅、郭沫若、郁達夫相異，但在精神結構、價值取向（精神覺醒、無路可走、自我折磨、以死爲路、以死抗爭）上甚爲相似，在這種意義上說，盧隱與留日的前輩作家魯迅、郁達夫的「精神自虐」敘事不無關係。而且可以說五四初期作家「人文啓蒙」的作品主人公，也以「富有叛逆性的『無爲』……通向革命性的『有爲』」，〔註192〕顯示出一種抗爭精神，預示了一種革命氣息，同時彰顯了作者的戰士風範。

綜上所述，無論是留學日本，還是在國內接受日式教育，五四新文學作家或多或少都具有東洋文化背景，其暴力敘事與日本的「尚武」文化的關係可謂「剪不斷，理還亂」。這種關係或影響除了直接影響外，主要是廣義的、整體的、潛移默化的影響。鑒於晚清留日學人的思想影響力、晚清的日式教育及風氣、五四作家群體的留日經歷，日本的「尚武」文化至少對晚清與五四一代作家發生較大影響，留日作家接受其影響的自不必說，沒留日的作家如魯彥等也受到五四文學的先驅者如魯迅等留日作家的薰陶，這從彼此作品的精神與文本的相似性上就可以推斷，更不用說直接的影響材料了。溫儒敏在談及現代文學傳統對當代的影響時認爲「這種聯繫千絲萬縷，但真的要找

〔註192〕劉納：《嬗變》，中國社會科學出版社，1998年版，第373頁。

到影響的『橋梁』又比較困難，……一種傳統是很難在文本的細節中去尋找的，大多數情形下，那只能是一種精神，一種『幽靈化』的神氣」，只能在「精神」上和「文本的相似性」上搜尋其影響之所在。〔註193〕注重的就是傳統的潛移默化的影響。而日本的「尚武」文化從甲午戰爭前後一直到民國初年約有 20 年時間，儼然成爲小傳統，它以高強度的聲音警醒、引導國人，至少對青少年時代就留學日本的作家發生不可磨滅的影響，對接受晚清日式教育風氣的未留日作家也有著或多或少的影響，在這種意義上可以判斷五四作家的「暴力敘事」與日本的「尚武」文化存在著千絲萬縷的聯繫，所以郭沫若才會在《桌子的跳舞》一文宣稱「中國的新文藝是深受了日本的洗禮的」。但是，必須承認，五四的「暴力敘事」並非只有日本「尚武」文化這一精神資源，還有中國傳統的「俠——士」文化因素（而這卻是本質性的），但 20 年來日本「尚武」文化的高強度傳播及其認同，使得中國傳統的「俠——士」文化聲音相對較弱，成爲暗涌和潛流，這也是當時的中國國情及中日文化的某種相近性（因而較易接受）使然。換言之，日本「尚武」文化對五四「暴力敘事」的影響雖然不是本質性的，但在聲浪上卻是高強度的或導向性的；甚至可以說，在晚清和五四時期，日本的尚武精神對中國的「俠——士」傳統進行了暫時的遮蔽。而要衝破或揭開這種遮蔽，有待於日後的強烈的傳統氣勢與時代氛圍的合力，也就是說中國的「俠——士」傳統從被「遮蔽」走向了「回歸」，而這就是三四十年代的時代主題，下文再述，此不贅言。

〔註193〕溫儒敏：《現代文學傳統及其當代闡釋》，《中國現代文學研究叢刊》，2008 年版，第 2 期。